婴幼儿托育、早期教育系列创新教材
校企“双元”合作新形态教材

亲子教育
与游戏活动指导
（0~3岁婴幼儿）

主　编　余世民　万云洁　毛秀兰
副主编　曾鹏云　吕利云　李　丹
　　　　卢　冰

山东大学出版社
SHANDONG UNIVERSITY PRESS
·济南·

图书在版编目(CIP)数据

亲子教育与游戏活动指导：0～3 岁婴幼儿 / 余世民，万云洁，毛秀兰主编. —济南：山东大学出版社，2023.10

ISBN 978-7-5607-7989-8

Ⅰ. ①亲… Ⅱ. ①余… ②万… ③毛… Ⅲ. ①婴幼儿—亲子教育 Ⅳ. ①G61

中国国家版本馆 CIP 数据核字(2023)第 207135 号

策划编辑 刘 彤
责任编辑 董 戈
封面设计 刘文东

亲子教育与游戏活动指导(0～3 岁婴幼儿)
QINZI JIAOYU YU YOUXI HUODONG ZHIDAO(0～3 SUI YING-YOU'ER)

出版发行 山东大学出版社
社　　址 山东省济南市山大南路 20 号
邮政编码 250100
发行热线 (0531)88363008
经　　销 新华书店
印　　刷 三河市龙大印装有限公司
规　　格 787 毫米×1092 毫米 1/16
　　　　 15 印张 310 千字
版　　次 2023 年 10 月第 1 版
印　　次 2023 年 10 月第 1 次印刷
定　　价 45.00 元

前 言

百年大计，教育为本。党的二十大报告强调，要“办好人民满意的教育”，“全面贯彻党的教育方针，落实立德树人根本任务，培养德智体美劳全面发展的社会主义建设者和接班人”。对人的培养必须重视早期教育，帮助他们扣好人生的第一粒纽扣。国家卫生健康委印发的《健康儿童行动提升计划（2021—2025 年）》中提出：“关注生命早期 1000 天，建立适应儿童早期发展需求的儿童保健、儿童营养与运动、心理与社会适应等多学科协作机制。”促进 0 ~ 3 岁婴幼儿的身心健康发展是当今早期教育的发展趋势，也是广大婴幼儿家长的迫切需求。0 ~ 3 岁婴幼儿的早期教育关系着千家万户的幸福，关系着国民素质的整体提高。0 ~ 3 岁是大脑和各种机能发育最快的时期，也是影响人生发展的关键期，家长对 0 ~ 3 岁婴幼儿进行有目的、有计划、有方法的亲子教育，对孩子未来的健康成长具有举足轻重的作用。本书以开展 0 ~ 3 岁婴幼儿家庭亲子教育指导工作所需要掌握的理论与技能为出发点，围绕婴幼儿家长应该如何开展亲子教育活动，以及指导保教工作者应该如何“教”、婴幼儿家长应该怎么“育”这两个基本教学过程编写而成。

本书共 9 个项目，分为理论知识部分（项目一至项目三）、实践操作部分（项目四至项目六）和社会拓展部分（项目七至项目九）。在理论知识部分的编排上，根据对早期教育及家庭亲子教育的理解，吸收了当前国内外 0 ~ 3 岁婴幼儿家庭亲子教育的新理论和研究成果，内容深入浅出，使学生能对亲子教育有比较准确的认知，并在此基础上把理论知识融入后期的亲子活动操作中。在实践操作部分的编排上，以年龄分期，围绕各月龄段的亲子教育重点和指导目标，实施 0 ~ 3 岁婴幼儿家庭亲子教育游戏活动的指导，并设计相应月龄段婴幼儿亲子活动的方案。在社会拓展部分的编排上，主要介绍社区组织、早教机构与托育机构如何开展保教工作，并设计开展各项亲子教育活动的指导方案。

本书的特色如下：

（1）本书紧密围绕对亲子教育和亲子游戏活动的指导展开，以“理论—实践”“个体—社会”为体例原则，使学生能迅速地掌握亲子游戏活动的规律，更好地理解亲子教育。

（2）本书结合婴幼儿全面发展的相关知识，强调对实践操作技能的培养，各项目中设有“思政课堂”“学习目标”“课后巩固与练习”“知识链接”栏目，内容通俗易懂，突出知识学习的系统性。

（3）本书将育人目标贯穿课程教育的全过程，恰到好处地将学科知识与思想政治教育内容有机结合，在丰富学科教育内容的同时，也让内容变得更加有深度，从而提高学生对婴幼儿全面发展的认知，拓展学生指导游戏活动的创造能力。

本书各项目的课时分配建议如下：

项　目	理论板块课时	实践板块课时
项目一　亲子教育概述	4	
项目二　亲子教育与婴幼儿的全面发展	4	
项目三　亲子教育与游戏活动	2	2
项目四　0 ~ 1 岁婴儿家庭亲子游戏活动指导	8	8
项目五　1 ~ 2 岁幼儿家庭亲子游戏活动指导	8	8
项目六　2 ~ 3 岁幼儿家庭亲子游戏活动指导	8	8
项目七　社区组织与亲子教育	2	2
项目八　早教机构与亲子教育	2	2
项目九　托育机构与亲子教育	2	2
总课时（72）	40	32

本书由江西工业职业技术学院余世民、万云洁、毛秀兰任主编，江西工业职业技术学院曾鹏云、吕利云、李丹以及育恩心学园卢冰任副主编。具体编写分工如下：项目一、项目二由毛秀兰编写，项目三、项目四由曾鹏云编写，项目五、项目六由万云洁编写，项目七由余世民编写，项目八、项目九由吕利云编写，实训项目的相关资料由李丹和卢冰整理完成。

在编写本书的过程中，编者得到了江西工业职业技术学院的大力支持，也得到了许多长期从事亲子教育研究的专家和教学一线教师的帮助；合作企业——育恩心学园为本书提供了大量的教学素材和实践案例，尤其是卢冰园长对本书的亲子游戏活动设计方案进行了精心指导；同时，编者借鉴、参考了多部著作。在此向以上单位、人员及著作的相关作者表示感谢。

由于编者水平有限，本书难免存在不足和疏漏之处，敬请广大读者批评指正。

编　者

2023 年 9 月

目 录

项目一 亲子教育概述

思政课堂

帮助孩子“扣好人生的第一粒扣子”

0 ~ 3 岁是婴幼儿大脑和各种机能发育最迅速的时期，是人生的起步阶段，是影响人一生发展的关键期。家长对 0 ~ 3 岁婴幼儿进行有目的、有计划的教育，对他们的健康成长具有十分重要的意义和作用。一个成功的家庭，离不开良好的亲子教育；一个失败的家庭，往往源于亲子教育的失败。

“爱子，教之以义方。”注重亲子教育，首先要帮助孩子“扣好人生的第一粒扣子（道德）”，引导他们迈好人生第一级台阶（品行）。所有的父母都应从小培养孩子良好的道德观念，注重孩子健康心理的培养和性格、意志的磨炼，为他们长大以后成为对家庭、国家、社会有用的人打下基础。

言传身教是亲子教育最好的方式。我们要在家庭中培育和践行社会主义核心价值观，引导家庭成员特别是下一代热爱党、热爱祖国、热爱人民、热爱中华民族，传递尊老爱幼、男女平等、夫妻和睦、勤俭持家、团结邻里的观念，倡导忠诚、责任、亲情、学习、公益的理念，涵养“立己立人，达己达人”的精神境界。要实现这样的亲子教育目标，父母就要身体力行，率先垂范，让孩子在耳濡目染中受到潜移默化的影响。

父母对孩子既不能听任放纵，也不能诉诸粗暴野蛮。但在现实生活中，放任不管与管得过严、管得太死是不时出现的两种极端。例如，2016 年温州鹿城区人民法院宣判了一起未成年人霸凌案件，7 名少女获刑。法官在审理过程中发现，这 7 名少女有一个共性，就是缺少家庭关爱和教育。有的父母信奉“棍棒底下出孝子”，孩子因此受伤害的案例也时有发生。这两种极端方式的出现说明部分父母对如何正确地进行亲子教育是认识不清的。

在亲子教育方面，毛泽东、周恩来、朱德等老一辈无产阶级革命家给我们树立了光辉榜样。习近平任中共福建省委副书记、省长时，曾书信一封作为父亲习仲勋生日的寿礼，他在信中情真意切地表示，要从五个方面学习父亲的优秀品质，字里行间满是儿子对父亲的敬佩之情。在习近平走上领导岗位后，母亲还曾专门开家庭会，要求其他子女不得在他工作的领域从事经商活动。这既展现了一个识大体、顾大局的共产党人的家风，也体现了一位亲子教育严格的母亲对子女最真挚、最深切的爱护。

有什么样的人，就有什么样的社会、什么样的国家、什么样的未来。要扭转亲子教育中存在的种种认识误区，使之回归正道、本源。从大的方面来说，亲子教育事关国家、民族的未来；从小的方面来说，亲子教育事关每一个人对明天的期许。

学习目标

知识目标：

（1）了解亲子教育、亲子关系和亲子园的相关概念。

（2）了解亲子关系中存在的问题和改善措施。

（3）掌握亲子园教育的特点以及完善措施。

素养目标：

培养正确的亲子教育观与评价观。

任务一　熟悉亲子教育的内涵、特点和作用

任务目标

能够在熟悉亲子教育的内涵、特点与作用，深入了解相关知识点的基础上树立正确的亲子教育观。

案例导入

孟母三迁

孟子是战国时期一位伟大的思想家。孟子小的时候非常调皮，他的母亲为了让他接受良好的教育，花了很多心血。他们曾居住在墓场旁边。有一次，孟子和邻居的小孩一起学着大人跪拜、号丧的样子，玩办理丧事的游戏。孟子的母亲看到了，皱起眉头："不行，我不能让我的孩子住在这里了！"

孟子的母亲就带着孟子搬到市集旁边去住。到了市集，孟子又和邻居的小孩学起商人做生意的样子。孟子一会儿鞠躬欢迎客人，一会儿招待客人，一会儿和客人讨价还价，表演得像极了！孟子的母亲知道了，又皱皱眉头："这个地方也不适合我的孩子居住。"于是，他们又搬家了。

这一次，他们搬到了学堂附近。孟子开始变得守秩序、懂礼貌、喜欢读书。孟子的母亲很满意地点着头说："这才是我儿子应该住的地方呀！"

后来，大家就用"孟母三迁"来表示人只有接近好的人、事、物，才能学习到好的习惯！这也可以看出，父母对子女的教育影响深远。

思考：孟母三迁体现了什么样的教育理念？谈谈你的看法。

随着幼儿教育改革，国民教育需求不断上升，亲子教育逐渐进入大众视野。0 ~ 3 岁婴幼儿的亲子教育受到越来越多的关注。做好婴幼儿亲子教育对幼儿的后续发展意义重大。

一、亲子教育的内涵

（一）亲子教育的含义

亲子教育是 20 世纪末期在美国、日本和中国台湾地区等地兴起的一种教育模式。亲子教育概念在中国大陆最早见于《亲子学苑教材》。此书的序言中有五处提及亲子教育：亲子教育是一种国际最新发展趋势，亲子教育是一种新兴事业，亲子教育是一个过程，亲子教育需要课程和教材，亲子教育要有一支负责指导的工作者队伍。其中，“亲”是指和教育孩子相关的成人，一般为父母；“子”是指孩子。亲子教育主要包括亲职教育和亲情教育两部分：一是怎样做父母的尽职教育，二是父母如何与子女建立正向的亲子关系的情感教育。亲子教育是家庭教育内涵的深化和发展，以亲子活动为载体，不仅强调父母要对子女施加有助于他们社会化和形成健全人格的、德智体美劳全面发展的教育活动，而且还强调父母要加强自身的学习，积累家庭教育知识，更新家庭教育理念，提升家庭教育质量。父母在教育孩子的同时，要认识孩子的优点和长处，营造民主、和谐的家庭环境，建立良好的亲子关系。

（二）西方早期亲子教育的思想

西方亲子教育兴起于 20 世纪末期，而西方亲子教育的思想主要源头可追溯到古希腊时期的苏格拉底、柏拉图和亚里士多德。17 世纪的笛卡儿、洛克，以及 18 世纪的卢梭、裴斯泰洛齐，19 世纪的福禄贝尔，20 世纪的蒙台梭利、皮亚杰，皆强调游戏和父母在婴幼儿教育中的重要性。

柏拉图主张将 0 ~ 3 岁的婴幼儿送到国家特设机关，由乳母养育，通过摇篮曲、儿歌等方式对婴幼儿施加影响。约公元 100 年，罗马帝国时代的希腊作家普鲁塔克在其著作《论儿童教育》（*The Education of Children*）中强调，最好的儿童教养始于父母之手，父母应该学习教养子女的方法，以奠定子女良好的基础。16 世纪前后，德国的马丁·路德强调家庭与学校在儿童教育中扮演重要的角色，父母与学校老师必须充分合作。17 世纪，近代哲学思想启蒙，捷克的夸美纽斯于 1628—1630 年写作了《母育学校》（*School of Infancy*）一书，主张母亲应成为幼儿的主要教师。17 世纪，英国的洛克强调父母要以身教教育子女，父母要与子女成为好朋友，以取代管教者来帮助子女成长。之后，瑞士教育学家及改革者裴斯泰洛齐发展出一套与儿童身体器官发育有关的教育系统，并将教育取向建立在人本原则以及儿童第一手经验上，主张父母在子女教育中扮演最重要的角色，因此被誉为“亲子教育之父”。在19世纪的后半期，被誉为“幼儿园教育之父”的德国教育家福禄贝尔认定母亲对幼儿发展影响深远，并视母亲为幼儿的第一位教师。福禄贝尔为母亲撰写了一本有关亲子游戏的图画书，以帮助母亲在家中与幼儿互动，其课程已有父母参与的概念。意大利幼儿教育家蒙台梭利认为，儿童发展是有阶段性的，其中0～6岁是人个性形成的最重要的时期，该阶段的儿童应当学习读、写、算等文化知识。蒙台梭利认为，家庭和社区是儿童的社会环境，家长加强与幼儿学校教师的联系，会更有利于儿童成长。

（三）中国古代亲子教育的思想

在中国古代，学校教育发展尚不完善，家庭教育承担着对孩子的教育重任，因此形成了丰富的家庭教育思想。大量散见于经史子集中的有关家教的名言、名篇和大量的古代传统家书以及传播于世的教子诗文等也蕴含着丰富的家庭教育思想。

中国古代对家庭教育重要性的有关认识，在两个历史时期表现得比较突出。一是战国至秦汉年间，以《大学》为思想大纲，“古之欲明明德于天下者，先治其国；欲治其国者，先齐其家；欲治其家者，先修其身”，“身修而后家齐，家齐而后国治，国治而后天下平”。在中国的传统社会中，齐家既是修身的目标，又是治国的基础。所以，“齐家”便成为中国古代家庭教育的根本追求。二是魏晋南北朝时期，这一时期社会上涌现了大批家庭教育著作，如诸葛亮的《诫子书》、嵇康的《家诫》、向朗的《遗言诫子》、颜之推的《颜氏家训》等。其中，颜之推的《颜氏家训》内容丰富，体系宏大。颜之推在论述儿童教育的方法中对家庭教育的重要性提出了较为系统的意见。他以自身因从小受到严格的家庭教育而成才以及社会上家庭教育正反两方面的案例，对家庭教育的重要性作了阐明。他说：“王大司马母魏夫人，性甚严正；王在湓城时，为三千人将，年逾四十，少不如意，犹捶挞之，故能成其勋业。梁元帝时，有一学士，聪敏有才，为父所宠，失于教义：一言之是，遍于行路，终年誉之；一行之非，掩藏文饰，冀其自改。年登婚宦，暴慢日滋，竟以言语不择，为周逖抽肠衅鼓云。”颜之推认为，家庭教育有着学校教育、社会教育不易达到的效果。他说：“禁童子之暴谑，则师友之戒不如傅婢之指挥；止凡人之斗阋，则尧、舜之道不如寡妻之诲谕。”以颜之推为代表的封建士大夫阶层，满怀对社会、对个人命运的忧患意识，试图通过家庭教育把自身的人生经验和思想观念传授给子孙后代，把自身的抱负托付给子孙后代，这是他们特定的身份在特定的历史时期所决定的。但不可否认的是，他们注重家庭教育的思想是有深远意义的。

二、亲子教育的特点

（一）血缘性

亲子教育作为家庭教育的重要组成部分，是建立在亲子血缘关系基础上的，这种天然的情感联系是其他教育所不具备的。正是这种亲子血缘关系，使亲子教育成为家长义不容辞的责任和义务。亲子教育的血缘性特点决定了家长要在教育过程中对子女倾注浓浓的爱与情感，使子女深受感染，能将爱与情感反馈给家长，让教育的力量得到成倍的增长，从而取得理想的教育效果。

（二）早期性

亲子教育相对于其他教育，具有天然的早期优势，是人之初的教育，对一个人智力的发展、道德观念的形成、性格的培养有着至关重要的启蒙意义。大量心理研究证明：人从出生那天起，就开始了与父母（主要是母亲）的交往，并在婴儿阶段形成对父母的依恋。早期健康依恋关系的形成是后期发展良好亲子关系的重要基础，因此，婴幼儿的亲子教育在人生发展中与教育效果上起着关键性的作用。

（三）活动性

游戏是婴幼儿亲子教育活动的主要方式和内容，合理的游戏不仅能够充分发展儿童的身体机能、言语、认知、社会性等各个方面，而且还能够丰富儿童的情绪体验和精神生活，增强父母的成就感，最终形成和谐、融洽的家庭氛围。亲子教育在亲子活动中开展，因此，活动性是亲子教育不同于其他教育的一个显著特点。

（四）持久性

在正常情况下，家长是不变的，家庭相对于其他社会组织，具有很强的稳定性与持久性。人在走上社会之前，每天都与家长生活在一起，朝夕相处，接受着家长的影响和教育。人在婴幼儿阶段受到的教育会对其未来的发展产生重要的影响，因此，婴幼儿亲子教育对人的教育与影响具有持久性。

（五）互动性

亲子教育不同于传统的家庭教育。传统的家庭教育偏重于父母对子女的教育，一般父母是教育者，而子女只是被动的接受者。亲子教育则强调父母与子女的双向沟通和交流，在交往模式上具有特别亲密的互动性。现代交往理论认为，交往具有互动性，互动是人类个体生存发展的前提，是社会生活的基础，也是亲子教育的核心因素。亲子教育不是通常意义上的教育、训练和培养，而是一种互动性的交往，父母与婴幼儿温馨和亲密的交往可以使他们从小获得身心发展上的满足和精神上的享受。这不仅可以消除婴幼儿的紧张、不安、恐惧与焦虑，而且还可以使婴幼儿的积极性及情感得到充分的发展，为完善人格和建立和谐亲密的家庭关系奠定基础。

三、亲子教育的作用

（一）完善家庭的健康教育

健康是儿童幸福感的源泉。这种健康不仅包括健康的身体，而且还包括健康的家庭生活环境、健康的生活习惯和健康的心理素质。亲子游戏可以满足婴幼儿的安全、归属和爱等各种需要，在增加婴幼儿生活乐趣的同时，健全其心理。婴幼儿借助爬、走、跑、跳等各种活动锻炼身体，促进身体机能的和谐发展，保证身体健康发展，增强自身体质。同时，父母与婴幼儿以平等的关系参与到游戏中，这种双边的互动和交流不仅能丰富家长和婴幼儿的生活体验，而且还能加强双方之间的情感联结，从而形成良好的亲子关系。良好的亲子关系是和谐、融洽的家庭氛围的基础，是婴幼儿在生活中逐渐养成良好的饮食、睡眠、卫生、劳动习惯，锻炼独立生活能力的必要条件，更是培育婴幼儿心理健康的内在要求。

（二）强化家庭的认知教育

婴幼儿活泼好动，坚持性较差，注意力容易转移，对自己感兴趣的活动往往表现出极大的积极性；对不感兴趣的活动，却不能或很难进入状态。因此，婴幼儿在发展认知能力的过程中存在着各种各样的问题。亲子教育强调家长注意利用周围的各种资源，为孩子提供一个丰富多彩、富于变化的认知环境，满足孩子的好奇心和自发探索的需要，培养和激发婴幼儿多角度、多层面的认知兴趣。同时，家长也要给孩子树立榜样形象，善于给孩子创造一个良好的认知氛围。在认知过程中，家长要培养孩子自主探索、解决问题的能力。婴幼儿好奇心强，家长要耐心地给予解答。如果家长不了解相关问题，可以和孩子一起寻找答案。这个寻找答案的过程，既是增进亲子感情的过程，也是丰富孩子知识储备、帮助孩子逐渐了解并掌握解决问题的方法的过程。家长可以利用周围的一切资源，培养孩子的认知兴趣，扩大孩子的认知范围，增强孩子的认知能力。

（三）优化家庭的社会教育

婴幼儿的社会化从一出生就开始了，主要表现在性别角色、道德品质、人际关系等方面，是在与父母和同伴的相互交往中形成的。性别角色是根据父母所强行要求的性别类型和对父母的认同与模仿形成的。例如，父母会给男孩起个具有男子气质的名字，给女孩起个具有女子气质的名字。男孩通过认同或模仿获得父亲的气质，女孩则通过认同或模仿母亲，学习母亲的气质。在培养孩子的道德品质时，父母要对孩子的正确行为予以表扬，对不良行为进行批评，以这类强化行为促进孩子形成优良的品德，并且父母之间的强化行为必须具有一致性。父母让孩子多接触社会可以丰富孩子的社会经验，增进孩子对社会环境的认识，让孩子关心和了解社会事务和社会成员，发展孩子的社会认识能力、社会知觉能力、移情能力和道德判断能力，提高孩子对美丑、善恶、是非、对错的辨别能力，以及在社会生活中解决某些实际问题的能力。孩子可以从家长的言传身教中学习社会责任感、尊重他人、合作意识、分享意识等，并有助于形成自我意识，即正确认识自己、评价自己、接纳自己。婴幼儿与同伴一起活动，可以发展尊重、分享、合作、谦让等社会交往能力。

（四）美化家庭的艺术教育

在重视素质教育、创新教育的今天，越来越多的家长意识到艺术教育对孩子发展的重要作用。婴幼儿的可塑性强，思维特点具有形象性，我们可以通过日常生活的场景、大自然的景色、音乐、美术、舞蹈等引导孩子感知、欣赏日常生活的美，在日常生活中进行艺术教育。例如，家庭和社区内的花草树木，公园的楼台亭阁，张灯结彩的节日街头，日常生活中着装搭配的色彩、风格等，都对孩子的审美起着教育作用。家长与孩子的亲子阅读，不仅能增强孩子的阅读兴趣，而且还能培养孩子阅读的方法和技巧。家长与孩子一起欣赏音乐，不仅能培养孩子的音乐素质和才能，而且还可以愉悦家庭氛围。家长利用节日或者周末时间带孩子去接触大自然，如春天踏青、夏天游泳、秋天远足、冬天赏雪，能让孩子投入大自然的怀抱，感受大自然的美。家长可以因势利导，让孩子把感受最深、感觉最美的景色用语言描述出来，用肢体表现出来，用绘画描绘出来。千变万化、生机勃勃的大自然不仅能满足孩子的好奇心和探索欲望，而且还能让孩子获取多方面的经验和能力。

知识链接

诸葛亮与《诫子书》①

《诫子书》是诸葛亮临终前写给他儿子诸葛瞻的一封家书。文章阐述了修身养性、治学做人的深刻道理。从文中，我们可以看出诸葛亮的品格高洁、才学渊博及其对儿子的殷殷教诲与无限期望。全文语言清新雅致，说理平易近人。诸葛亮运用智慧理性、简练谨严的文字，将爱子之情表达得非常深切。这封家书成为后世历代学子修身立志的名篇，并入选中国义务教育语文教材。原文如下。

① 资料来源：https://baike.baidu.com/item/%E8%AF%AB%E5%AD%90%E4%B9%A6/394，有改动。

夫君子之行，静以修身，俭以养德。非淡泊无以明志，非宁静无以致远。夫学须静也，才须学也，非学无以广才，非志无以成学。淫慢则不能励精，险躁则不能治性。年与时驰，意与日去，遂成枯落，多不接世，悲守穷庐，将复何及！

意思是：有道德修养的人，依靠内心安静来修养身心，以俭朴节约财物来培养自己高尚的品德。不恬静寡欲无法明确志向，不排除外来干扰无法达到远大目标。学习必须静心专一，而才干来自勤奋学习。如果不学习就无法增长自己的才干，不明确志向就不能在学习上获得成就。纵欲放荡、消极怠慢就不能勉励心志使精神振作，冒险草率、急躁不安就不能修养性情。年华随时光而飞驰，意志随岁月逐渐消逝。最终枯败零落，大多不接触世事、不为社会所用，只能悲哀地困守在自己的破舍里，到时悔恨又怎么来得及？

这篇文章作于蜀汉后主建兴十二年（234 年），是诸葛亮晚年写给他八岁的儿子诸葛瞻的一封家书。诸葛亮一生为国，鞠躬尽瘁，死而后已。他为了蜀国日夜操劳，顾不上亲自教育儿子，于是写下这封书信告诫诸葛瞻。

任务二 了解亲子关系

任务目标

深入了解亲子关系的内涵以及相关学者的研究成果，辨析不良亲子关系，找出造成不良亲子关系的原因所在，很好地指导改善亲子关系。培养对婴幼儿的爱心、耐心与用心精神。

案例导入

溺爱中的阳阳

阳阳是家里的“小皇帝”，一家人都围着他转，有好吃的、好玩的都归他一人。一次，阳阳在商场看到一架电动飞机，因为那是大龄孩子玩的，妈妈就没给他买。于是，阳阳在商场大哭大闹不肯回家。妈妈拗不过阳阳，说：“宝贝，你想要什么？我们现在就去买！只要你高兴，妈妈什么都答应你！”

在溺爱型亲子关系中，父母都过度宠爱孩子，如舍不得让孩子做任何事，在孩子做错事时为其找理由。

思考： 根据案例以及社会现实谈一谈父母溺爱孩子的危害，以及在亲子关系中父母该如何做。

教育工作复杂多样，在0～3岁的亲子教育中，家长是孩子真正的启蒙老师，亲子关系的优劣直接影响孩子未来的发展。因此，家长应在日常生活中积极地运用多种教学方式强化自身与孩子之间的关系。

一、亲子关系的含义

亲子关系原是遗传学中的用语，指亲代和子代之间的生物血缘关系，但在教育心理领域目前尚无统一定义。有人从教养行为的角度来定义，认为亲子关系是父母与其亲生子女、养子女或继子女之间的关系；有人从血缘和教养行为相结合的角度来定义，认为亲子关系是父母与子女之间的关系，是以血缘和共同生活为基础，以抚养、教养、赡养为基本内容的自然关系和生活关系的统一体；有人从亲子之间的互动作用角度来定义，将亲子关系定义为以血缘和共同生活为基础的父母与子女间相互作用所构成的、亲子双维行为体系的自然关系和社会关系的统一体。

尽管不同的学者从不同的角度对亲子关系进行定义，但多数学者都认为亲子关系是亲代与子代的关系。因此，我们认为亲子关系是以血缘和共同生活为基础的父母与子女之间的关系，其子女包括亲生子女、养子女和继子女。这种亲子关系具有三层含义：其一，生物学意义主要表示的是血缘关系；其二，社会学意义主要展现的是法律、制度、地位的关系；其三，心理学意义主要揭示其特定的情感态度、行为方式等方面的联系。

美国心理学家西蒙兹提出亲子关系有两个基本维度：一是接受—拒绝，二是支配—服从。以此说明亲子关系对儿童的影响。中国学者桑标、刘金花、孟育群的相关研究印证了亲子关系和早期家庭教育是儿童社会化、人格发展的核心及主要动因，对儿童的成长有决定性的影响。孟育群从社会政治、社会经济、社会文化、社会心理及社区、家庭等方面对影响亲子关系的因素进行了综合分析，还有学者从社会背景因素、父母因素和子女因素等方面探讨对亲子关系的影响。研究表明，父母文化水平、家庭氛围、父母职业、孩子性格特征等都会影响亲子关系的质量。

另外，还有关于亲子关系对儿童学业、个性、性格、心理健康等影响的研究，如关于亲子依恋的类型及其影响的研究。根据国外心理学家的亲子依恋理论，亲子依恋可分为积极的依恋和消极的依恋，亲子依恋研究的专家艾伦·苏劳菲认为这两种类型的亲子依恋对儿童的成长影响各有不同。

二、不良亲子关系的类型

（一）溺爱型

（1）表现：家长过度宠爱孩子，无条件接受孩子的要求，想尽一切办法满足孩子，即使孩子做错了，也要为其争辩。

（2）危害：孩子习惯高人一等，以自我为中心，容易形成任性自私、不懂礼貌、缺乏同情心等不良的性格。在人际交往中，他们缺乏责任感，不懂得关心别人，难以交到朋友，逐渐孤僻离群，感到不满容易产生攻击、报复等反社会行为。

（二）矛盾型

（1）表现：父母对孩子的管教态度缺乏一致性，对同一行为有时斥责、禁止，有时却宽恕、勉励。父母双方管教态度不一致也是矛盾的一种表现，如父亲严厉，母亲放纵，父亲斥责子女，母亲却阻止。在多数中国家庭中，母亲负担更多的教养孩子的责任，对细节更为关注，对孩子的要求也更严格；父亲则相对宽松。

（2）危害：多数孩子会抱怨“妈妈很烦，太唠叨”，产生逆反心理。但是，父母长期的不一致态度会让孩子无所适从，做事难以决定，时间长了就会出现焦虑情绪，甚至强迫症状。

（三）期待型

（1）表现：父母对孩子虽有爱，但常以严厉、顽固、强迫的态度或禁止、命令的方式来监督孩子；或者把自己的夙愿、希望投射在孩子身上，忽视子女的能力与性格，希望孩子完全遵从父母的要求和标准。

（2）危害：用过高的期望要求和监督孩子，孩子容易变得敏感，性格胆小畏缩，缺乏自信，独立性差，做事缺乏主动性，不善与人交往。他们情绪不稳定、易自卑，严重时甚至出现抑郁症状。

（四）干涉型

（1）表现：家长出于一种保护的心态对待孩子，为了使孩子变得更好而悉心照顾，尽量给予其帮助和嘱咐。有的家长甚至对孩子的学习、健康、前途等过分担忧。

（2）危害：孩子的社会适应性差，缺乏独立思考能力和创新意识；做事没有主见，犹豫不决；心理承受能力差，遇到困难容易沮丧，甚至焦虑不安；在青春期容易出现对抗行为，对父母和老师的要求故意反着做，导致学习成绩下降。

（五）忽视型

（1）表现：家长感情冷漠，与孩子很少沟通，对孩子的成长不闻不问。另外，忽视还可能表现为体罚、虐待、威胁孩子等。

（2）危害：孩子性格冷漠消极、孤独自闭，人际关系敏感，难以交到朋友；对家庭和社会产生敌对心理，甚至受到不良社会团伙的引诱，成为问题儿童。

三、当前亲子关系中存在的主要问题

（一）父母忙于工作，亲子关系容易出现不和谐

亲子关系对幼儿的影响重大，是家庭教育的逻辑起点。在现代生活中，父母工作繁忙，没有掌握与幼儿交流的正确方式，亲子关系容易出现不和谐的状况。一方面，部分家庭中，父亲承担家庭经济支柱角色，教育幼儿落到母亲身上，导致幼儿对母亲依赖性强，进而造成家庭角色失衡；另一方面，双职工家庭较多，大部分双职工家庭夫妻双方忙于工作，导致很多幼儿成了留守幼儿。这些幼儿主要由祖辈进行隔代教育，他们与祖辈的关系较为亲近，但是与父母单独相处的时间却较少甚至没有。长期缺乏父母的关爱和陪伴，会对幼儿身心发展产生不良影响。

（二）亲子间互动的方式：重惩罚，轻奖励

不少父母根本不考虑子女的人格尊严和心理状态，野蛮、粗暴的体罚及训诫性的言语仍是许多父母教育子女的主要手段。事实上，过多地使用体罚及恶语，会对孩子的心灵造成巨大的伤害，会挫伤他们探索世界、获取知识的积极性，长此以往，还会导致亲子关系紧张。

不少家长认为，既然是教育，就必须采取训导的方式，于是批评、指责、规劝整日不断。家长刻板、乏味、重复的说教方式根本不给孩子思考和理解的时间，也不让孩子表达自己的意见。父母与孩子的交流变成父母对孩子的说教，这不但收不到正面的教育效果，而且还会带来一系列的消极后果，长此以往，孩子就会出现逆反心理，甚至出现对抗和我行我素的情绪，使亲子间情感疏远。

（三）亲子关系“边缘—中心”格局极端化，甚至出现对立的紧张格局

一方面，相对于子女而言，父母在年龄、经济、生活经验等方面占有绝对优势的资源，处于中心、主控的地位，而子女处于边缘、被动地位。家长“望子成龙”“望女成凤”心切，不断地将自己的意志深化、发展。他们通常居高临下，以自己的方式来审视孩子的境况，以自己的蓝图来规划、设计孩子的生活、学习，强制性地输出自己的指令，无视或忽视子

女的现实需求和发展可能。另一方面，大多数父母都通过参加劳动来维持生计，抱有“自己怎么苦也不能苦了孩子”的朴素思想，在自己能承受的范围内最大限度地满足孩子的需求，最终使孩子成为“小皇帝”“小公主”，当然，这种满足大都局限在物质方面。这种溺爱极可能使孩子缺乏责任感和感恩的心，使亲子间的关系严重失衡。

四、改善亲子关系的措施

（一）加强亲子教育

增进亲子关系，促成和谐家庭是亲子教育的最终目标。正常的人一生都生活在与他人的关系中，如何与他人交往是决定一个人生存质量的关键因素。学会与他人交往是一个人社会化的过程，在这个过程中，家庭是最有影响力的塑造者和调节者。子女与父母形成的关系将成为个体对他人反应的基本模式，这个模式将成为个体日后与他人交往的基础。已有的研究表明，儿童期气质与父母行为相互影响，父母改变儿童多少，儿童就改变父母多少。良好的亲子互动一方面要求父母对儿童提出合适的要求，使儿童能够服从适当的行为规范；另一方面要求父母与儿童保持良好的沟通交流，并逐步培养儿童的自我调节能力。我国实施计划生育政策，受以前政策的影响，独生子女成为一种特殊的群体存在于社会。独生子女在成长过程中没有兄弟姐妹的陪伴，在家长陪伴之外的时间只能单独度过，而这种生活方式使得他们对于外界的感知和最初体验易受父母有意灌输和其行为潜移默化的影响。独自生活使他们失去了许多进行社会交往和与团体合作的锻炼机会，因而大多数独生子女表现出的集体感和责任感更为淡薄，社会交往能力也更差。由于一个家庭只有一个子女，家长也将所有的感情、希望、心血及物质都倾注在了子女身上，因此独生子女身上往往背负着更高的期望值，心理压力更大。在日常生活中，家长对独生子女的关爱和干涉也更多，这使得独生子女缺乏培养自主独立能力的机会。当今，我国 20 世纪 90 年代出生的独生子女大多刚好或已为人父母，他们在性格和能力上的时代特征也会对自身的子女造成影响。开展 0 ~ 3 岁婴幼儿亲子教育能够提高父母的教养能力，给婴幼儿健康成长、亲子和谐相处创造更好的环境。当前的社会条件已赋予了 0 ~ 3 岁婴幼儿亲子教育特殊的时代意义。

（二）做好子职教育

子职教育是关于子女如何成为合格子女的教育。由于在亲子关系中父母一直占据主导地位，所以在改善亲子关系中，对亲职教育的研究比较多，对子女这方面的研究比较少。在建设良好的亲子关系的过程中发挥儿童的主体作用是不容忽视的。良好的亲子关系是双方沟通、理解的结果，作为亲子关系中的子女也应该加强自我修养。那么，如何做好子职教育呢？

1. 父母对孩子进行教育

孩子一出生与父母生活在一起，父母的言行对其品行的形成有重要的影响。父母不仅要关注孩子的学习成绩、智力发展，而且还要注重培养子女良好的品性和习惯，从小教给孩子一些基本的待人接物方面的礼仪与规则。父母要在家庭生活中、在与其他人的交往中为孩子做好榜样，把言传与身教结合起来。孩子生活在一个好的家庭环境中，更有利于其良好人格和品行的形成，有利于良好亲子关系的形成。

2. 让子职教育在体验中进行

父母对孩子的教育不要仅仅停留在说教上，重要的是让孩子去体验，在体验中内化，在体验中成长。苏联教育家马卡连柯曾警示，一切都让给孩子，牺牲一切甚至牺牲自己的幸福，这是父母给孩子的最可怕的礼物。父母在家庭生活中不要剥夺孩子应承担的责任和义务，不能任何事情都替孩子做好，不能对孩子过分溺爱和保护，否则只能使子女失去发展和展示自我的机会，损伤孩子的自主性。可以让孩子自己收拾房间、整理书桌，可以实施“家庭角色互换”的活动：让孩子承担家长的角色，做父母每天做的事务，如买菜、做饭、洗衣服、打扫卫生等；让孩子体验父母的辛劳，品尝成功与失败的滋味，尽可能地体会生活的全貌。让孩子在体验中了解父母，加深亲子间的感情。

（三）做好亲情教育

亲情教育也是亲子教育中的一个方面，它是关于如何培养亲子间正向关系的情感教育。亲子关系以血缘关系为根基，以自然的亲情为维系纽带。因此，在调适亲子关系时，要充分发挥这种天然的亲情因素。在亲情教育中，我们应针对现实中亲子沟通存在困难的原因，重点陈述促进良好亲子沟通的举措，因为良好的亲子沟通是融洽亲情的基础和前提。

知识链接

高质量亲子关系的三个特点[①]

1. 相互的爱和关心

良好、持久的关系，从来不是单方面的付出，而是双向的爱和关心在彼此之间流动。亲子关系也是如此——父母爱孩子，孩子也懂得爱父母。有的家庭，父母很少陪伴孩子，不懂得表达爱，孩子对父母缺乏依恋和信任，亲子之间冷漠、疏离、互不关心。有的家庭，父母把孩子捧在手里，宠上天，事事依着孩子的性子来，孩子要什么给什么，造成孩子自私、以自我为中心的性格，只知道索取，从不懂得关心、体贴别人。这两种都属于低质量的亲子关系，不利于孩子的身心健康和人格发展。孩子对父母的依

① 资料来源：https://baijiahao.baidu.com/s?id=1732166586309751256&wfr=spider&for=pc，有改动。

恋，是建立良好亲子关系的基础。这种依恋主要源于0～3岁阶段父母给予的“敏感照顾”。所谓的敏感照顾，是指父母能够无微不至地关注孩子，及时捕捉和回应孩子的需求，如能够通过孩子的哭声快速判断孩子是饿了、渴了，还是身体不舒服了，并尽快满足孩子。父母还需要对孩子保持稳定、持续的关爱态度，避免简单粗暴的吼叫和惩罚。这样的态度和养育方式会让孩子觉得舒适和满足，对父母感到亲密和信任，形成最初的安全感，进而拓展到对周围世界的信任和期待。如果在孩子3岁前父母疏于照顾，孩子没有充分体验过这种感觉，没有和父母建立起依恋关系，内心就会缺乏安全感，对外界缺乏信任，容易出现冷漠、焦虑、自卑、暴躁等心理问题。

2. 平等、有效的沟通

高质量的亲子关系离不开平等、有效的沟通。通过沟通，父母和孩子之间互相了解、理解，既能增进感情，也有利于高效地解决问题。良好的沟通也会给予孩子力量，让孩子更加自信、积极，从而自觉地努力向上，让自己变得更好。有效的沟通一定是双向的，是亲子双方感受、想法的交换、碰撞，双方秉持尊重和理解的原则，最终达到解决问题的目的。首先，家长要学会听，不管发生什么事，不要先入为主，要给孩子表达的机会，这是了解孩子的过程。其次，家长要问问孩子的感觉，接纳、理解孩子的感受，如“我知道你非常想吃冰激凌”“你是不是很难过 / 生气？我明白你的感觉”。情感上的交流会帮助父母走进孩子的内心，赢得孩子的信任。最后，家长谈谈自己的感受和建议，为孩子提供适当的帮助，不能要求孩子一定听自己的，要允许孩子表达自己的想法。没有斥责、否定、评判，有的只是父母对孩子的关心和信任。在这样的沟通模式下，孩子才会对父母敞开心扉、畅所欲言，亲子关系也会越来越紧密。

3. 恰如其分的界限感

高质量的亲子关系能让父母和孩子在保持亲密的同时，又各自独立。随着孩子的成长，父母要懂得逐渐退出，让孩子承担起个人成长的责任，锻炼各项能力，学会独立；与此同时，父母要尊重孩子的想法和志向，允许他自己作决定，只在需要的时候提供援助。各自独立还意味着父母在陪伴孩子成长的同时，对自己的人生负责，坚持自我成长，过好自己的生活，不把所有的希望都寄托在孩子身上。这样有界限感的亲子关系能为父母和孩子提供能量，实现亲子共同成长。家长要时刻谨记：孩子首先是一个具有独立人格的人，然后才是自己的孩子。家长在爱孩子的同时，注意保持好恰如其分的界限感，尊重他的感受、想法和决定，用接纳和欣赏的态度陪伴孩子，帮他成就自己，活出生命的精彩。

任务三　了解亲子早期教育机构

任务目标

了解亲子早期教育机构的相关概念，很好地说出亲子园教育活动的相关特点，为亲子园教育活动提供建议和意见；树立正确的亲子教育观，具有对待婴幼儿的爱心、耐心与细心。

案例导入

话说亲子园

我们家朵朵通过这段时间的亲子园教育，在语言、自信心、想象力等各方面都得到了明显的进步。亲子园的指导也让我们知道了在家里应怎样教育孩子。

——朵朵（2 岁 1 个月）妈妈

以前我觉得带孩子是一个很简单的事情，我自己年轻时生了 4 个孩子，可现在才发现原来的带娃方法有好些是不科学的。活到老，学到老啊！

——茜茜（1 岁 5 个月）奶奶

我们亲子园在赣州市是比较有声誉的，大多数家长在选择亲子园的时候都会考虑我们园。由于我们园指导全面，指导方式多样化，生源不断增多，原有场地已无法容纳更多孩子，所以我们在新城区开办了一所分园。

——×× 亲子园邓园长

思考：请根据以上材料，谈一谈亲子园对幼儿身心发展的作用。

近年来受社会变迁及家庭结构改变的影响，家庭形态已转变为以双薪、核心家庭为主。过去家庭对于 3 岁以下婴幼儿，尤其是 1 岁以下婴儿的照顾方式主要以母亲为主，祖父母及其他亲属为辅。但随着时代的变迁与家长、婴幼儿各方面需求增加的变化，这些照顾方式应与时俱进，做出改变，早期教育机构越来越受到大家的关注。

一、亲子早期教育机构的相关概念

亲子早期教育机构的概念目前没有统一的定义。有的人认为亲子早期教育机构属于教育机构，也有的人表示不然，因为它并未被纳入教育体系进行管理；有的人认为亲子早期教育机构是亲子园和早教类的机构；也有的人认为只要涉及亲子教育内容的机构都可算作亲子早期教育机构。

关于亲子早期教育机构的界定，目前还没有一个统一的标准。有人将亲子早期教育机构界定为以 0 ~ 3 岁婴幼儿及其父母或其他看护人为对象，在教师的指导下开展亲子教育活动的场所，包括公立性质的 0 ~ 3 岁早期教育指导机构和私立性质的亲子教育机构两种形式。有人认为，亲子园的资源共享、托幼一体化的新模式有利于实现早期教育的大众化、平民化、科学化，亲子园的课程设置与实施有助于提高家庭教育水平，能够使幼儿从散居的家庭教养进入幼儿园集体生活。有人认为，普及亲子教育需要探索多种早教形式，形成社区、托幼机构、家庭三位一体的早教体系。还有人认为，我国关于 0 ~ 3 岁婴幼儿的早期教育缺乏财政扶持和立法监管，尤其是私立早教机构完全依赖社会力量自发形成。有关调查显示，大多数 0 ~ 3 岁早教机构以营利为目的，重形式轻本质，缺乏深厚的文化根基；相关机构对其重视程度不够，起步难；过于迎合家长，违背婴幼儿发展和教育规律，在家长配合方面存在着很多问题。目前，双休日亲子教育正日益受到家长和教育者的重视。

总体来说，无论是从时间上，还是从研究成果上来看，都可认为亲子早期教育机构的实践先于理论，这也是我国亲子教育的一大特点。但是随着实践领域中各种形式的亲子早期教育机构的不断增加和发展，理论领域中针对亲子早期教育机构的研究也随之增多，研究面越来越广，研究内容变得丰富多样。

二、亲子园

（一）亲子园的含义

在亲子教育兴起之前，0 ~ 3 岁的婴幼儿基本上由家长养育和教育。在这样的背景下，20 世纪 90 年代，亲子教育在美国、日本和我国台湾地区等地开始兴起，0 ~ 3 岁婴幼儿早教机构应运而生，并逐渐掀起热潮，亲子园就是其中的典型。

0 ~ 3 岁是婴幼儿身体发育、语言学习、认知发展、情绪形成、个性萌发、习惯养成的关键阶段，及早给他们创设一个良好的生长环境，可以有效地促进其身心健康、优化发展。作为一种新兴的教养机构，亲子园为 0 ~ 3 岁婴幼儿及其家长提供全面的服务，既为家长提供学习、交流的场所，帮助他们成为优秀、尽职的父母，又为儿童准备一个经过精心设计的亲子活动与交往环境，弥补家庭教育资源的不足。在亲子园中，亲、子、师三人行有效地促进了 0 ~ 3 岁婴幼儿的健康成长。

综上所述，我们大致可以给亲子园一个相对明晰的界定：以 0 ~ 3 岁婴幼儿及其家长为主要服务对象，提供早期教养指导与服务，以提高家长科学育儿能力和促进婴幼儿身心健康、优化发展为使命，专门而独立的社会教养机构。

（二）亲子园的类型

0 ~ 3 岁亲子园是现行教育体制之外的一种先学前教育形式。首先，0 ~ 3 岁亲子园作为教养机构，不是游乐园那样的娱乐场所，而是要发挥教育的主导作用去影响家长和社区公众，要为 0 ~ 3 岁婴幼儿的学习和发展提供一个有准备的环境。其次，0 ~ 3 岁亲子园不同于幼儿园等正规教育机构，无论是服务对象、活动设置、时间安排，还是教养指导内容和形式，0 ~ 3 岁亲子园都具有独特性。教育内容的设计不仅针对婴幼儿，而且还重点指向家长，并重视教育活动向家庭生活延伸；指导形式也具有多样性，包括亲子活动、家长交流、家教讲座、发放指导材料等。目前，社会上的亲子园主要分为两类：一类是公立性质的 0 ~ 3 岁早期教育机构，如社区开办的早教中心（或亲子园）、公立幼儿园开办的亲子园，它们具有较强的普惠性、服务性、公益性；另一类是私立性质的亲子教育机构，主要是集团连锁式的，也有单独开设的，它们主要采用商业化的运作模式，具有较强的营利性、商业性。

目前，从我国亲子园开办的情况来看，大致有三种形式：一是以幼儿园为依托的形式，即亲子园附设在幼儿园中；二是以社区为依托的形式，即由社区有关部门牵头组织并管理，提供师资、活动场地等为居民及其子女提供服务，这种形式一般是非正规的；三是由社会力量兴办的商业运作亲子园，可以说此类机构是市场经济的产物。

三、亲子园教育活动的特点

亲子园教育活动与一般意义上的教学活动不同，强调家长、孩子在情感上的沟通，通过家长与孩子在教师的指导下一起活动的方式引导家长学会在活动中观察孩子、了解孩子，进而掌握一些科学教育的方法。亲子园为婴幼儿、家长、教师提供共同活动、共同学习的环境和氛围，能够增进亲子间的情感，促进教师的专业发展。可以说，亲子园教育活动是亲子园、家庭、孩子“三位一体”教育的重要形式，是实现教育资源的最佳整合与利用的主要途径。在亲子园教育活动中，婴幼儿、家长和教师三者互相配合、互相协调，教师用专业的教育知识影响家长，家长也以其所获得的有针对性的育儿经验影响教师，教师与家长协调一致，形成教育合力，共同为婴幼儿创造最佳的教育环境，促进婴幼儿主动发展。具体来讲，亲子园教育活动主要有以下四个特点。

（一）主体多元性

在亲子园教育活动中，教师、家长、孩子都是活动的主体，三者都参与到课程活动中，家长与孩子也成为课程的实施者、审议者与支持者。亲子园教师是专职的教育工作者，了解婴幼儿身心发展的特点和规律，掌握科学的教育方法，对孩子的教育是有目的、有计划和有组织的。家长是家园共育的教育合力中不可或缺的因素，家长参与亲子园课程，不仅有益于教师直接获取婴幼儿的兴趣需求等信息，而且还能充分发挥自身的资源优势和创新智慧，进一步完善亲子园课程，有利于构建家园教育共同体，促进婴幼儿全面和谐发展。家长参与亲子园课程，是接受教育的过程。教育知识和能力需要一个学习和实践的过程，参与亲子园课程也为家长提高教育水平提供了学习的机会，能够帮助家长树立教育好子女的信心，获得教育的知识经验，提高育儿能力。家长参与亲子园课程，还可以帮助教师不断改进和修正教育内容、教育方法。家长通过与教师、孩子的互动，能帮助教师拓宽课程实施渠道，使课程内容更加丰富；通过参与课程评价，能推动课程的完善，促进教师的专业发展。

（二）多向互动性

参与亲子园教育活动的人员之间的互动是多向的，不仅有师幼间、亲子间、教师与家长间的积极交流和互动，而且还有婴幼儿间的互动，即同伴互动。在开展亲子活动的过程中，教师能随时了解婴幼儿，促进婴幼儿间、家长间、家园间的互动；教师能指导家长开展活动，及时纠正家长的一些不正确的做法，增进家长与教师间的理解和沟通；教师能通过反思，不断总结经验，提高亲子活动的质量，促进家庭教育和亲子园教育的结合，提高教育的实效。

（三）家园一致性

开展亲子园教育活动的目的最终要落实到婴幼儿身心的和谐发展上，因此家长、教师要共同关注孩子的全面发展，保持家园教育的一致。可以在课程中专门设置“在家庭中教养活动的操作与实施”的内容，供家庭在实施教养活动时参考，为亲子园教师参与家庭教育活动提供指导依据。

（四）课程游戏性

游戏是亲子交往的良好方式，亲子游戏是亲子园教育活动的基本组织形式。亲子游戏是父母与孩子间进行的有规则的游戏，轻松愉快的游戏过程，可以激发孩子的兴趣，促进亲子间的感情，有效地满足孩子的各种需要。

四、完善亲子园教育活动的建议

（一）加大政策引领，做好行业规范

1. 政府部门加强指导，规范亲子园的活动

0～3岁婴幼儿亲子园教育在我国起步比较晚，社区教育和家庭教育都比较薄弱，早期教育的法律法规制度也不够健全，政府部门的专项资金也相对有限。要规范亲子园的运

营，归根结底还是要依靠政府的指导和监管。政府职能部门要认真履行责任，制定相关政策和法规，对亲子园加强监管，同时给予亲子园更多的财政支持。

2. 严格教师准入制度

教师的职业水平在很大程度上决定着亲子园的教育质量。目前，对于亲子园的教师，还没有专业的资格证书，一般只要求师范院校学前教育专业毕业，获得幼儿教师资格证书，同时经过0 ~ 3岁儿童教育专业培训，取得育婴师（员）证书。事实上，很多亲子园的教师并不是师范类学校毕业的，所学专业也不是学前教育。对于亲子园的建设标准，政府部门要把幼儿园的评估与亲子园的评价相结合，严格教师准入制度，严把教师入职关，加强对教师的培训和培养，对亲子园的办园效果进行等级评估，提升教育效果。

3. 建立管理机制

要真正把早期教育做好，就需要家庭、社区、亲子园等联系起来，建立家、园、社区一体的管理机制，这种管理机制在管理结构上应包含操作层、管理层和决策层。操作层主要负责早期教育的实践操作，包括亲子园、幼儿园和社区；管理层是指基层的教育管理部门；决策层主要是指教育局等政府部门。早期教育共同体的运行，首先需要政府部门对工作进行管理和决策，然后由亲子园、社区等操作层具体落实，基层教育管理部门对工作过程和结果进行监管与指导。

（二）强化亲子园自身管理

1. 完善亲子园的服务方式和内容

亲子园的教育不同于幼儿园、中小学的教育，亲子园教育更强调的是个性化教育，根据婴幼儿的不同特点和现有发展水平制订相应的教育方案。在教育内容上，要考虑个性化，要注意不同地方文化风俗的差异性。在服务方式上，要注意多样性，选择家长更喜欢的服务方式，如父母学校、上门服务、育儿沙龙、社区儿童活动中心等形式，真正惠及所有的0 ~ 3岁婴幼儿，促进其全面发展。

2. 强化对教师队伍的培养

亲子园教师队伍的素质在很大程度上决定着亲子园的教育质量。亲子园在招聘教师时要严格把关教师从业资格，强化亲子园教师队伍的建设，加强业务培训，提高职业能力。亲子园应把教师队伍的建设当作一项长期工作来抓，根据本园实际制订培训计划。对教师的培训，要分批次、分类型进行。对于还未取得资格证书、未受过专业训练的教师，应注意“以老带新”，通过老教师的言传身教，指导他们总结经验，同时还应给他们提供脱产学习、进修的机会。对于刚毕业的大学生，要让他们在工作中锻炼，可让他们参加教研活动、家长沙龙活动，参与观摩活动，积累相应的实践经验，同时利用假期进行培训，使他们快速成长。对于老教师、骨干教师，要积极发挥他们的优势，引导他们当好新入职教师的领路人，指导新教师快速成长。另外，亲子园要不断地提供各种形式的教研活动和外出学习的机会，增强教师的职业能力。

3. 健全亲子园管理制度

亲子园的教育是一项复杂的工作，必须有一套完整的管理制度，涉及对婴幼儿的保育和教育以及对家长的教育等多方面，主要表现如下。

第一，要有符合正确教育理念并切实可行的工作计划、操作规范和卫生保健制度，做好婴幼儿安全工作，防止传染病的发生。

第二，要有关于教师和工作人员的管理规范，如上课常规、教研常规等。

第三，要有早教指导记录和对婴幼儿测评的相关记录，能给婴幼儿建立成长档案，增强服务针对性。

第四，要有对亲子园教师的培训计划、工作人员的身体健康检查记录。

第五，要有详细的卫生、消毒制度。玩具、毛巾、坐便器等必须按照规定定期消毒，并接受卫生部门的检查。

第六，要有亲子园的招生简章、收费标准，并报当地教育行政主管部门审批、备案。

知识链接

关于印发《家庭托育点管理办法（试行）》的通知

国卫人口发〔2023〕28 号

各省、自治区、直辖市及新疆生产建设兵团卫生健康委、住房和城乡建设厅（委、管委、局）、应急管理厅（局）、市场监管局（厅、委）、消防救援总队：

为加强家庭托育点管理，按照《国务院办公厅关于促进养老托育服务健康发展的意见》（国办发〔2020〕52 号）要求，我们制定了《家庭托育点管理办法（试行）》。现印发给你们，请遵照执行。

国家卫生健康委 住房和城乡建设部

应急管理部 市场监管总局

国家消防救援局

2023 年 10 月 16 日

家庭托育点管理办法（试行）

第一条　为规范发展多种形式的托育服务，根据《中共中央国务院关于优化生育政策促进人口长期均衡发展的决定》和《国务院办公厅关于促进养老托育服务健康发展的意见》，制定本办法。

第二条　本办法所称家庭托育点，是指利用住宅为 3 岁以下婴幼儿（以下简称婴幼儿）提供全日托、半日托、计时托、临时托等托育服务的场所。每个家庭托育点的收托人数不得超过 5 人。

第三条　举办家庭托育点，应当符合所在地地方政府关于住宅登记为经营场所的有关规定，应当取得住宅所在本栋建筑物内或者同一平房院落内其他业主的一致同意。

第四条　家庭托育点名称中应当注明“托育”字样，在服务范围及经营范围中明确“家庭托育服务”。

举办营利性家庭托育点的，向所在地市场监管部门依法申请注册登记，登记机关应当及时将家庭托育点登记信息推送至同级卫生健康部门。

第五条　家庭托育点登记后，应当及时向所在地的县级卫生健康部门备案，登录托育机构备案信息系统，在线填写家庭托育点备案书、备案承诺书，并提交以下材料扫描件或电子证照：

（一）营业执照或其他法人登记证书；

（二）房屋产权证、不动产权证或房屋租赁合同（租赁期限不少于 3 年）；

（三）照护人员身份证、健康合格证、无相关违法犯罪记录材料、婴幼儿照护相关学历证书或技能等级（培训）证书；

（四）房屋竣工验收合格或房屋安全鉴定合格有关材料（自建房）；

（五）住宅所在本栋建筑物内或者同一平房院落内其他业主一致同意的证明材料；

（六）法律法规规定的其他相关材料。

第六条　卫生健康部门在收到家庭托育点备案材料后，可以去现场核实相关信息，并提供备案回执。

第七条　家庭托育点变更备案事项的，应当向原备案部门更新备案信息；终止提供托育服务的，应当妥善安置收托的婴幼儿，并向卫生健康部门报告。卫生健康部门应当主动向社会公开家庭托育点备案状态。

第八条　家庭托育点应当为婴幼儿提供生活照料、安全看护、平衡膳食和早期学习机会，促进婴幼儿身心健康发展。

第九条　家庭托育点照护人员应当符合下列条件：

（一）具有保育教育、卫生健康等婴幼儿照护经验或相关专业背景；

（二）受过婴幼儿保育、心理健康、食品安全、急救和消防等培训；

（三）身体健康，无精神病史；

（四）无性侵害、虐待、拐卖、暴力伤害等违法犯罪记录。

家庭托育点举办者同时是照护人员的，应当符合上述条件。

第十条　家庭托育点每1名照护人员最多看护3名婴幼儿。

第十一条　家庭托育点婴幼儿人均建筑面积不得小于9 m^2。

第十二条　家庭托育点应当提供适宜婴幼儿成长的环境，通风良好、日照充足、温度适宜、照明舒适。

家庭托育点不得设置在地下室或半地下室，不得设置在“三合一”场所和彩钢板建筑内，门窗不得设置影响逃生和消防救援的铁栅栏、防盗窗等障碍物。

第十三条　家庭托育点的房屋结构、设施设备、装饰装修材料、家具用具等，应当符合国家相关安全质量标准和环保标准，符合抗震、防火、疏散等要求。

使用自建房开展家庭托育服务的，备案时应当向卫生健康部门提供房屋竣工验收合格或房屋安全鉴定合格有关材料。

第十四条　家庭托育点应当设置视频安防监控系统，对婴幼儿生活和活动区域进行全覆盖监控。

监控录像资料保存期不少于90日。

第十五条　家庭托育点应当对在托婴幼儿的健康状况进行观察，发现婴幼儿疑似传染病或者其他疾病的，应当及时通知其监护人。

第十六条　家庭托育点应当与婴幼儿监护人签订书面协议，明确托育服务中双方的责任、权利义务以及争议处理等内容。

第十七条　家庭托育点不得歧视、侮辱、虐待、体罚、变相体罚婴幼儿或者实施其他侵害婴幼儿权益的行为。

有以上行为的，依法承担相应的法律责任。

第十八条　家庭托育点由卫生健康部门主管，住房城乡建设、市场监管等相关部门按照各自职责，加强对家庭托育点的指导、监督和管理。

卫生健康部门应当畅通备案渠道，严格监督管理家庭托育点的备案信息、收托人数、照护比例、托育场所等，会同相关部门做好日常监管工作。

第十九条　街道（乡镇）应当加强对家庭托育点的指导、监督和管理，发现问题及时督促整改，并报卫生健康部门。

第二十条　村（居）民委员会应当加强对家庭托育点的监督，引导家庭托育点尊重相邻业主权利，规范开展托育服务。

第二十一条　各省、自治区、直辖市可根据本办法制定实施细则。

第二十二条　本办法自印发之日起施行。

课后巩固与练习

一、单项选择题

1. 亲子教育主要包含（　　）两个方面。

A. 父子教育和母子教育

B. 夫妻教育与子女教育

C. 亲职教育和亲情教育

D. 夫妻教育与亲职教育

2. 以下哪个不属于亲子教育的特征？（　　）

A. 血缘性　　B. 早期性

C. 短暂性　　D. 活动性

3. 美国心理学家西蒙兹提出亲子关系中的两个基本维度：接受—拒绝和（　　）。

A. 支配—服从

B. 顺从—调试

C. 依赖—亲情

D. 独立—自主

4. 亲子园是在什么时候兴起的？（　　）

A. 19 世纪 80 年代

B. 20 世纪 90 年代

C. 21 世纪 20 年代

D. 20 世纪 80 年代

二、简答题

1. 简述亲子教育的作用。

2. 简述改善亲子关系的具体建议。

3. 请写出亲子园教育活动的特点，从实际出发提出完善亲子园教育活动的措施。

三、论述题

亲子园在当今社会已不少见，但由于管理水平存在差异，各亲子园之间的教育水平差距较大。请根据所学知识，谈一谈亲子园该如何加强自我管理。

四、实训项目

设计亲子关系改善方案，填写表 1–1。

表 1–1　设计亲子关系改善方案

班　　级		姓　　名	
时　　间		地　　点	
活动目标	（1）熟练掌握亲子关系的相关知识点。 （2）分析亲子关系出现问题的原因。 （3）能够帮助家长改善亲子关系。		
活动内容	全班学生分为若干团队，找出亲子关系存在的不同问题，根据所学知识制订具有针对性的改善方案。		
活动要求	（1）每个团队内要有分工协作，充分调动每名学生的活动积极性。 （2）各团队在规定的时间内完成项目的要求，并开展相应的活动。 （3）各团队之间要积极配合，寻找典型亲子问题并剖析原因，探讨出解决办法，形成亲子关系改善方案。		

续表

<table>
<tr><td>活动考核</td><td colspan="3">（1）各团队完成一个典型亲子问题的真实案例撰写。
（2）各团队设计一份亲子关系改善方案。
（3）每个团队派一名代表汇报前期的准备工作，并用 PPT 进行展示。
（4）评价每个团队的表现，并进行学生互评。</td></tr>
<tr><td>活动总结</td><td colspan="3"></td></tr>
<tr><td>评　语</td><td colspan="3"></td></tr>
<tr><td>成　绩</td><td></td><td>指导教师</td><td></td></tr>
</table>

项目二 亲子教育与婴幼儿的全面发展

思政课堂

遵循客观规律，营造良好的成长环境

马克思主义物质观认为，物质是运动的，运动是有规律的，规律是可以认识发现的。婴幼儿身体发展也是如此，有其自身的发展规律。但是由于家庭环境和教养方式的不同，每个孩子的动作发展也有着早和晚、快和慢、笨拙和灵活等各种差别与个性差异。马克思也提出，环境是影响人们思想的主要客观源，人的思想是对客观世界的反映，人的思想能够正确地反映外部世界，获得客观真理。晏子也曾说过："橘生淮南则为橘，生于淮北则为枳，叶徒相似，其实味不同。"环境的不同，会造成生长于其中的植物的结果不同。同样地，环境的不同，也会影响生活于其中的人的成长，所谓"一方水土养一方人"。

环境对人成长的影响是潜移默化且深远的。潜移默化是一个非常漫长且缓慢的过程，大多数人不易察觉，而且一旦习惯了所处的环境，就不大会去做出改变，向更好的环境迁移。影响深远意味着环境的选择对人的成长至关重要。俗话说："与善人居，如入芝兰之室，久而不闻其香；与恶人居，如入鲍鱼之肆，久而不闻其臭。"

人的成长环境分为自然环境、社会环境、家庭环境。人 0 ~ 3 岁时，对其影响最大的是家庭环境。在家庭中，子女对于家长的言行耳濡目染，必然会效仿。所以，父母是每个人一生中最重要的老师，父母的志趣、爱好、言行等都会对婴幼儿的成长产生不可估量的影响。

对于父母而言，虽然不能选择出身，但是可以改变自己，发挥主观能动性，为营造良好的家庭环境而不断做出努力。父母要选择高质量的陪伴方式，让孩子从小受到家庭氛围的良好熏陶，通过言传身教培养孩子良好的生活习惯，使之慢慢地养成勤俭持家的品德；教导孩子待人接物有礼且不卑不亢，传授自己的人生经验，使之走好自己的人生之路，先学习爱自己，再学习爱他人。

因此，在促进婴幼儿全面发展的过程中，我们要尊重婴幼儿发展的客观规律，从客观存在的事物出发，经过调查研究，找出事物本身固有的而不是臆造的规律，并以此作为行动的依据。同时，我们要把尊重客观规律与发挥主观能动性结合起来，把遵循身心发展的客观规律与营造良好的环境、形成科学的态度统一起来，实现婴幼儿全面、自由的发展。

学习目标

知识目标：

（1）了解婴幼儿身体动作、智力、情绪情感和社会性发展的相关概念。

（2）能够正确地掌握婴幼儿身体动作发展的一般规律，并能根据婴幼儿存在的相关问题提出改进措施。

（3）能够正确地掌握婴幼儿智力发展的一般规律，掌握多元智力发展的基本理论，并能根据婴幼儿存在的相关问题提出改进措施。

（4）能够正确地掌握婴幼儿情绪情感发展的特征，并能根据婴幼儿存在的相关问题提出改进措施。

（5）能够正确地掌握婴幼儿社会发展的特征，并能根据婴幼儿存在的相关问题提出改进措施。

素养目标：

（1）形成正确的亲子教育观和职业认知。

（2）提升亲子教育的理论素养。

任务一 了解亲子教育与婴幼儿身体动作发展

任务目标

在了解婴幼儿身体生长发育的规律与特点、掌握婴幼儿动作发展规律与特点的基础上，根据婴幼儿发展的情况提出合理的亲子教育方法，促进婴幼儿身体动作的发展；具备知幼儿、爱幼儿的职业素养。

案例导入

抱多了，动作发育迟缓

在养育路上，幼儿很少缺乏爱。但你是否想过，有时候你会爱“错”了或爱“过”了？现实中这样的幼儿还真不少。

3 个月大的冬冬在医院做儿童保健，医生发现冬冬的脑袋还不能立起来，抬起来几秒钟很快就无力地低下去了，这表明冬冬出现了动作发育轻度迟缓。最后，确定造成这种情况的原因竟然是“被抱得太多了”。

原来冬冬出生后，全家人恨不得一天到晚抱着，很少让冬冬在床上自由活动，并且听说太早竖抱会影响幼儿的脊柱发育，所以在抱冬冬时都坚持一个姿势——平抱。

思考：请根据案例谈一谈多抱幼儿导致其动作发育迟缓的原因。

0 ~ 3 岁婴幼儿的身心发展关乎其成长成才，关乎国家未来的发展，因此，我们要尊重婴幼儿身心发展规律，用多种亲子教育方式助力婴幼儿身心健康发展。

一、婴幼儿身体发育的规律与特点

身体发育是指组织、器官的结构与功能从简单到复杂、从低级到高级的分化演变过程。婴幼儿身体发育是按照一个可以预期的顺序进行的，受到时间的严格制约。

（一）婴幼儿身体发育的规律

1. 婴幼儿身体发育是连续性和阶段性的统一

婴幼儿从幼稚到成熟是一个连续的发育过程，不是间歇式、跳跃式的发育过程。为了便于研究和保健，这个过程又可被分为若干个阶段。这些阶段之间相互联系，前一个阶段是后一个阶段发育的基础，后一个阶段是前一个阶段发育的延续，如果前面阶段出了问题，就会影响后面阶段的发育。婴儿动作的发育是一个连续的过程，抬头、翻身、坐、滚、爬、走等动作是婴儿动作发育的几个阶段，如果没有让婴儿在爬的阶段得到锻炼，婴儿就较难掌握走路的方法，走路时就容易摔倒。

2. 婴幼儿身体发育的速度是波浪式的

婴幼儿身体发育的速度既不是匀速的，也不是加速的，而是有快有慢，呈波浪式的。在人的身体发育过程中，有两个生长发育的高峰期（突增期）：第一个突增期在 2 岁以前，第二个突增期在青春期。4 ~ 6 个月的胎儿身长增长最快，3 个月约增长 27.5 cm，约为出生身长的 55%，是其一生中身长增长最快的时期。7 ~ 10 个月的胎儿体重增长最快，3 个月约增加 2300 g，约为出生体重的 77%。婴儿出生时身长约为 50 cm，体重约为 3000 g，1 岁时身长约为 75 cm，体重约为 9000 g，一年中身长增长约 25 cm，体重增长约 6000 g，0 ~ 1 岁是婴儿出生后发育最快的时期。出生后第 2 年，幼儿身长增长约 10 cm，体重增长 2500 ~ 3500 g，1 ~ 2 岁幼儿的生长发育速度也比较快。2 岁以后，幼儿身体发育的速度下降，每年身高增加 4 ~ 5 cm，体重增加 1500 ~ 2000 g，直到青春发育期，生长发育再次加快。

3. 婴幼儿身体发育是具有程序性的

婴幼儿的发育有两个规律：头尾律和正侧律。人在胎儿时期，头颅最先发育。婴儿出生时，头围已达成人头围的 65%。婴儿出生后，头颅继续快速发育，然后是躯干发育，最后才是四肢发育。这种从头部到下肢的发育规律称为“头尾律”。从“二抬四翻六会坐，七滚八爬周会走”的动作发育阶段来看，也能发现这一规律。所谓“正侧律”，是指从人体中部到人体边缘的发展。婴儿开始拿东西时是满手抓，然后是可以用几个指头拿，接着可以用两个指头拿，最后可以用两个指尖掐拿，这就是发育的正侧律。从出生到发育成熟，人体各部位的增长具有这样的规律：头颅增长一倍，躯干增长两倍，上肢增长三倍，下肢增长四倍。

4. 身体各系统的发育是不均衡的，但又是统一协调的

身体各系统的生长发育存在以下四种生长模式。

（1）神经系统发育是全身各系统发育的基础，在胎儿时期和出生后一直是领先的。

（2）淋巴系统的发育趋势是最初几年发育较快，后逐渐退缩至成人水平。由于婴幼儿时期机体对疾病的抵抗力较弱，免疫细胞的功能较差，淋巴系统的迅速发育可以提供更多的淋巴细胞，弥补免疫细胞功能的不足，从而达到保护机体的功能。随着身体器官的成熟和免疫系统功能的加强，淋巴系统的发育在 10 岁以后逐渐退缩至成人水平。

（3）一般系统的发育，包括身体外形以及内脏各系统(呼吸系统、消化系统、泌尿系统、肌肉等)的发育，存在两个发育的高峰期，身高和体重的变化趋势就是这些系统的发育趋势。

（4）在婴幼儿时期，生殖系统发育较慢。由于身体其他系统的发育尚未成熟，因此生殖系统的发育没有意义。

由此可见，各系统的发育是不均衡的，但这种不均衡恰恰是机体整体协调发展的需要。

5. 生长发育是有个体差异的

尽管每一个婴幼儿在发育过程中都存在上述发育规律，但由于遗传和环境的不同，每个人在发育时都存在胖瘦、高矮、智愚、强弱等方面的差异，没有两个人的发育是完全一样的。

（二）婴幼儿身体发育的特点

1. 身长中心点随着年龄的增长而下移

婴幼儿身长的增长主要是下肢长骨的增长。刚出生时，婴儿的身体比例不协调。下肢很短，小儿身长的中点位于脐以上。随着年龄的增长，下肢增长的速度加快，身长的中点逐渐下移，1 岁时身长中点移至脐，6 岁时移到下腹部，青春期身长的中点近于耻骨联合的上缘。两上肢左右平伸时，两中指指尖点之间的距离叫作指距，其主要反映两上肢长骨的长度。出生时的指距约 48 cm，上肢长骨增长的情形与身长相似，在一生中指距总比身长略短。

2. 体围发育的顺序是由上而下、由中心而末梢

体围是指绕身体某个部位一周的长度，通常由头围、胸围、腰围、臀围等指标组成。但对婴幼儿的体围测量一般只测量其头围、胸围、腰围等。婴幼儿体围发育的顺序是由上而下，由中心而末梢。头部最先发育，然后是躯干、上肢，最后才是下肢。两个月的胎儿头长相当于身长的1/2，婴儿出生时头长约为身长的1/4，而到成人时头长仅为身长的1/8，这说明头的发育最早。头脑是人整个身体的“司令部”，它的成熟程度直接影响和制约着整个身体的生长发育。婴幼儿手的发育较早，在其会走路以前几乎已经掌握了手的各种功能，如在婴儿刚刚学会爬的时候，主要是靠手的力量向前爬行，而此时腿部还不会与手的力量相互协调。婴儿下肢的发育较晚，主要是在会直立行走后，才开始逐渐发育的。婴幼儿四肢的发育，无论是骨骼、肌肉、血管和神经，都是按先中心后末梢的顺序进行的。

3. 婴幼儿各器官系统的发育不平衡，有先后快慢的差别

婴幼儿各器官系统的发育呈现不平衡的特点。其神经系统最先发育成熟，而生殖系统到婴幼儿末期才加快发育。人体肌肉的发育有两个高峰，一个是在五六岁以后，另一个是性成熟期以后。肺的发育要在青春期才完全成熟。婴儿在出生后的几个月内，心脏大小基本维持原状；2 ~ 3 岁时，它的重量迅速增加到出生时的 3 倍，以后生长速度减慢，到青春期又激增到出生时的 10 倍。

二、婴幼儿动作发展的规律与特点

婴幼儿出生后，开始只能躺在床上乱动，以后才逐渐会走、会跑、会跳，会用手灵巧地拿东西，这是动作的发展过程。婴幼儿动作的发展是由神经中枢、神经、肌肉协调控制的，它和婴幼儿心理的发展有非常密切的关系，因为婴幼儿是在活动过程中通过动作接触、认识周围事物，产生、发展、展现心理活动的。婴幼儿动作的发展在 3 岁以前已基本完成，以后只是向更准确、更有组织、更匀称协调的方向发展。婴幼儿的动作是按一定规律发展的。

（一）婴幼儿动作发展的规律

1. 从上到下

婴幼儿动作发展的规律是身体上部的发展先于身体下部的发展，从头部到下部、从上肢到下肢逐渐发展。

2. 从大到小

婴幼儿最初发展起来的动作是与大肌肉相联系的动作，之后逐渐发展与小肌肉相联系的动作。例如，婴幼儿手的动作发展就是先发展与手臂大肌肉相联系的伸臂动作，再发展与手指小肌肉相联系的抓、握、拿等动作。因此，婴幼儿动作发展也被分为粗大动作和精细动作，粗大动作要先于精细动作发展。

3. 从简单到复杂

婴幼儿最初的动作是身体个别部分的简单动作，如伸手、踢脚、转头等，之后逐渐发展到同时转头、伸手、手眼协调地拿取物体，最后发展到能参加由多种动作组成的游戏活动。

4. 从不随意到随意

动作的不随意性和随意性是按照动作的主动性和目的性区分的。婴幼儿的动作最初是不随意动作，无目的，由客观刺激引起，如头随着光线的方向转动，有东西接触婴幼儿的手时婴幼儿就用手去抓摸。之后，随意动作逐渐发展起来，客观刺激不在眼前或没有直接接触婴幼儿时，动作也会出现，而且是主动地、有目的地去接触事物、认识事物。例如，婴幼儿在“躲猫猫”的活动中，主动地把头转来转去寻找“猫”。这就是一种随意动作。

（二）婴幼儿动作发展的特点

1. 婴幼儿头部动作的发展

头部动作是婴幼儿最早发展、完成较早的动作。婴幼儿头部动作的发展顺序大体是这样的：出生伊始，仰卧时头会左右转动，俯卧时会抬头片刻，这时如果不用手扶着他的头，他的头会下垂。1月龄，头仍不能竖直，俯卧时能抬起下巴。2月龄，抱着时头能竖直，但还是摇摆不稳。3月龄，头能竖直而且平稳。4月龄，头能平稳竖直，俯卧时能抬头，抱着时头能保持平稳。7月龄时，仰卧时能抬头。

2. 婴幼儿躯体动作的发展

婴幼儿躯体动作的发展主要表现为翻身和坐的动作的发展。2月龄，能挺胸。3月龄，能从侧卧翻到仰卧。4月龄，能扶着坐。5月龄，能从仰卧翻到侧卧。6月龄，会坐在有扶栏的椅子上，坐着时会身体前倾，用手支撑身体。7月龄，能从仰卧翻到俯卧，能不靠成人或其他东西的扶持独自坐一会儿。10月龄，能毫不费力地从躺到坐起。12月龄，站着时能自己坐下。

3. 婴幼儿行走动作的发展

婴幼儿行走动作的发展要经历爬行、站立和行走三个阶段。7月龄，能试着爬行，主要依靠膝盖和大腿移动。8月龄，能匍匐爬行，腹部贴地，用腹部、手臂带动身体和两腿前进；扶着东西站立。10月龄，能用手和膝盖爬行，躯干不着地，手臂和腿交替移动；能扶着东西自己站起。12月龄，能扶着东西行走。14月龄，能独自站立。15月龄，能独自行走。18月龄，跑步不稳，容易摔倒。2岁，能行走自如，大步稳跑，会踢皮球；能自己上楼下楼。2.5岁，能双脚跳，用单脚站立片刻（2秒钟左右）；能踮着脚，用脚尖走几步；

能从椅子上跳下。3 岁，能单脚站立，能踮着脚走，跑步稳当，会骑三轮脚踏车。

4. 婴幼儿抓握动作的发展

婴幼儿抓握动作的发展是手的动作发展的重要标志。婴幼儿抓握动作的发展，以眼睛注视物体和手抓握物品动作的协调、五个手指活动的分化为特征。0 ~ 3 月龄的婴儿，手基本上是捏成拳，手脚一起乱伸乱动。4 ~ 5 月龄的婴儿虽然会伸手抓身旁的物品，但往往是整个手掌一把抓但抓不住，手的动作带有很大程度的随意性，手接触到什么就抓什么。6 月龄，捏物品时还是一把抓，不会使用拇指，但能够把物体从一只手换到另一只手；手眼协调，看到物品后能用手抓住它。8 月龄，抓握物品时拇指和其他四个指头可分开。10 月龄，能协调地配合手眼动作，把一件物品放到另一件物品上。18 月龄，能将 2 ~ 3 件物品搭叠起来，能推拉玩具，能同时使用四个手指和拇指，抓握动作得到充分发展。2 岁，能用手一页一页地翻书。2.5 岁，手与手指的动作相当协调，手指活动自如，会用手指拿筷子和笔。3 岁，能用手拿笔画圆圈，会自己往杯子里倒水，能自己解开纽扣和扣上纽扣。

婴幼儿动作的发展还受环境的影响。例如，行走动作是随着腿、腰部骨骼、肌肉的发育而成熟的，婴幼儿到一定时间就会扶着物体站立和行走。但是有些动作没有相应的环境和练习，就不可能得到很好的发展。例如，印度狼孩卡玛拉由于长期在狼群中生活，没有发展行走动作的环境，14 岁的她走路还没有 2 岁幼儿稳，直至 17 岁死去时，她始终没有平稳地走或跑过。因此，父母应当根据婴幼儿动作发展的规律，帮助婴幼儿完善动作，提供动作练习的机会，促进婴幼儿动作的发展。

三、强化亲子教育，促进婴幼儿身体和动作发展

（一）创设良好的家庭生活环境，助力婴幼儿身体发展

家庭是婴幼儿成长的摇篮，是他们主要的生活场所。由于婴幼儿的可塑性比较强，所以家庭生活环境对他们的身体发育、行为习惯、心理健康等各方面的影响极为深刻。家庭生活环境主要包括物质生活环境和精神生活环境。家庭物质生活环境包括衣、食、住、行等方面，它们的品质在一定程度上会影响婴幼儿生理以及人格的健康发展。家庭物质生活环境对婴幼儿生活习惯的养成和健全人格的发展具有重要影响，家长应为婴幼儿创设良好的家庭物质生活环境。家庭精神生活环境主要是指家庭成员之间的关系，家庭成员的品德修养、行为规范、兴趣爱好等。家长应为婴幼儿创设有利于其健康成长的家庭精神生活环境，为婴幼儿营造一个温馨、健康、快乐的成长氛围。

（二）结合婴幼儿动作发展特点，培养婴幼儿坚持体育锻炼的兴趣和能力

体育锻炼可以使婴幼儿的肌肉有节律地收缩和放松，促使婴幼儿神经中枢有节奏地兴

奋和抑制，提高婴幼儿中枢神经的灵活性和均衡性，改善婴幼儿的体质，增强婴幼儿的身体免疫力。家长应利用体育锻炼逐步培养婴幼儿坚强、勇敢的性格，促进婴幼儿身心的全面、健康、和谐发展。在培养婴幼儿坚持体育锻炼的兴趣和能力时要注意以下几点。

1. 应根据婴幼儿的生理特点，有计划、有步骤地逐步开展

婴幼儿的肌肉、骨骼、心血管、呼吸系统、神经系统等功能尚未发育完善，家长应注意将体育锻炼和适宜保育相结合。

2. 必须持之以恒

机体必须经过多次反复刺激，才能在大脑皮层产生兴奋灶，逐渐适应周围的环境。家长应长期坚持带领婴幼儿开展适宜的体育锻炼，不可半途而废。

3. 注意安全问题

家长应事先检查场地和器材的安全性，在体育锻炼前检查器材是否有损坏、边缘轮廓是否锋利等，以免给婴幼儿带来伤害。家长应在体育锻炼前检查婴幼儿的着装情况，如鞋带是否系好，鞋子是否穿反，衣服是否穿得过厚、过紧，纽扣是否扣好等。家长应随时提醒婴幼儿注意体育锻炼的安全性，制止不安全的行为，让婴幼儿养成安全锻炼的良好习惯。

（三）根据婴幼儿身体发展规律，培养良好的生活习惯

婴幼儿时期是人的生活习惯形成的关键期，而生活习惯对婴幼儿的自信心、意志力以及交往能力等具有重要影响。生活习惯包括饮食习惯、睡眠习惯、卫生习惯、劳动习惯等。饮食习惯主要包括正确使用餐具，独立进餐，文明进餐（细嚼慢咽、不咂嘴等），不挑食、不偏食、不剩饭，定时定量饮食，口渴时喝水等。睡眠习惯主要包括按时睡觉、起床，独立安静睡眠，掌握正确的睡姿等。卫生习惯主要包括饭前便后正确洗手、早晚刷牙、饭后漱口等。劳动习惯主要包括自己能做的事情自己做，爱惜劳动成果，帮家长做力所能及的家务等。家长应在培养婴幼儿良好生活习惯的同时，注重培养其独立生活的能力。

知识链接

新生儿的健康标准[①]

专家们研究认为，新生儿健康应具有以下十个方面的标准。

（1）新生儿降生后先啼哭数声，后开始用肺呼吸。头两周每分钟呼吸 40 ～ 50 次。

（2）新生儿的脉搏以每分钟 120 ～ 140 次为正常。

（3）新生儿的正常体重为 3000 ～ 4000 g，低于 2500 g 属于未成熟儿。

① 资料来源：https://baike.baidu.com/item/%E6%96%B0%E7%94%9F%E5%84%BF/83388?fr=aladdin，有改动。

（4）新生儿头两天大便呈黑绿色黏稠状，无气味。喂奶后逐渐转为黄色（金黄色或浅黄色）。

（5）新生儿出生后 24 小时内开始排尿，如超过 24 小时未排尿或第一周内每日排尿达 30 次以上，则为异常。

（6）新生儿体温在 37 ~ 37.5 ℃为正常。如不注意保暖，体温会降低到 36 ℃以下。

（7）多数新生儿出生后第 2 ~ 3 天皮肤轻微发黄，若在出生后黄疸不退或加深则为病态。

（8）新生儿出生后有觅食、吸吮、伸舌、吞咽及拥抱等反射。

（9）给新生儿照射光可引起眼的反射。自第二个月开始起视线会追随活动的玩具。

（10）出生后 3 ~ 7 天新生儿的听觉逐渐增强，听见响声可产生眨眼等动作。

任务二 了解亲子教育与婴幼儿智力发展

任务目标

在学习多元智力理论的基础上，了解婴幼儿智力发展规律，通过合理的亲子教育方式促进婴幼儿智力发展；培养爱心、耐心，关爱智力发展缓慢的婴幼儿。

案例导入

揠苗助长

宋国有个人嫌地里的禾苗长得慢，于是到地里用手把它们一株一株地拔高，累得气喘吁吁地回家，对家里人说：“今天可真把我累坏啦！不过，我总算让禾苗一下子长高了！”他的儿子跑到地里一看，禾苗全部死了。

“揠苗助长”的寓言故事告诉人们，客观事物的发展有它自身的规律，仅靠良好的愿望和热情是不够的。这个成语还告知人们一个具体的道理：“欲速则不达。”凡事都要按照客观规律循序渐进，稳扎稳打，不可主观冒进、好高骛远，不要靠幻想过日子。例如，很大一部分家长因为望子成龙、望女成凤心切，不考虑自己孩子的具体条件，一味地施以不合实际的教育，使孩子非常苦恼。家长用心教育孩子没有错，但一定要讲方法和因材施教。

思考：案例给了你什么启发？

每个婴幼儿都具备成才的潜能，如何彻底地发掘出婴幼儿的智力潜力，就显得极其重要了。

一、多元智力理论

多元智力理论是美国学者加德纳于1983年提出的，并在之后不断得到发展。该理论认为，智力是解决某一问题或创造某种产品的能力，而这一问题或这种产品在某一特定文化或特定环境中是被认为有价值的。就基本结构来说，智力是多元的，每个人身上至少存在七种智力，即言语语言智力、数理逻辑智力、视觉空间智力、音乐韵律智力、身体运动智力、人际沟通智力、自我认识智力。智力的类型不局限于这七种，随着研究的深入，会有更多的智力类型出现，或者对原有智力类型加以修改，如加德纳于1996年提出了第八种智力——认识自然的智力。

加德纳认为，智力不是一种能力而是一组能力，智力不是以整合的方式存在而是以相互独立的方式存在。多元智力中各种智力的内涵如下。

（1）言语语言智力。言语语言智力是指人掌握和灵活运用语言的能力。其表现为用词语表达，用语言和词语的不同方式来表达复杂意义。

（2）数理逻辑智力。数理逻辑智力是指人对逻辑结果的理解、推理、思维、表达能力。其表现为用逻辑方法解决问题，有对数字和抽象模式的理解力，能应用推理认识和解决问题。

（3）视觉空间智力。视觉空间智力是指人对色彩、形状空间位置进行正确感受和表达的能力。其表现为对视觉世界有准确的感知，能产生思维图像，有三维空间的思维能力，能感知空间物体之间的联系。

（4）音乐韵律智力。音乐韵律智力是指人感受、辨别、记忆、表达音乐的能力。其表现为对环境中的非言语声音，包括对韵律和曲调、节奏、音高、音质比较敏感性。

（5）身体运动智力。身体运动智力是指人的身体的协调、平衡能力和运动的力量、速度、灵活性等。其表现为利用身体交流和解决问题，熟练地进行物体操作以及需要良好动作技能的活动。

（6）人际沟通智力。人际沟通智力是指对他人的表情、语言、手势动作的敏感程度以及对此做出有效反应的能力。其表现为个人能觉察、体验他人的情绪和情感，并做出适当的反应。

（7）自我认识智力。自我认识智力指个体认识、洞察和反省自身的能力。其表现为对自己的感觉和情绪敏感，了解自己的优缺点，用自己的知识来引导决策，设定目标。

（8）认识自然的智力。认识自然的智力是指能够观察自然的各种形态，对物体进行辨认和分类，洞察自然或人造系统的能力。

加德纳认为，实践证明每一种智力在人类认识和改造世界的过程中都发挥着巨大的作用，具有同等的重要性。多元不是一种固定的数字概念，而是开放的概念。个体到底有多少种智力是可以商榷和改变的。

二、婴幼儿智力发展的规律

（一）从简单到复杂

婴幼儿智力发展从简单到复杂的规律主要表现在两个方面：一是从不完整到完整，婴幼儿出生时的智力活动主要表现在知觉的发展和视觉、听觉的集中上，而记忆、思维、想象等高级心理活动是在之后与环境的相互作用下逐渐得到发展完善的。二是从笼统到分化，婴幼儿月龄越小，智力活动越模糊。例如，婴幼儿早期的情感智力只有高兴和不高兴两种，后来逐渐发展为喜爱、愉快、快乐、痛苦、嫉妒等复杂多样的情感智力。

（二）从具体到抽象

婴幼儿智力发展最初出现的是具体的感觉，这是最简单的智力活动，是对物体的某种个别属性的反映。感觉之后出现知觉，知觉是对物体各种属性的整体反映，比感觉更具概括性。知觉之后出现思维，思维是人脑对事物本质属性的概括和间接的反映，带有明显的抽象性和概括性。

（三）从被动到主动

婴幼儿的智力活动最初是被动的，其主动性是逐渐发展起来的，并在与环境的相互作用下逐步增强。认识活动从最初的被动到之后的主动，最重要的特征是从无意智力活动到有意智力活动的发展。无意智力活动是个体直接受外在刺激的影响和支配发生的，有意智力活动是由个体自己的意识（动机、目的）控制的活动。

（四）从零散到系统

婴幼儿的智力活动刚开始是零散的，感觉、知觉、记忆、想象、思维等活动之间缺乏有机联系，并且不稳定。随着年龄的增长，婴幼儿的智力开始快速发展，从之前的零散向系统发展。

三、做好亲子教育，助力婴幼儿的多元智力开发

（一）激发婴幼儿的智力兴趣

兴趣能反映个体对客观事物的积极认识倾向，推动婴幼儿主动思考、自主探索、大胆表现，是婴幼儿智力发展的动力。家长既要关注婴幼儿的兴趣，充分激发婴幼儿参与智力活动的动力，又要注意引导婴幼儿发现新的兴趣，促进婴幼儿多方面的智力发展。

（二）丰富婴幼儿的知识储备

婴幼儿时期是个体知识储备迅速增长的时期，也是智力迅速发展的时期。婴幼儿对环境的认知越多，自信心就越强，探索欲望就越强，对周围环境的感知能力、理解能力、分析能力、判断能力也就越强。家长应因势利导，创造机会，引导婴幼儿认识周围的自然环境和社会环境，扩大婴幼儿的眼界，丰富婴幼儿的知识。

（三）倡导个性化的亲子教育观

每个婴幼儿都具有发展潜力，只要为他们提供了合适的教育和训练，每个婴幼儿的智力水平都能得到发展。因此，教育应该为婴幼儿创设多种多样的有利于促进各种智力发展的情景，为婴幼儿的学习提供多样化的选择，使婴幼儿能扬长避短，激发潜在的智力、充分发展个性。在发展婴幼儿的各种智力的基础上，要注重个性的发展，将“全面发展”与“个性发展”有机地结合起来，尽可能地创设适应婴幼儿优势智力发展的条件，使每个婴幼儿都能成才。

（四）坚持多元、以评价促发展的评价观

主张通过多种渠道、采取多种形式、在不同的实际生活和学习情景下进行的，切实考察婴幼儿解决实际问题的能力和创造初步产品（精神的、物质的）能力的评价，是一种超越了传统智力测验的评价观。这种评价观坚持三大评价标准：必须是智力展示、必须具有发展眼光、必须和婴幼儿的活动相关联；主张评价是手段而不是目的，从单一的纸笔测验走向多种多样的作品评价，从重视结果评价走向基于情景化（专题作业作品集）的过程评价；推崇的是一种更自然、对情景更敏感、在生态学上更可行的评估方式，是双方参与的一项活动。

知识链接

多元智力理论的背景[①]

多元智力理论自加德纳提出以来，迄今已有40多年的历史，引起了世界广泛关注，成为20世纪90年代以来许多西方国家教育改革的指导思想之一。

不仅加德纳本人的有关著作被译成20多种语言，其他专门研究多元智力理论的著作和论文在美国等西方国家的心理及教育研究成果中也占到了一定的比重。

对智力单因素论的批判历来就有，加德纳虽不是批判传统智力理论的第一人，但他的批判以及他提出的多元智力理论使传统智力测试的若干局限性更加凸显。

任务三　了解亲子教育与婴幼儿的情绪和情感发展

任务目标

在了解婴幼儿情绪和情感发展特征的基础上，找准适宜的亲子教育方法，助力婴幼儿情绪情感的健康发展；有正确的情绪观，用爱心帮助婴幼儿健康快乐成长。

案例导入

情绪小故事

小飞是一个2岁的男孩，活泼好动。爸爸妈妈很爱他，但因为工作关系没有太多时间陪伴他。每天晚上，爸爸妈妈回到家是小飞最开心的时候，但是他们都很疲劳，希望小飞能早点睡觉。他们越是催促小飞，小飞表现得越顽皮，不但不躺在床上，还到处跳来跳去。家里经常出现爸爸妈妈生气、小飞哭闹的情形，睡前的亲子关系很紧张。

爸爸妈妈发现是疲劳影响了他们的情绪，无法静下心来陪伴孩子，这种情绪也感染了小飞。爸爸妈妈和小飞一起制订了睡前计划，包括睡前要做的事情、上床时间和就寝规则。爸爸妈妈轮流在晚饭后陪小飞玩游戏，小飞要在规定的时间上床，上床后不能随意走动，在妈妈怀里听个小故事（故事的数量也要提前协商好）就入睡。在适

① 资料来源：https://baike.baidu.com/item/%E5%A4%9A%E5%85%83%E6%99%BA%E5%8A%9B/7868896，有改动。

应了几天之后，爸爸妈妈发现小飞更讲道理、更有规则感了，他们都十分开心！

思考：父母在婴幼儿情绪情感发展中扮演着什么样的角色？父母的情绪情感对婴幼儿有何影响？你觉得什么样的父母才算是合格的？

情绪和情感是人们对事物或观念所产生的主观体验或客观表达，它们通过某种外在或内在的活动及行为表现出来。情绪是指外在的表达，如喜、怒、哀、乐、悲、恐、惊；情感是指内心的体验，为高级的情绪体验。情绪和情感具有社会性，因此在日常生活中并无严格的区别。

一、婴幼儿的情绪和情感发展的特征

（一）婴幼儿情绪与情感发展的年龄化

刚出生的婴儿的情绪反应与生理需要是否得到满足有关，如肚子饿了、尿布湿了等刺激都会导致婴儿哭泣。当生理需要得到满足后，婴儿便有了愉快的体验。愉快与不愉快是婴儿最初的情绪情感分化。随着年龄的增长，婴幼儿的活动内容逐渐增加，活动范围逐渐扩大，情绪情感体验的层次不断丰富，涉及的范围不断扩大。3～6月龄的婴儿开始出现愤怒、厌恶、恐惧情绪。婴幼儿的恐惧情绪在3岁时达到高峰，多表现为对动物、黑暗的恐惧。16月龄以后，幼儿出现嫉妒情绪。3岁以后，随着儿童社会生活的增加，其基本的情绪活动都会出现，经常发脾气是这一时期儿童情绪不稳定的表现。学龄前儿童出现初步的社会性情感和道德体验，如信任感、安全感、同情感、友谊感和荣誉感。

（二）婴幼儿情绪与情感发展的社会化

许多情绪反应，特别是对特定事物的特定情绪反应，往往与社会因素及后天学习有关，如男孩和女孩对痛苦的表达方式往往不同，女孩以哭泣为主，男孩以控制为主。家长与教师要为婴幼儿提供充满爱的环境，以发展其安全感和依恋感；要为其提供愉快的经历，以发展其积极的情绪体验；还要发挥榜样的作用，培养其高级的社会性情感。

（三）婴幼儿情绪与情感发展的深度化

婴幼儿情绪情感发展的深度化表现在两个方面：一是情绪情感指向的事物不断增加，之前未能引起婴幼儿情感体验的事物，随着婴幼儿年龄的增长开始引起其情感体验，如爱的情感体验，刚开始是婴幼儿对父母的爱，之后婴幼儿对其他家庭成员产生爱的情感，婴幼儿从家庭进入社会后，又会对其他人产生爱的情感。二是情绪情感指向的事物性质发生变化，从事物的表面指向事物内在的特点，如婴幼儿对父母的爱，最开始是因父母能满足其基本的生存需求而对父母产生深深的依恋，但随着婴幼儿年龄的增长，这份爱会表现为婴幼儿对父母在为人处世等方面的尊重和爱戴。

二、强化亲子情感教育，帮助婴幼儿的情绪情感实现良性发展

（一）营造良好的情绪环境

婴幼儿的情绪不稳定，很容易受到周围环境的影响，其情绪发展主要依靠周围情绪氛围的熏陶。在家庭教育中，应注意保持和谐的气氛，创造有利于婴幼儿情绪放松的环境。家长应给予婴幼儿较多的关注和关爱，努力理解和尊重婴幼儿，创设一个和谐、宽松、平等的环境氛围，促进婴幼儿情绪的发展。

（二）丰富婴幼儿的情感体验

情感是人内心的一种特殊体验，家庭教育能够促进婴幼儿的情感发展。家长要创造机会增加婴幼儿的情感经历，增加其与父母、其他家庭成员、老师以及同伴等人交往的机会，丰富其情感体验。婴幼儿通过与不同的对象进行沟通交流，能够体会到亲情、师生情和友情等各种不同的情感，从而丰富自己的情感体验。家长应利用日常生活对婴幼儿进行情感教育，创造婴幼儿参与社会活动的机会，培养婴幼儿的社会性情感。

（三）积极引导，增强婴幼儿调控情绪的能力

家长应多鼓励婴幼儿。正面积极的肯定和鼓励能够极大地增强婴幼儿的自信心和能力。如果成人经常采用批评和惩罚的方法处理婴幼儿的问题行为，婴幼儿就会产生消极情绪，无行动热情，久而久之可能产生习得性无助感。婴幼儿的情绪在很大程度上受成人暗示的影响，如果家长在外人面前总是对自己孩子加以肯定，孩子很容易在暗示下控制自己的情绪。如果家长总是在别人面前说孩子的不是，则容易造成孩子的消极情绪。家长还应引导婴幼儿学会恰当地表达和合理地宣泄自己的情绪情感。一方面，家长不能一味地要求婴幼儿控制自己的情绪，要教给婴幼儿一些适当表达、合理宣泄自己情绪的方法。当婴幼儿过于激动时，家长可以播放一些柔和、优美的音乐，舒缓婴幼儿的情绪，或引导婴幼儿进行体育锻炼以宣泄多余的精力；当婴幼儿悲伤时，家长可以让婴幼儿画画或向其他人倾诉自己的感受。另一方面，家长要与婴幼儿一起设立一定的情绪情感宣泄规则。通过设定规则，婴幼儿能够明白自己不能随意宣泄情绪情感，不能妨碍其他人。对于婴幼儿的一些过激的破坏性行为（如摔东西、打人、满地打滚等），家长要及时制止，等婴幼儿冷静下来再向他摆事实、讲道理。

知识链接

0 ~ 3 岁婴幼儿情商培养方法[①]

1. 0 ~ 1 岁的婴儿

出生后的第一年是人一生的开始阶段，在此阶段，父母应经常与孩子一起做各种游戏，教孩子说简单的话，尽量满足孩子探索世界的要求。只有当他在生活上得到悉心照料、在精神上得到爱抚和热情的关怀时，他才会建立对这个世界的信任感和安全感，为他个性的健康发展打下良好的基础。

2. 2 岁的幼儿

2 岁的幼儿开始出现人生的第一个“反抗期”。幼儿开始分辨“你的东西”和“我的东西”，并拒绝和别人分享自己的东西。幼儿的情绪大多是冲动性的，容易兴奋，起伏大，“愤怒”的情绪多。

父母应帮助孩子强化和固定良好的情绪，鼓励孩子向良好的情绪发展，但对于孩子的不良情绪要加以疏导。

3. 3 岁的幼儿

在情绪的表达方式上，3 岁的幼儿会采用行动和语言来表达自己的内心感受和兴趣爱好。例如，幼儿尖声大叫说明他很不高兴，而出现打人举动则说明他的心情很糟糕。

幼儿开始懂得合作的道理，爱讨人喜欢，独立性增强，容易产生嫉妒的感觉。此外，幼儿也有了对“美”和“幽默”的感受力。

父母要为孩子提供感受各种情绪的机会，还要善于引导孩子丰富、敏锐的情感向好的方向健康发展。

任务四 了解亲子教育与婴幼儿社会性发展

任务目标

了解婴幼儿社会行为的相关概念、年龄特征以及教养意义；掌握婴幼儿社会性发展的特征，寻找适宜的亲子教育方式，帮助婴幼儿实现社会性发展；形成知幼儿、爱幼儿、护幼儿的良好职业品质。

① 资料来源：https://baike.baidu.com/item/%E5%84%BF%E7%AB%A5%E6%83%85%E5%95%86?fromModule=lemma_search-box，有改动。

案例导入

苦恼的阿莲

婴幼儿在与同伴交往的过程中，有的很受同伴欢迎，有的比较一般，有的存在交友困难问题。体质较弱、个子较小的女孩阿莲就存在交友困难问题。她性格内向，胆子小，不爱说话，不喜欢交往，也不善于交往。她孤独感较重，没有小伙伴同自己玩，心里感到很苦恼。

思考：

（1）阿莲出现这个问题的原因是什么？

（2）你怎样帮助、教育那些交友困难的孩子？

同伴关系是在交往过程中建立和发展起来的，0 ~ 3 岁婴幼儿在交往中可以构建同伴关系。无论是在狩猎采集时代还是在竞争激烈的现代社会，0 ~ 3 岁婴幼儿间特别是同龄人之间的人际关系存在于整个人类社会。尽管 0 ~ 3 岁婴幼儿接触的环境有很大不同，但是在一般情况下，0 ~ 3 岁婴幼儿之间有着交往的机会。世界上还没有任何一种文化单纯是依靠成人来抚育 0 ~ 3 岁婴幼儿的。0 ~ 3 岁婴幼儿实际上生活在两个世界：一个是包括父母和其他成人在内的客观成人世界；另一个就是基于同伴关系的同伴世界，我们也可以将其称为“0 ~ 3 岁婴幼儿社会”。

一、社会性行为的含义、年龄特征以及对婴幼儿的教养意义

（一）社会性行为的含义

社会性行为是指个体在与他人或团体交往的过程中所表现出来的行为，包括对人、对己的态度，对社会规范的认识与尊重，对事物价值的判断，以及作为社会成员所具备的社会能力。

婴幼儿社会性行为最早出现在出生后 1 ~ 2 个月，以社会性微笑为表现形式。发展婴幼儿对母亲和其他亲人的依恋，有利于发展婴幼儿的安全感和社会性行为。游戏是一种有目的、系统的社会活动，可以促进婴幼儿社会关系和社会性行为的发展。

（二）社会性行为的年龄特征及对婴幼儿的教养意义

下面以婴幼儿依恋行为为例，说明婴幼儿社会性行为的年龄特征及社会性行为对婴幼儿教养的意义。

1. 婴幼儿依恋行为的年龄特征

英国心理学家约翰·鲍比根据其对早期失去母亲及与父母分离的婴幼儿的研究认为，

婴幼儿依恋行为的发展经历了以下四个阶段。

第一个阶段：前依恋期（0 ~ 3 月龄）。婴儿对刺激做出反应，但不能对不同的人做出不同的反应。当看到人走动时，婴儿能用视觉追踪；当看到人走过来时，婴儿能微笑、发声。

第二个阶段：依恋关系建立期（3 ~ 6 月龄）。婴儿对其他人仍表现友好，但对母亲或其他带养者的反应更频繁。

第三个阶段：依恋关系明确期（7 月龄 ~ 2 岁）。婴幼儿通过身体移动和信号（如微笑、发声等）表达与认识的人保持贴近的意向。婴幼儿的反应具有选择性，如对母亲打招呼，对陌生人感到不安。

第四个阶段：目标调整的伙伴关系（2 岁以后）。幼儿认识到自己的行为与母亲或其他带养者的反应及行为的关系，能以自己的良好行为获得亲近的人的微笑和爱抚。3 岁以后，婴幼儿的依恋行为减弱。

2. 依恋行为对婴幼儿教养的意义

依恋行为既有生物学意义，又有社会学意义。婴幼儿的依恋可增加父母的照顾行为，父母会给予婴幼儿保护、关爱，同时父母的保护、关爱可促进婴幼儿依恋行为的发展。依恋可使婴幼儿学习某些社会性行为，如被表扬的行为、友好举动等，有利于婴幼儿适应社会生活，有利于婴幼儿遵从与父母相同的价值观和做出符合父母要求的行为。依恋的剥夺可能使婴幼儿产生人格障碍。

二、婴幼儿社会性发展的特点

婴幼儿的社会性发展受年龄特征、动作发展、语言表达、活动范围等因素的影响。婴幼儿社会性发展有以下四个特点。

1. 容易受情境影响

社会性行为和道德行为受当前刺激（情境）的制约，婴幼儿在特定的情境中会产生与此相应的社会性行为。当婴幼儿看到其他婴幼儿因被家长教育而哭泣时，就会认为那个家长不好、那个家长是“坏人”。

2. 具有很强的模仿性

模仿是对他人所显示的行为及特点进行有选择的重复（再现）。婴幼儿经常模仿周围的人，说别人说过的话，或者重复别人做过的行为、动作。

3. 是非判断偏向从他性

从他性在婴幼儿社会性发展中占主导地位。婴幼儿认为道德原则与道德规范是绝对的，来自外在的权威，不能不服从，他们判断是非的标准也来自家长。婴幼儿只注意行为的外部结果，而不考虑行为的内在动机。

4. 道德情感从不稳定向稳定发展

婴幼儿与成人、同伴的交往使他们的道德情感指向的事物或对象不断增多，范围不断扩大，由近及远，由直接到间接，由具体、个别的行为到概括、抽象的行为规则和道德准则，道德情感不断丰富。由于婴幼儿道德情感指向的事物发生变化，特别是事物性质发生变化，所以婴幼儿的道德情感会逐渐由肤浅、表面、不稳定发展为深刻、本质、稳定。

三、强化亲子教育功能，促进婴幼儿社会性发展

（一）引导婴幼儿树立正确的自我意识

自我意识是一种认知心理结构，它组织、调整、整合着个体的行为。自我意识是婴幼儿个性的重要组成部分。积极正确的自我意识是婴幼儿发展不可缺少的内在动力，对婴幼儿的智力发展和健全人格的形成起着重要作用。自我意识主要包括三个方面：一是正确认识自己、评价自己、接纳自己，每个婴幼儿都是与众不同的，家长应引导婴幼儿正确认识自己；二是学会调控情绪，婴幼儿时期是个体情感发展的关键期，家长应帮助婴幼儿形成初步的情绪调控能力；三是学会自由选择、自我决断等，自由选择、自我决断是婴幼儿独立性、自主性的重要表现，家长应多为婴幼儿创造自我选择、自我决断的机会。

（二）引导婴幼儿认识生活的社会环境

社会环境是婴幼儿生活和游戏的场所，也是各种秩序形成的场所。家长应丰富婴幼儿的社会经验，增进婴幼儿对社会环境（家庭、亲子园、幼儿园、社区、家乡、国家等）的认识，引导他们关心和了解社会事物和社会人员，发展社会认识能力、社会知觉能力、移情能力和道德判断能力，提升对美丑、善恶、是非、对错的辨别能力，以及在社会生活中解决某些实际问题的能力。家长还要注重培养婴幼儿积极的社会情感，引导婴幼儿认识并理解人与环境之间相互依存的关系，培养婴幼儿爱护环境、保护环境的意识，引导婴幼儿关注并参与社会生活，培养婴幼儿的社会意识。

（三）增强婴幼儿社会交往的能力

社会交往能力是指人在与他人交往以及参与社会活动时表现出的行为能力。在与人打交道的过程中，婴幼儿逐步形成为人处世的态度，获得社会交往能力，促进自身社会性发展。家庭是婴幼儿生活的主要场所，家长应为婴幼儿创设社会交往环境，使他们在与人交往的过程中，逐渐掌握符合社会要求的行为方式，并能初步根据社会规范调节自己的行为，发展交往能力，成为顺应时代发展需要的人。家长在让婴幼儿感受家庭温馨气氛的同时，还应让婴幼儿走出家庭，多接触外部社会环境，逐渐形成尊重、分享、合作、同情、谦让

等社会交往能力。

（四）陶冶婴幼儿良好的情感

情感是人社会化的一个重要方面。对婴幼儿进行社会性教育，丰富婴幼儿情感的内容，培养婴幼儿良好的社会情感，可以帮助婴幼儿与人和谐交往，懂得关心、爱护他人，体谅、宽容、同情、尊重他人，更好地适应社会，在逆境和挫折中也能充满自信、积极进取。家长应创设民主和谐的家庭氛围，让孩子更好地成为乐观、勇敢、诚实、正直、富有同情心和自信心的人，逐渐学会控制自己的情感，增强情感的深刻性和稳定性。

（五）促进婴幼儿社会性的发展

婴幼儿早期的社会性行为处于自我中心和真正社会化的中间地带，只有当他们从自我中心状态中跳出来，具备与同伴进行有效协作的能力时，他们的社会性才会真正得到发展。在家庭教育中，婴幼儿不仅可以学会与他人进行社会交往的技能，建立融洽的人际关系，而且还可以把社会知识、社会规范内化为自己的行为准则，逐步形成符合社会需求的情感和态度，行为适当，使社会性得到良好的发展。

知识链接

0 ~ 6 岁儿童孤独症筛查干预服务规范（试行）①

孤独症谱系障碍（也称“自闭症”，以下简称“孤独症”）是一类发生于儿童早期的神经发育障碍性疾病，以社交沟通障碍、兴趣狭隘、行为重复刻板为主要特征，严重影响儿童社会功能和生活质量。我国儿童孤独症患病率约为 7‰，严重危害儿童健康和家庭幸福。孤独症通常起病于婴幼儿期，目前尚缺乏有效治疗药物，主要治疗途径为康复训练，最佳治疗期为 6 岁前，越早干预效果越好。通过早期发现、早期诊断、早期干预可不同程度改善患儿症状和预后。为规范儿童孤独症筛查、诊断和干预服务，促进儿童健康，制定本规范。

一、服务对象

辖区内常住的 0 ~ 6 岁儿童。

二、服务目的

（一）面向社会公众开展科普宣传，形成全社会关心关爱孤独症儿童及家庭的良好社会氛围。

（二）针对目标人群加强健康教育，提高儿童家长孤独症科普知识知晓率，增强家长接受筛查、诊断和干预服务的主动性和积极性。

① 资料来源：http://www.gov.cn/zhengce/zhengceku/2022-09/23/content_5711379.htm，有改动。

（三）规范儿童孤独症筛查、诊断、干预康复服务，提升干预效果，减少精神残疾发生，促进儿童健康。

三、服务内容

包括健康教育、筛查、诊断、干预康复等4部分内容。

（一）健康教育。通过多种方式，向社会公众和儿童家长普及孤独症基本知识，宣传筛查、诊断、干预措施，提高科学知识知晓率。引导家长树立儿童健康第一责任人意识，积极主动接受孤独症筛查、诊断和干预服务。

（二）筛查。

1. 初筛。乡镇卫生院、社区卫生服务中心等基层医疗卫生机构承担初筛服务。结合国家基本公共卫生服务0～6岁儿童健康管理项目的服务时间和频次，通过应用《儿童心理行为发育问题预警征象筛查表》等方法（即《国家基本公共卫生服务规范》0～6岁儿童健康管理服务规范中发育评估相关内容），为0～6岁儿童提供11次心理行为发育初筛服务。

（1）初筛时间。1岁以内婴儿期4次，分别在3、6、8、12月龄时；1～3岁幼儿期4次，分别在18、24、30、36月龄时；学龄前期3次，分别在4、5、6岁时。

（2）初筛工具。《儿童心理行为发育问题预警征象筛查表》。

（3）初筛方法及内容。应用《儿童心理行为发育问题预警征象筛查表》，筛查0～6岁儿童的发育状况，检查有无相应月龄的预警症状。相应筛查年龄段任何一条预警征象筛查阳性，提示有发育偏异的可能。

询问家长，了解儿童是否出现语言功能和社会交往能力障碍或倒退。例如，无法用语言表达、无目光对视、重复刻板行为，或以前可以用语言表达、以前有目光对视，现在无法用语言表达、现在无目光对视等。

存在下列情形之一的，为初筛异常。

一是儿童心理行为发育问题预警征象筛查存在一条及以上阳性。

二是任何年龄段儿童出现语言功能和社会交往能力障碍或倒退。

根据检查结果，填写《0～6岁儿童心理行为发育档案》。未发现异常的，告知家长定期带儿童接受心理行为发育评估。发现异常的，及时进行健康宣教和干预指导，同时告知家长及时转诊。

（4）转诊服务。对于初筛异常的儿童，填写《0～6岁儿童心理行为发育初筛转诊单》，指导家长尽快将儿童转诊至县级妇幼保健机构接受复筛。初筛转诊单一式两联，第一联由开展初筛服务的机构留存，第二联交由家长带至开展复筛服务的机构。

基层医疗卫生机构填写《0～6岁儿童心理行为发育初筛异常登记表》，定期统计辖区内初筛异常儿童数量及相关信息，汇总上报县级妇幼保健机构。

2. 复筛。县级妇幼保健机构承担复筛服务。通过病史询问、孤独症筛查量表等开展复筛。

（1）复筛工具。应用《孤独症筛查量表》包括《修订版孤独症筛查量表（M-CHAT）》《孤独症行为评定量表（ABC）》《0～6岁儿童发育行为评估量表》（简称《儿心量表-Ⅱ》）等发育量表。

（2）复筛方法及内容。病史询问。了解儿童现病史，询问和观察儿童有无语言障碍、交流障碍、行为刻板、兴趣狭隘等症状，了解初筛结果等。

应用《孤独症筛查量表》和《儿心量表-Ⅱ》等发育量表开展复筛。

18月龄以下儿童，应用《儿心量表-Ⅱ》等发育量表复筛。《儿心量表-Ⅱ》从大运动、精细动作、适应能力、语言和社会行为5个能区，测评儿童发育水平。评估总分低于70分，提示存在发育障碍；评估总分在80分以上但语言、适应能力或社会行为任何一个能区单项得分低于70分提示存在发育偏离。评估总分为70～79分者，应在3个月内采用相同方法进行复查。

18～24月龄儿童，应用《修订版孤独症筛查量表（M-CHAT）》复筛。量表中共23个项目，每个项目2级评分。量表中项目11、18、20、22回答“是”，其余项目回答“否”视为项目不通过。若核心项目2、7、9、13、14、15中有两项或以上不通过，或者在全部项目中有三个项目或以上不通过者，为筛查不通过，提示存在孤独症风险。

24月龄及以上儿童，应用《孤独症行为评定量表（ABC）》复筛。量表中共5个能区57个项目。评估总分大于等于53分为未通过，提示存在可疑孤独症症状。

所有18月龄及以上儿童，同时应用《儿心量表-Ⅱ》等发育量表开展复筛。《儿心量表-Ⅱ》从大运动、精细动作、适应能力、语言和社会行为5个能区，测评儿童发育水平。评估总分低于70分，提示存在发育障碍；评估总分在80分以上但语言、适应能力或社会行为任何一个能区单项得分低于70分提示存在发育偏离。评估总分为70～79分者，应在3个月内采用相同方法进行复查。

存在下列情形之一的，为复筛异常。

一是病史询问或观察发现有语言障碍、交流障碍、行为刻板、兴趣狭隘等一项或多项异常的。

二是《孤独症筛查量表》提示存在孤独症风险、可疑孤独症症状。

三是《儿心量表-Ⅱ》等发育量表提示存在发育障碍或发育偏离。

根据检查结果，填写《0～6岁儿童心理行为发育复筛记录表》。此表一式两份，一份由复筛机构留存，一份交家长。

（3）复筛结果处理与转诊服务。筛查人员向家长合理解释复筛测评结果，根据结果决定复查或转诊。

一是复筛未见异常。告知家长返回基层医疗卫生机构继续接受0～6岁儿童健康管理服务；3个月内再次到原复筛机构进行复查，仍未见异常者继续接受基层医疗卫生机构0～6岁儿童健康管理服务，异常者按照复筛异常处理。

对于应用《儿心量表-Ⅱ》等发育量表测评，评估总分为70～79分的儿童进行干预指导，在3个月内再次到原复筛机构进行复查。复查未见异常的，告知家长返回基层医疗卫生机构继续接受0～6岁儿童健康管理服务；复查评估为存在发育障碍或发育偏离的，按照复筛异常处理。

二是复筛异常。填写《0～6岁儿童心理行为发育复筛转诊单》，指导家长带儿童尽快转诊至具有儿童孤独症诊断能力的专业医疗机构进一步诊断。转诊单一式两联，第一联由复筛机构留存，第二联交由家长带至诊断机构。告知家长至诊断机构就诊时，须携带《0～6岁儿童心理行为发育复筛转诊单》及《0～6岁儿童心理行为发育复筛记录表》。

对于复筛异常的儿童，复筛机构在积极联系转诊的同时，应及时进行健康宣教，开展个性化指导及干预，减轻或纠正儿童发育偏离。

县级妇幼保健机构填写《0～6岁儿童心理行为发育复筛异常登记表》，定期统计辖区内复筛异常儿童数量及相关信息，汇总上报地市级妇幼保健机构。定期将《0～6岁儿童心理行为发育复筛异常登记表》统一集中反馈至各乡镇卫生院、社区卫生服务中心。

（三）诊断。具有孤独症诊断能力的医疗机构承担儿童孤独症诊断服务，主要包括综合医院儿科和儿童保健科、精神专科医院儿科、儿童医院和妇幼保健机构等。

1. 辅助诊断工具。《儿童孤独症评定量表（CARS）》等。

2. 诊断方法。通过病史询问、行为观察、体格检查与神经系统检查、孤独症量表测评及必要的辅助检查等，根据《疾病和有关健康问题的国际统计分类》（ICD-10）孤独症诊断标准进行综合评估后进行诊断。

（1）病史询问。详细了解儿童生长发育史，重点询问社交沟通、言语、认知能力、运动等方面的发育情况，了解儿童现病史、既往史以及父母孕育史、家族史等。

（2）行为观察。以对儿童的行为观察为主，重点观察儿童社会交往、语言和非语言交流。可设置一些特定环境与活动，观察儿童的社交沟通、对人的反应、对环境与玩具的反应、目光对视情况、注意状态、自发言语表达和特殊言语表现、情绪调节、特殊行为和兴趣、躯体活动和运动协调等方面的行为表现。进行发育量表测查时的行为表现也应适当记录。

（3）体格检查与神经系统检查。了解体格生长情况，测量头围、身高、体重，了解发育情况，观察面部特征及全身皮肤，检查有无先天畸形、视听觉障碍，检查神经系统有无阳性体征等。

（4）量表测评。应用《儿童孤独症评定量表（CARS）》等量表进行测评。CARS 量表共 15 个项目，每个项目 4 级评分。评估总分小于 30 分为非孤独症，大于等于 30 分为孤独症。

（5）辅助检查。与神经系统疾病、代谢性疾病等所致精神障碍进行鉴别，或对符合孤独症诊断标准的儿童寻找可能相关的致病因素。可结合儿童具体情况，选择必要的辅助检查，如电生理检查（脑电图、诱发电位）、影像学检查（头颅 CT 或磁共振）、染色体和基因检测等。

诊断孤独症，还需与言语和语言发育障碍、智力发育障碍、反应性依恋障碍、童年社交焦虑障碍、选择性缄默症、儿童精神分裂症等进行鉴别诊断。

同时注意共患病的诊断，如注意缺陷多动障碍、抽动障碍、癫痫、强迫症等。

根据诊断结果，填写《0 ~ 6 岁儿童心理行为发育异常诊断记录表》。此表一式两份，一份由诊断机构留存，一份交家长。

3. 诊断结果告知与转诊服务。

（1）对于确诊孤独症的儿童，向家长说明诊断结果和病情，告知可采取的干预康复方法、政府有关部门康复救助政策及信息，以及可选择综合医院、儿童医院、精神专科医院和妇幼保健机构及有资质的干预康复机构进行干预康复。

（2）对于排除孤独症的儿童，结合临床症状、发育评估及相关检查结果，向家长说明诊断情况。如发现有孤独症以外的健康问题，应告知到相应医疗机构进一步接受诊断和治疗。

（3）对于暂时不能确诊的儿童，告知家长两个月后到原诊断机构复查，并指导家长尽早开展干预。

诊断机构填写《0 ~ 6 岁儿童心理行为发育异常诊断结果登记表》，记录辖区内复筛异常儿童本次诊断结果、干预康复建议等信息，统一集中反馈至各地市级妇幼保健机构，由地市级妇幼保健机构反馈至县级妇幼保健机构，再反馈至乡镇卫生院或社区卫生服务中心。

（四）干预康复。干预康复训练由具有儿童孤独症干预康复能力的特殊教育机构、综合医院儿科和儿童保健科、精神专科医院儿科、儿童医院、妇幼保健机构、有条件的基层医疗卫生机构和有资质的儿童心理康复机构承担。

1. 基本原则。

（1）早期干预。早期干预可以显著改善孤独症儿童预后，实施干预越早越好。确诊患儿应立即干预，针对初筛、复筛阶段符合转诊条件的儿童均应及时进行健康宣教、指导和干预。

（2）个体化干预。孤独症儿童发育水平各不相同，应测评患儿社交、语言、认知、适应能力等各个能区发育水平，依据评估结果制订个体化教育干预计划。

（3）科学循证。目前孤独症干预方法很多，应选择有明确循证医学证据的科学有效方法。

（4）长程高强度。孤独症作为一种神经发育障碍性疾病，需要长期干预，干预时长一般需要持续数年甚至更长。同时，必须保证每天有足够有效干预时间，每周干预时间应在 20 小时以上。

（5）基层为主。积极推进以县级妇幼保健机构、基层医疗卫生机构为基础，家庭积极参与的干预康复模式，帮助孤独症儿童实现就近就便干预。同时，发挥地市级及以上医疗保健机构骨干作用，加强对基层医疗卫生机构的技术指导。

（6）家庭参与。鼓励家庭和家长积极参与干预，对家庭和家长进行全方位支持和教育，提高家庭在干预中的参与程度。

2. 干预方法。

（1）行为干预。根据年龄、发育水平等选择有循证医学依据的早期干预方法，以改善社会交往、语言和非语言沟通能力为核心内容，以行为疗法为基本手段，结构化教育与自然情境下养育为干预基本框架，培养其生活自理和独立生活能力，减少不适应行为，提高其生存技能和交往能力。

（2）家庭干预和支持。父母及家人的参与和支持是孤独症儿童干预和康复的重要策略和措施。通过科普宣教、示范咨询等方式，鼓励父母和家人学习孤独症相关知识和家庭干预方法，主要原则包括：对孤独症儿童行为的理解、接纳、包容、尊重和关爱；对孤独症儿童的情绪和行为问题，通过养育过程中的陪伴互动、生活照护和游戏玩耍，以快乐、适度和巧妙的方式，进行家庭干预；关注儿童的成长表现，发现儿童的特殊兴趣和个人能力，进行相应的培养和转化。同时，关心父母自身心理状态和身体健康，提供相应的帮助。

（3）药物治疗。目前尚缺乏针对儿童孤独症核心症状的药物。对于有严重情绪行为障碍和共患疾病的孤独症儿童应及时转诊至相关医疗机构，严格在专科医师指导下选择和使用药物。

3. 干预步骤。

（1）开展评估。在干预前应采用规范的发育和行为等评估量表进行评估，以便了解儿童孤独症核心症状、各种能力发展水平以及生活质量。

（2）制订方案。根据评估结果，确定干预目标，制订干预方案，选择干预方法，确定干预场所，促进孤独症儿童社交沟通行为的出现和发展，改善孤独症儿童严重情绪障碍，矫正孤独症儿童异常行为，培养良好适应性行为，促进语言、交往、认知等能力的全面发展。

（3）实施干预。制订长期、中期、短期和每日训练计划；干预训练应以儿童社会交往和交流障碍为中心，注重全面发展；强调应用行为分析技术和自然发展行为干预。

（4）效果评定。干预康复机构应与诊断机构密切合作。对于接受干预康复的孤独症儿童，每 3 ~ 6 个月对核心症状改善、能力发展、生活质量提高等干预效果进行评定，了解改善情况，评估干预效果，干预康复机构根据评估结果及时调整目标、方案和方法。

4. 干预康复场所。

干预康复过程中可根据孤独症儿童年龄、病情轻重、能力水平以及家庭状态等，选择适宜的干预康复场所和方法。

1 岁半以内的儿童，可以在专业医疗机构指导下以家庭干预为主，帮助家长主动利用各种资源，不断学习和提高康复训练技术。

1 岁半至 3 岁儿童，可以选择专业医疗机构进行康复训练，同时进行家庭干预。

3 岁以后儿童，病情相对轻、具备一定社会交往和交流能力的可在普通幼儿园接受融合教育，同时结合专业机构训练；病情较重、社会交往和交流能力弱的可在专业医疗机构、特殊教育机构或有资质的康复机构接受康复，继续鼓励家庭参与。

干预康复机构应及时评估患儿康复情况，做好干预康复记录。

四、服务机构和人员技术要求

（一）承担初筛服务的乡镇卫生院和社区卫生服务中心。应当设置相对独立的空间，配备必要的测查桌椅、测查床等设备，环境相对安静安全。明确至少 1 名接受过儿童心理行为发育筛查技术培训并合格、从事儿童保健服务的医务人员。

（二）承担复筛服务的县级妇幼保健机构。应当设置诊室 1 间、独立的心理行为测查室 1 间，配备必要测查设施设备，环境安静安全。明确至少 2 名接受过儿童孤独症筛查和发育评估测查技术培训并合格、从事儿童保健服务的医务人员。

（三）儿童孤独症诊断机构。为具有孤独症诊断能力的医疗机构。应当配备符合临床诊疗要求的诊室1间、独立的心理行为测查室1间。诊断人员应为具备诊断资质的精神卫生科、儿科、儿童保健科的医生。

（四）干预康复机构。具备相应资质，设施、设备和人员能满足孤独症儿童干预服务需求。

五、任务分工

（一）乡镇卫生院、社区卫生服务中心。

1. 开展儿童心理行为发育相关科学知识社会宣传和健康教育，宣传孤独症要早筛、早诊、早干预。动员家长定期带儿童接受孤独症筛查服务。

2. 承担0～6岁儿童心理行为发育初筛，阳性儿童转诊服务，同时提供干预指导，建立完善儿童心理行为发育档案。

3. 对初筛异常、未及时接受复筛儿童进行追访，配合县级妇幼保健机构对复筛后未及时复查的儿童进行追访。

4. 定期统计汇总辖区内初筛异常儿童基本信息与数据，及时上报县级妇幼保健机构。

（二）县级妇幼保健机构。

1. 开展儿童心理行为发育相关科学知识社会宣传和健康教育，宣传孤独症要早筛、早诊、早干预。

2. 对初筛结果异常儿童进行复筛，对复筛及复查结果异常儿童进行转诊，同时提供干预指导、随访服务及家长心理支持，管理和完善儿童心理行为发育档案。

3. 对复筛后未及时复查儿童，以及复筛或复查结果异常未及时到诊断机构就诊儿童进行追访。

4. 对辖区内提供初筛服务的机构开展人员培训、技术指导和质量评估。

5. 负责辖区内孤独症儿童专案管理。定期统计汇总辖区内复筛异常儿童基本信息与数据，及时上报至地市级妇幼保健机构，同时将复筛异常儿童信息及地市级反馈的诊断儿童信息反馈至乡镇卫生院、社区卫生服务中心。

（三）儿童孤独症诊断机构。

1. 开展儿童心理行为发育相关科学知识社会宣传和健康教育，宣传孤独症要早筛、早诊、早干预。

2. 为复筛结果异常儿童提供诊断，提出干预康复建议，协助有需要的儿童转诊，告知家长相关医疗保障和社会救助政策信息。

3. 对确诊的孤独症儿童开展随访服务，原则上3岁以下每3个月一次，3岁及以上每6个月一次，通过评估确诊患儿干预效果，给出下一阶段干预康复建议。

4. 协助卫生健康部门开展孤独症筛查、诊断和干预康复技术推广、业务指导、人员培训和质量控制。

5. 统计汇总本机构儿童孤独症诊断及干预建议相关信息，及时反馈至相应地市级妇幼保健机构。

（四）干预康复机构。

1. 开展儿童心理行为发育相关科学知识社会宣传和健康教育，宣传孤独症要早筛、早诊、早干预。

2. 依据孤独症儿童评估结果和训练计划为孤独症儿童提供干预康复服务，及时记录干预康复情况。

3. 向孤独症儿童家长宣传干预康复知识和方法，以及相关医疗保障和社会救助政策。

4. 向孤独症儿童家长提供干预康复咨询指导服务，开展家庭干预康复技术技能培训，对家长进行心理疏导和支持。

5. 做好孤独症儿童管理和转诊，与诊断机构配合定期组织开展随访服务，评估康复效果。

（五）省级、地市级妇幼保健机构。结合妇幼保健机构功能定位，加强自身儿童心理保健科和康复科能力建设，协助卫生健康行政部门重点承担服务网络和信息系统建设、人员培训、业务指导、技术推广、质量控制、健康宣教和数据管理等工作。

六、工作要求

各级卫生健康行政部门要高度重视儿童孤独症筛查、诊断和干预康复工作，加强组织领导，强化安排部署和工作指导，不断提高筛查率、诊断率和干预率。持续提升基层医疗卫生机构能力，加强县级妇幼保健机构能力建设，结合辖区医疗卫生资源，合理布局诊断机构和干预康复机构，构建儿童孤独症筛查、诊断、干预康复一体化服务链条。加强人员培训，强化质量控制，确保服务质量。要强化信息安全和隐私保护，加强区域信息平台建设，推进儿童孤独症筛查干预信息互联共享，提高服务质量，减轻基层负担，方便群众办事。

七、评估指标

（一）初筛率。统计期限内辖区0 ~ 6岁儿童接受心理行为发育初筛人数/统计期限内辖区0 ~ 6岁儿童人数 ×100%。

（二）复筛率。统计期限内辖区 0 ~ 6 岁儿童心理行为发育初筛异常者到复筛机构接受复筛人数 / 统计期限内辖区 0 ~ 6 岁儿童心理行为发育初筛异常人数 ×100%。

（三）诊断率。统计期限内辖区 0 ~ 6 岁儿童心理行为发育复筛异常者已转诊到诊断机构接受诊断的人数 / 统计期限内辖区 0 ~ 6 岁儿童心理行为发育复筛异常人数 ×100%。

课后巩固与练习

一、单项选择题

1. 婴幼儿的（　　）最先发育。

A. 脚　　B. 手

C. 头颅　　D. 心脏

2. 多元智力理论是由谁提出来的？（　　）

A. 蒙台梭利　　B. 加德纳

C. 胡育　　D. 爱尔丝

3. 刚出生的婴儿最初的情绪反应与（　　）是否得到满足有关。

A. 精神需要　　B. 生理需要

C. 心理需要　　D. 物质需要

4. 婴幼儿依恋行为的目标调整的伙伴关系是在哪个年龄段？（　　）

A. 0 ~ 3 个月　　B. 3 ~ 6 个月

C. 7 ~ 12 个月　　D. 2 岁以后

二、简答题

1. 简述婴幼儿动作发展的规律。

2. 简述多元智力理论。

3. 简述婴幼儿社会性发展的特点。

三、论述题

1. 请结合实际，谈一谈父母该如何促进婴幼儿的情感发展。

2. 请结合实际，谈一谈父母该如何促进婴幼儿的社会性发展。

四、实训项目

撰写《沉浸式幼儿成长监测报告》（表 2–1）。

表 2-1　沉浸式幼儿成长监测报告

<table>
<tr><td>班　　级</td><td></td><td>姓　　名</td><td></td></tr>
<tr><td>时　　间</td><td></td><td>地　　点</td><td></td></tr>
<tr><td>活动目标</td><td colspan="3">（1）掌握亲子教育与婴幼儿全面发展的意义。
（2）能够根据婴幼儿的身心发展实际情况，制定适宜的亲子教育方式。
（3）培养团结合作以及知幼爱幼的职业观念。</td></tr>
<tr><td>活动内容</td><td colspan="3">学生分成若干组，进入托育机构认教一名幼儿，进行沉浸式跟踪调查。要求掌握本组认教幼儿的身心发展实际情况，形成报告，并在报告中给出有针对性的亲子教育意见建议，做成 PPT 进行课堂汇报。</td></tr>
<tr><td>活动要求</td><td colspan="3">（1）每个学生团队内要有分工协作，充分调动每名学生的活动积极性。
（2）各团队在规定的时间内完成项目的要求，并开展相应的活动。
（3）在活动过程中，要时刻注意观测幼儿的情况，及时与托育中心教师沟通，并将沉浸式监测情况写成报告。</td></tr>
<tr><td>活动考核</td><td colspan="3">（1）各团队完成一份《沉浸式幼儿成长监测报告》。
（2）各团队至少提出三条具有针对性的幼儿身心发展意见。
（3）每个团队派一名代表汇报前期的准备工作，并用 PPT 进行展示。
（4）评价每个团队的表现，并进行学生互评。</td></tr>
<tr><td>活动总结</td><td colspan="3"></td></tr>
<tr><td>评　　语</td><td colspan="3"></td></tr>
<tr><td>成　　绩</td><td></td><td>指导教师</td><td></td></tr>
</table>

项目三 亲子教育与游戏活动

思政课堂

游戏助力婴幼儿健康成长

大教育家孔子说过："学而时习之，不亦说乎？""知之者不如好之者，好之者不如乐之者。"这两句名言寓意为：对知识感兴趣，就会变被动学习为主动学习，以学习为乐事，在快乐中学习，不仅能提高学习的效率，而且还能够加深对知识的理解。相传，柏拉图学园主要是为婴幼儿在游戏中学习而创立的。因此，把学习看作快乐的事，将学习与游戏合二为一的教育是婴幼儿健康成长的法宝。

婴幼儿具有活泼好动、模仿能力强、情绪性强、自制力差、认识活动以具体形象为主的特点，而游戏恰恰能帮助婴幼儿克服情绪性强、自制力差的弱点。在游戏中，婴幼儿不仅可以自由地变换动作、姿势，多次重复感兴趣的动作，而且还可以满足自我表现、自我肯定的需要，获得影响与控制环境的能力，建立起自信心。在游戏活动中婴幼儿获得一定认知或完成一定任务时，就会感到自己是个有能力的人，从而获得成功的喜悦。

相关研究表明，在玩中学、乐中学，学的东西特别容易接受。人脑是由数以亿计的脑细胞构成的，每一个脑细胞都与几万个乃至几十万个脑细胞连接，来回不断地传递信息。而活跃状态下的脑细胞与其他脑细胞连接的面更广，传递信息的速度也更快。这种状态下读书学习的效率也将成倍提高。

实践也证明，游戏是一种有益于婴幼儿身心健康发展的自由活动，对于婴幼儿主体性的发展和培养具有独特的教育价值。我们应把游戏作为基本教育活动，在教学活动中不断探索、不断反思，将游戏融入婴幼儿一日活动的各个领域中，从而更好地促进婴幼儿健康、快乐、全面的发展。

学习目标

知识目标：

（1）了解游戏活动的概念、特点和分类。

（2）掌握游戏活动的目标、准备、过程、注意事项和延伸意义。

（3）掌握游戏活动对亲子关系和婴幼儿成长的作用。

素养目标：

（1）认同游戏指导的教育理念，建立科学指导的职业素养。

（2）培养在早期教育过程中建立游戏活动的教学理念，树立有爱心、耐心和恒心的保教心理。

任务一 认识游戏活动

任务目标

了解游戏活动的概念，理解游戏活动的相关特点，掌握游戏活动的分类。

案例导入

什么是最好的早教

“孩子像一面镜子，在审视孩子的过程中，许多回忆和思绪相互碰撞着，让我重新发现了自己。”这是小美妈妈的一段独白。小美妈妈反复思考着自己的童年，意识到了自己思维的局限，了解到了童年的教育会在很大程度上影响成年的自己。小美妈妈如饥似渴地阅读着有关婴幼儿心理学和幼年教育的书籍，思考和阅读的过程让她越发相信：一个美好的童年是人生最重要的根基。

小美妈妈思索着什么才是最好的早教，并决心给孩子最好的童年。小美妈妈想：“既然自己这么爱玩，那我就要全身心地陪孩子玩，让她玩得痛快、玩得开心。”小美妈妈希望孩子在游戏中学会独立和勇敢，学会生活，学会与人相处，学会去爱，希望孩子在玩耍中找到真正的自己，也许这就是最好的早教。

从 1 岁开始，小美变得非常好动，小美妈妈把自己当作一个观察者，追随着小美的探索欲望。小美妈妈针对小美渴望求知的方向提供相应的游戏和环境。在小美口欲期，小美妈妈收集了各种天然又安全的材料，并将其擦拭干净，让小美咬个够，让小美能够用嘴巴去感受和了解世界；当小美总是抢妈妈的面霜并企图打开盖子的时候，小美妈妈收集了很多不同的瓶瓶罐罐，让小美尽情地做开盖子的游戏；当小美开始对冷热与材质敏感时，小美妈妈就让小美玩水、玩泡泡、玩冰块。小美妈妈针对小美的兴趣窗口随时设计相应的游戏，让她把这个兴趣探索下去。这种方式给了小美很大的满足感，她通过游戏认知世界、构建自我、找到自信心，既学会了新技能又大大提高了专注力。

思考：

（1）你有没有思考过如何教育孩子？

（2）小美妈妈认为什么才是最好的早教？

（3）请结合以上案例，谈一谈应该如何陪伴孩子成长。

著名婴幼儿教育专家陈帼梅教授说过，家长对小孩子的教育，第一是培养良好的生活习惯，第二是跟孩子做游戏。近年来，游戏活动成为国际早期亲子教育的最新发展趋势，它以亲缘关系为主要维系基础，以婴幼儿与家长互动游戏为核心内容，全方位地开发婴幼儿的运动、语言、认知、情感、创造、社会交往等多种能力，帮助婴幼儿初步完成从“自然人”向“社会人”的过渡。随着人们生活水平的提高和家庭结构的变化，游戏活动得到了更多家长和托幼机构的关注。

一、游戏活动的概念

亲子教育过程中的游戏活动是指父母与子女之间、祖父母与孙子女之间的游戏行为。它是以孩子为主体、父母为主导进行的活动行为，是亲子教育中的核心内容及主要元素，也是亲子教育的重要手段和方法。在游戏活动的发展过程中，亲子游戏的发生先于其他游戏，即孩子一生下来就与父母和其他看护人有了直接接触，从而产生了最早的亲子游戏，如用玩具、手指或做各种动作逗婴儿笑等。

亲子园和早教机构不同，二者的课程设置和活动安排各有不同，但亲子教育的游戏活动是它们均会开展的主要活动。一般而言，亲子园和早教机构的游戏活动是教师根据婴幼儿身心发展的特点和个体差异表现，按照婴幼儿当前的发展需求创设活动环境，准备活动材料，在一个固定时间和场所由婴幼儿及其家长共同参与的具有示范性、指导性、互动性的活动。教师通过指导与示范教会家长开展具有良性互动的亲子游戏和学习活动，将活动延伸至家庭。亲子教育的游戏活动除了具有现场示范性、指导性外，在婴幼儿教养上还具有实践性。家长通过参与现场的教、学、做活动，获得教养孩子的实践知识和能力。

本书将亲子教育的游戏活动界定为 0 ~ 3 岁婴幼儿亲子教育与游戏活动，是一种由专业早教人员有目的、有计划、有组织地指导家长开展的具有互动性的亲子游戏与学习活动，旨在普及科学的育儿理念和方法，促进 0 ~ 3 岁婴幼儿积极、主动发展。

二、游戏活动的特点

从广义上讲，家长与孩子之间的配合交流等都可以看作游戏活动。科学的游戏活动应具备以下特点。

（一）情感性

亲子教育过程中的游戏活动以亲情为纽带，以血缘关系为基础，带有明显的亲情性质。基于这种情感性而发起和进行的游戏，往往具有较多的身体接触、视线交流，无拘束的欢笑和全然的放松。这种带有情感交融的互动能够加强父母与婴幼儿之间的双向情感联结，让婴幼儿在基本的生理需要（如食物、水、温暖、舒适）获得满足之外，感受到父母独有的关注与爱，有利于他们身心的健康发展。同时，父母也能在这种独特的互动中感受到无法言语的内心的喜悦和安慰，敏锐地觉察到生命的成长，享受生活的美好。因此，具有情感性特点的亲子游戏能促进亲子间依恋关系的形成，也是亲子交往和情感表达的最好方式。

（二）生活性

生活性是亲子教育过程中游戏活动的重要特点。日常生活是亲子游戏的根基和源泉，亲子游戏的发起和进行既基于生活，又为生活服务，与生活融为一体。婴幼儿无论是生理需求还是情感需求，都依赖于父母对其需求的敏感反应和及时满足。因此，父母与婴幼儿的游戏并不受时间和功能的切割，涵盖生活中的所有方面。更换尿布的时候，把婴幼儿抱起来看世界的时候，用后背驮着婴幼儿转来转去的时候，都可能成为亲子游戏的时刻；一个摇铃、一个勺子、一把扇子都可能成为亲子游戏的道具；吃到的东西和听到的音乐都可能是亲子游戏的重要素材。婴幼儿亲子游戏的内容涉及生活的方方面面，构成了婴幼儿的整个世界，婴幼儿也在这个世界中通过游戏认识自己、他人和周围的生活。

（三）教育性

在亲子游戏中，父母与婴幼儿构成一种应然的、对等的玩伴关系。由于父母是成熟的社会成员，具有丰富的知识经验，而 0 ~ 3 岁婴幼儿的身体和情感尚无法独立，需要成人来满足他们的需求，因此两者之间必然还存在着一种实然的、不对等的应求关系，这就使亲子游戏具有了教育性特点。在亲子游戏中，父母是婴幼儿的保护者、教育者，会自觉或不自觉地用自己的知识、经验、观念去影响婴幼儿，寓教于乐；父母能够敏税地觉察到婴幼儿对游戏产生的身体情绪与反应，会根据婴幼儿的发展水平与能力来构建和调整游戏，使游戏有利于婴幼儿的安全、健康与发展，有助于婴幼儿增长见识、拓宽视野。因此，亲子游戏成了婴幼儿在家庭中学习的一种方法和策略。

（四）娱乐性

亲子教育过程中游戏活动的娱乐性体现在父母和婴幼儿共处时的轻松、愉快、无拘无束、自由自在。父母在结束一天的工作之后，放下所有束缚和烦恼，和婴幼儿在一起嬉戏；婴幼儿也在一天的分离后，终于能恣意地在父母的身边开怀大笑、钻爬打闹。亲子游戏给了亲子双方充分的心灵休憩和滋养，因此是亲子之间宝贵的“珍珠时刻”。

三、游戏活动的分类

（一）根据游戏的内容与性质划分

1. 音乐游戏

音乐游戏是指婴幼儿在音乐伴奏或歌曲伴唱下进行的游戏，主要作用是发展婴幼儿的音乐感知能力和动作。

2. 手指游戏

手指游戏是一种一边跟着韵律，一边协调双手动作变化的游戏。在玩手指游戏时，婴幼儿手做动作、口念儿歌、眼做协调，全身的能动系统只做一件事情，使注意力、记忆力、感觉统合能力、节奏感和韵律感都得到了训练。

3. 生活游戏

生活游戏是从生活与经验里选出来的，需要还原婴幼儿生活的本来面目，以区域活动为载体，将生活情景置于其中，让孩子在生活中游戏，在游戏中学习。

4. 益智游戏

益智游戏是指可以锻炼婴幼儿思维及脑、眼、手，开发智力的一种游戏。其主要包括机能类游戏、体验性游戏、获得性游戏和创造性游戏。

5. 语言游戏

语言游戏是一种以发展语言为目的而设计的游戏，多用于帮助婴幼儿练习发音，学习用词，发展口语表达能力，提高学习语言的兴趣。它分为无直观材料（玩具、图片、实物等）的纯语言游戏和伴随直观材料进行的游戏。

6. 运动游戏

运动游戏是一种以身体的动作和活动获得快乐的游戏。这类游戏存在于整个婴幼儿时期，但不同时期游戏难度水平不同。婴儿以一些基本动作来游戏，像踢腿、爬行、迈步等；幼儿则以一些技能性动作来游戏，像骑车、跳绳等。在运动游戏中，婴幼儿不但可以获得运动的乐趣，而且还可以学习一定的技能。

（二）根据双方活动方式划分

1. 一对一式游戏

在家庭中，一对一式游戏主要是指父母和婴幼儿之间进行的互动游戏。在亲子园或者早教机构，一对一式游戏一般在各个活动区进行，故又被称为“活动区活动”或“区域活动”。这种亲子活动主要是由早教教师根据孩子的发展需求设置趣味活动区域。家长到亲子园，可以根据孩子的兴趣、爱好和发展需求进入各区域开展亲子活动，教师在家长进行亲子活动的过程中巡回观察与指导。

2. 集体式游戏

集体式游戏主要是在早教机构或大型活动中进行的亲子游戏，是由多个家庭共同参与的游戏。集中开展的集体亲子活动分为小型集体亲子活动和大型集体亲子活动。

（1）小型集体亲子活动。每次参与活动的婴幼儿及家长一般不超过 12 对（以 8 ~ 10 对为宜），婴幼儿年龄差不超过 6 个月（以 3 个月以内为宜），活动时间为 40 分钟左右。教师事先根据不同婴幼儿的发展需求安排活动内容和准备活动材料，教师一对多开展早教指导，带领婴幼儿及家长进行亲子活动。

（2）大型集体亲子活动。亲子园一般会根据当地的风俗习惯、地域文化、社区活动、节假日等，每学期开展 2 ~ 3 次大型的、全园性的集体亲子活动，如六一亲子活动、春季亲子踏青游玩活动、元旦迎新活动等。

（三）根据游戏的媒介划分

根据游戏的媒介不同，亲子教育过程中的游戏活动可分为交互模仿的嬉戏性游戏和以物为中介的协同游戏两种。

1. 交互模仿的嬉戏性游戏

交互模仿的嬉戏性游戏是指父母与婴幼儿通过凝视以及表情、声音和动作的相互模仿等有趣方式进行的休闲娱乐活动，目的在于情感上的交流和情绪上的满足，带有浓厚的“亲情”性质。例如，父母模仿婴幼儿做鬼脸、对着婴幼儿说话、挠痒痒、举高高、藏和找、追和跑等活动，这些活动虽然有时也显得漫无目的甚至过于简单，但是非常有利于增强婴幼儿体验和认知情感的能力。

2. 以物为中介的协同游戏

以物为中介的协同游戏是指父母利用各种婴幼儿喜欢的玩具、材料等媒介进行的一种游戏活动，如父母对婴幼儿摇拨浪鼓，告诉婴幼儿物品的名称，向婴幼儿展示物品的玩法等。在这类游戏中，父母扮演社会文化经验“传递者”的角色，向婴幼儿传递积淀在玩具和物品中的社会历史文化经验，因此，这类游戏带有一定的教育性质。

（四）根据游戏对婴幼儿身心发展的作用划分

根据游戏对婴幼儿身心发展的作用，亲子教育过程中的游戏活动可分为动作发展游戏、认知发展游戏、语言发展游戏、社会性发展游戏等。

1. 动作发展游戏

动作发展游戏包括亲子粗大动作游戏和亲子精细动作游戏。这类游戏是为了促进婴幼儿动作发展而设计的，旨在发展其粗大动作和精细动作，提升其运动技能和手的操作能力。

2. 认知发展游戏

认知发展游戏是在婴幼儿感知觉快速发展的基础上设计的，旨在提升婴幼儿各项知觉能力、注意能力、记忆能力和思维能力的活动，能够让婴幼儿在愉快的亲子互动中不知不觉地完成对各项事物的认知，促进其心智的发展。

3. 语言发展游戏

语言发展游戏是在父母和婴幼儿之间进行的，围绕发展婴幼儿语言能力而展开的互动活动，如亲子阅读、看图说话、你问我答等。

4. 社会性发展游戏

社会性发展游戏是以促进婴幼儿的情感和社会性发展为主要目的的互动活动。它能帮助婴幼儿认知自我和他人，理解社会关系和规则，实现从“自然人”向“社会人”的转变。

任务二 开展游戏活动指导

任务目标

熟悉游戏活动目标，掌握游戏活动的准备和过程，了解游戏活动的注意事项，理解游戏活动的延伸意义。

案例导入

好奇的恩恩

恩恩 13 个月了，非常喜欢家里的各种物品，总是好奇地“翻箱倒柜”，还故意让手中的瓶瓶罐罐掉落在地面，让它们发出响声，而且她对于这种游戏乐此不疲，玩得非常开心。看到这种状况后，恩恩妈妈的做法如下。

（1）恩恩妈妈急吼吼地跑去干涉恩恩，并且大声说道："不要扔来扔去，太吵了！"

（2）她又说："恩恩，快来玩积木，这是益智玩具，可以开发大脑。"

（3）"恩恩，你自己玩吧。"随后妈妈坐在沙发上，刷起了抖音。

思考：

（1）恩恩妈妈的做法对吗？

（2）你怎么看待恩恩在玩耍中的表现？

（3）如果你是恩恩妈妈，你会怎么做？

一、游戏活动目标

游戏活动目标是指在实施活动之前，对整个游戏活动所能达到的结果的期望。游戏活动目标是对活动预期结果的主观设想，是头脑中形成的主观意识形态，也是活动的预期目的，为活动指明方向。

在制定游戏活动目标时，不仅要考虑婴幼儿发展的一般规律和年龄特点，而且还要考虑家长科学育儿的需求，目标要符合当代育儿理念对婴幼儿发展的指引要求。基于此，在制定游戏活动目标时应注意以下几个方面。

（一）游戏活动目标要符合婴幼儿的年龄特点和能力水平

亲子活动目标不仅要考虑婴幼儿各个发展方面的阶段目标，而且还要考虑婴幼儿的实际情况和发展水平。当目标过高且超出婴幼儿的能力范围时，婴幼儿会因完不成任务、不能获得成功而对活动失去兴趣；当目标过低且低于婴幼儿的实际能力水平时，其会因枯燥乏味、身心疲劳而失去参加活动的积极性。因此，制定活动目标时要结合本阶段婴幼儿身心发展的特点，遵循"最近发展区"的原理和婴幼儿的认识规律。婴幼儿的认识规律一般为：动作—感知—表象—概念。

（二）游戏活动目标要具体、明确，有较强的针对性、可操作性

游戏活动目标既是活动的起点，也是活动的终点。活动目标是否具体、是否具有较强的可操作性决定着活动能否有效开展。活动目标不能泛泛而谈，要具体、明确，有较强的针对性、可操作性。对传授给婴幼儿的技巧、激发的婴幼儿的基本技能、培养的婴幼儿的情感要有较明确的说明，否则活动目标就失去了它的指导意义，活动组织起来也比较困难。

（三）游戏活动目标既要面向全体，也要注意个体需要

在活动中，婴幼儿之间在活动经验和活动能力方面存在着各种各样的差异，制定一个适合全体婴幼儿的目标几乎是不可能的，但是作为集体的活动又必须围绕一个统一的活动目标进行。因此，活动目标既要符合统一的要求，又要适应不同婴幼儿的需要；制定的活动目标要有一定的弹性，既要让大多数婴幼儿能达到既定的一般目标，也要让个别婴幼儿能完成最低的目标。

（四）游戏活动目标的制定要注意各方面目标之间的整合

亲子教育的目的是促进婴幼儿全面、和谐发展。亲子园的活动应是整合性的活动，一次活动应让各方面相互渗透；而活动目标是一系列活动目标群中的有机组成部分，与其他活动目标相互联系。亲子活动目标是否合理决定着婴幼儿发展目标能否实现。亲子活动目标的整合性主要表现为：根据活动内容的特点充分挖掘活动的价值；活动目标尽量体现婴幼儿各方面发展的目标；某次活动可根据实际活动内容侧重于某个领域；多次活动时应考虑全面发展目标的达成，以促进婴幼儿全面、和谐、整体发展。

二、游戏活动准备

对周围环境的布置和教具准备，可以确保活动实施达到适当的水平，尤其是充分的准备能够使得游戏效果达到预期的目的。游戏活动准备主要分为游戏环境准备和游戏玩具准备。

（一）游戏环境准备

1. 游戏环境的重要性

一个充满童真、开放、自由的环境可以使婴幼儿更加专注地投入游戏中。父母在家里应该有意识地给婴幼儿提供良好的游戏环境，让婴幼儿可看、可听、可触摸，能够充分地感知和体验。

2. 游戏环境的种类

游戏环境主要是指游戏活动开展的空间范围。按照空间结构的不同，游戏环境可以分为封闭式和开放式两种；按照活动方式的不同，游戏环境可以分为专用活动室和家庭活动室；按照活动内容的不同，游戏环境可以分为主题活动室和户外活动室。

3. 游戏环境的选择

0 ~ 6 月龄的婴儿处于躺、抱、坐阶段，他们的游戏环境便是摇床、摇车等，父母要为他们布置好这些场所，如在摇车上贴上色彩鲜艳的图画，在摇床上挂摇铃、图片、气球等。

随着他们逐渐长大，家长要为孩子留有一个相对独立的活动场所，并布置色彩鲜艳的图画，添置玩具、幼儿读物等。1 岁以后，孩子开始走路，自我意识不断提高，父母可以在孩子的活动环境中放置各种包装盒、饮料瓶、毛线头、纸张、彩笔、图书等，让孩子真正成为这个小天地的“主人”，根据自己的意识去游戏。家长还可以带孩子到广场、公园、游乐场所等地方，与孩子一起参加各种娱乐游戏。

最行之有效的婴幼儿早期智力的开发方法是为婴幼儿创造和谐、温馨、有序、丰富、充满爱的家庭环境。具体而言，创设的早教环境应符合以下要求。

（1）家庭充满爱与温暖。在这个和谐的家庭里，每个成员之间相互关怀，相互依恋，相互学习与帮助，相互交流与沟通。

（2）清洁整齐，让婴幼儿从小养成文明的举止行为，保证婴幼儿的身心安全。

（3）具备婴幼儿生长所需的智力刺激。

（4）能发展婴幼儿的社会性技能，增强其生活适应能力。

（5）能促进婴幼儿体育锻炼。

（6）有利于发展语言和人际交往，父母不可说不文明的语言。

（7）可以帮助婴幼儿发展积极的自我观念。

（8）空间宽敞。家庭空间的局促狭窄可导致婴幼儿在心理上产生一种压抑感，因此应少购置家具物品，少设置装饰品，尽量给婴幼儿多留一些活动空间。

（二）游戏玩具准备

1. 玩具的重要性

玩具能够开发婴幼儿的智力，是为特定年龄阶段的婴幼儿设计和制造的。因此，家长要根据孩子不同的年龄特点正确选择玩具。科学研究表明，不同年龄的婴幼儿由于生理和心理发展水平不同，所需要的玩具也不同。例如，0 ~ 1 岁的婴儿正处于各种感觉器官迅速发展的重要时期，应该为他们选择能够促进感官功能发展的玩具。如色彩鲜艳的气球等，促进婴儿视觉发展；能发声的玩具，如拨浪鼓、音乐盒等，促进婴儿听觉的发展；供小孩抓握的玩具，促进婴儿触觉的发展。1 ~ 3 岁的幼儿能独立行走，能进行最基本的活动，使用的玩具有智力玩具（认识颜色、形状、大小的积木，发展语言功能的各类拼图等）、体育玩具（小足球、拖拉玩具、小推车等，以及发展手指灵活性的“串珠”玩具等）和形象玩具（娃娃、餐具等）。玩具还要符合卫生和安全要求，应无毒，易清洗，确保婴幼儿在玩玩具时不会被刺伤、划伤等。对一些脱毛掉毛的毛绒玩具、存在安全隐患的电动玩具等，我们应谨慎选择。

2. 玩具的种类

玩具从产生之时起就具有丰富的内容，最初的玩具近似于适合婴幼儿的体力劳动工具，如小弓、小箭，而后才出现了模拟鸟兽及人物形状的玩具。在“玩”的过程中，婴幼儿在获得娱乐的同时，还能够获得一些粗浅的劳动知识。这反映了当时的生产劳动力水平，同时也说明了玩具产生于社会生产劳动的需要，最初是以工具的形状出现的。现在大部分的传统玩具是利用物理知识加以设计制造的。随着科学技术的进步，电动、电子等元素不断加入玩具设计中，玩具正随着时代的发展向高科技化、教育化、多样化、个性化、趣味化、科学化的方向发展。玩具的种类极其丰富，按照玩具的性质可分为成型玩具、未成型玩具。

（1）成型玩具。成型玩具又被称为“专门化玩具”，是指经过精心设计和专门制作的模拟实物的玩具，如玩具汽车、玩具娃娃、玩具餐具等。这类玩具一般造型精美逼真，功能的确定性强，游戏主题比较固定，可以直接用来代替或模拟其他物品而进行游戏，具有专门化的特点。成型玩具一般包括主题游戏玩具、表演游戏玩具、结构游戏玩具、智力游戏玩具、体育游戏玩具、音乐游戏玩具、民间娱乐玩具、技术玩具等。

（2）未成型玩具。未成型玩具又被称为“非专门化玩具”，是指那些用来制造玩具或能直接充当游戏材料的各种自然物品和废旧材料，如小瓶、小棍、瓦片、旧电线、小布条等。未成型玩具能充分激发婴幼儿的想象力和创造力。

3. 玩具的选择

从满足亲子游戏活动和其他活动的需要出发，玩具和操作材料的准备可以从以下几个方面计划和实施。

（1）多种类。满足不同年龄段婴幼儿的多方面发展需要，如大动作发展、精细动作发展、感知训练发展、语言发展、情感与社会性发展。

（2）多质地。让婴幼儿感知不同材料质地的物品，刺激感官发展，增强婴幼儿对事物的认知能力。

（3）多色彩。色彩鲜艳能发展婴幼儿的视觉，激发婴幼儿的兴趣，增强婴幼儿对色彩的敏感度和辨识度。

（4）多功能。一物多用多玩，激发婴幼儿的创造力，同时使婴幼儿感知事物的多样性，培养婴幼儿创新意识。

适合 0 ~ 3 岁年龄段婴幼儿的玩具如表 3-1 所示。

表 3-1　适合 0 ~ 3 岁年龄段婴幼儿的玩具

发展需要	玩具名称
精细动作发展	手摇铃 套圈圈 百宝箱 镶嵌小积木 形状分类盒 木制或橡胶拼图（2 ~ 8 片） 布球 可以填充和倾倒的容器 木珠和带子 借助手部活动发声的玩具 小的容器、铲子、勺子
大动作发展	骑乘玩具 攀爬与滑行玩具、推车与拖拉玩具、大纸箱 用于翻滚的垫子 玩具汽车 不同大小的球 有地毯覆盖的低矮阶梯、泡棉制的婴幼儿家具 学步廊 爬行坡 平衡板 摇木马
认知发展	无毒大蜡笔 用来着色和撕裂的纸、手指画颜料 一个八度的键盘 蒙台梭利 0 ~ 3 岁婴幼儿套系（促进感官发展） 空心和木制积木、大的纸积木、海绵积木 人体模具 七巧板、套套杯、瓶瓶罐罐 大点的汽车 橡皮动物

续表

发展需要	玩具名称
社会性发展	洋娃娃
	婴幼儿电话
	小洋服和假发
	塑料厨具一套
	塑料食品模型（包括分割的）
	娃娃用具（床、衣服、生活用品）
	婴幼儿沙发、桌椅
	各种镜子（推荐三面立体镜）
语言发展	有声书
	音乐盒
	故事机

三、游戏活动的过程

0 ~ 3 岁是个体认知、情感、社会性技能、人格及良好习惯发展的关键期，游戏是此阶段婴幼儿学习和生活的主要方式，对于婴幼儿身心各方面的发展都有着非凡价值。家长作为 0 ~ 3 岁婴幼儿的主要抚养者和教育者，在婴幼儿游戏指导中具有重要作用，但部分婴幼儿家长却存在一些认知问题。因此，对家长进行科学指导和提出建议，可以使游戏成为婴幼儿的“有效陪伴者”，提高游戏的价值，增强游戏的娱乐性。

（一）游戏过程中家长干预与指导的重要性

婴幼儿身心稚嫩，发展水平低。游戏是婴幼儿学习和发展的主要方式，可以促进其身心各方面的发展。家长是婴幼儿的主要照料者和教育者，亲子游戏是婴幼儿最早进行的游戏形式，家长干预与指导婴幼儿游戏具有重要意义。

1. 提高游戏质量

家长的参与让婴幼儿感觉游戏是有价值的、重要的活动，直接影响着婴幼儿参与游戏的兴趣、持续时间和水平，为其提供着精神支持。同时，家长为婴幼儿游戏提供着物质支持，能及时补充缺失的游戏材料，根据游戏的发展不断更新游戏材料，以保障游戏的顺利进行。

2. 密切亲子感情

婴幼儿在游戏中得到父母的爱与关注，能产生极强的信任感和满足感，长期处于一种积极的情绪体验，为以后积极的个性发展奠定基础。

3. 促进婴幼儿的发展

家长对婴幼儿游戏的支持和有效指导可以促进婴幼儿动作技能和精细动作的发展，并通过婴幼儿在游戏中的交往和合作培养婴幼儿的社会性技能，使其体验融洽的社会关系，培养婴幼儿社会行为的产生。

（二）游戏活动过程中出现的问题

1. 购买的玩具缺乏针对性

玩具是婴幼儿游戏的重要媒介，婴幼儿对事物属性的了解、事物间关系的学习多以物质材料为中心。但在购买玩具上，家长不知道怎样根据婴幼儿年龄特点进行选择，买到的玩具孩子不喜欢玩或者不会玩。例如，林林妈妈给 10 月龄的林林买来积木，林林只会咬着玩，不能进行游戏建构。

2. 缺乏有效指导游戏的技巧

家长对婴幼儿游戏的有效指导具有重要意义，但现实中很多父母空有一颗想要与孩子一起游戏的心，实际却不得其法，部分父母甚至把指导变成了干扰。例如，晨晨在兴致勃勃地用小厨房玩具“做饭”，爸爸突然将玩具都藏在身后，假装一口吃完了所有“食物”，晨晨大哭。

3. 游戏指导存在功利性

游戏兼具娱乐性和教育性双重特点。家长指导婴幼儿游戏要循序渐进，使婴幼儿在享受游戏快乐的基础上获得教育与发展，但多数家长却一味地追求游戏的教育作用，渴望通过游戏促进婴幼儿的发展和学习，忽视娱乐性。

（三）有效的游戏指导策略

1. 学会观察并深入了解婴幼儿游戏

学会观察是家长干预并有效指导婴幼儿游戏的前提。家长通过仔细观察婴幼儿游戏可以发现其做游戏的动机、方式、兴趣所在，并找到合适的干预时机；在尊重婴幼儿游戏自主性的前提下，为其发展提供适宜的环境和教育方式，促进游戏的有效开展。若家长没有进行观察，冒昧地出现，只会打断或干扰婴幼儿做游戏，使其难以顺利地进行下去。家长要以孩子的想法和年龄特点为出发点，持一颗同理心进行观察，真正参与游戏，并抓住婴幼儿在游戏中的发展契机。

2. 机智地把握干预时机

良好的干预效果依赖于恰当的干预时机，恰当的干预时机可以帮助婴幼儿拓展游戏内容和层次，提升游戏水平；反之，可能会抑制婴幼儿的游戏兴趣。家长在干预游戏时可参照以下情况决定是否进行干预。

（1）婴幼儿做游戏时遇到了自身难以解决的困难。

（2）游戏重复进行且没有实质进展。

（3）游戏朝着不利甚至有危险的方向发展。

（4）婴幼儿出现烦躁、激动情绪，难以自控。

游戏是婴幼儿探索和发展自我的机会，他们需要时间和空间去探索、思考和创造，家长要学会等待干预契机，切不可急于打断游戏。

3. 选择最佳的游戏指导方式和策略

家长干预或指导婴幼儿游戏主要通过三种媒介。

（1）以自身为媒介干预婴幼儿游戏。其包括以下三种形式。

①平行游戏。家长和孩子坐在一起玩同样的游戏，互不干扰，仅在孩子遇到困难时给出榜样示范，促进游戏发展。家长通过模仿婴幼儿游戏施加影响，可以传递家长对游戏的关注态度，增进婴幼儿游戏兴趣，为婴幼儿提供可参考的范例或榜样，使其掌握游戏技能。

②共同游戏。家长直接参与游戏，成为其中的重要角色。

③旁观者游戏。家长站在游戏之外，以现实的身份指导或干预婴幼儿的游戏。

（2）以材料为媒介，通过提供材料来支持游戏。提供材料时要注意材料的以下特性。

①探索性。可以提供带来丰富触觉体验的物体或通过操作可以使物体形态发生改变的材料，如纸、黏土、太空沙等。

②生活性。婴幼儿的游戏多源于生活，一个勺子、一把钥匙都可以成为玩具。家长要注意挖掘生活用品的“游戏潜能”，为婴幼儿提供常见又富有创意的材料。

（3）以婴幼儿伙伴为媒介。游戏是婴幼儿交流互动的良好机会，同伴间的交流能够增加婴幼儿游戏的时间和兴趣，还能反映婴幼儿交往技巧与解决问题的能力。因此，家长应注意游戏中同伴的参与，发挥同伴效应。

家长在婴幼儿游戏中要通过仔细观察来选择媒介，决定采用何种策略来干预或指导游戏，但要注意尊重婴幼儿的主体性，切莫“喧宾夺主”。

总之，家长在 0 ~ 3 岁婴幼儿游戏中扮演着重要角色，对游戏进行有效指导与干预可以促进婴幼儿整体和全面发展。孩子的成长只有一次，父母作为婴幼儿最亲密的陪伴者，应与婴幼儿平等交往和游戏，成为孩子的玩伴，同时利用自己作为成年人的丰富经验和社会能力，机智地运用游戏干预与指导的策略保证游戏的有效进行，促进婴幼儿全面发展。

四、游戏活动的注意事项

为了使亲子游戏活动真正成为家长获得科学育儿方式的重要途径，组织者要注意以下几点。

（一）有明确的活动目标和要求

组织者应让家长充分了解活动的目标和要求，以便于得到家长的积极配合。

（二）设置开放的育儿咨询时间

每次活动过程中，要选择一个或几个育儿过程中经常遇到的问题进行讨论，并留有一定的时间回答家长的问题，还要鼓励家长提出问题，开展有针对性的指导。

（三）及时总结游戏活动情况

每次活动结束后，要及时总结，并适当留一些家庭活动作业，并对家长完成家庭活动作业的情况进行必要的检查，鼓励家长探索更新、更好的活动形式和方法。

（四）关注孩子的健康成长

组织者要引导家长关注孩子的成长变化，适当安排家长之间的交流，让他们对自己充满信心，对孩子的发展有更充分的认识和理解。

五、游戏活动的延伸意义

游戏活动往往具有多种目的，以保证游戏活动的完整性和连贯性。例如，婴幼儿抬抬头和转转头的游戏主要是锻炼头颈部的力量和灵活性，训练大动作的发展。如果在游戏活动中增加互动和音乐，同时转换不同的方式进行，就可以既锻炼婴幼儿头颈部的力量和灵活性，又锻炼婴幼儿手眼协调能力，增强婴幼儿的空间感，刺激婴幼儿的视觉，促进其智力和语言发展。

在早期亲子游戏不断深化的过程中，婴幼儿不断增长认识，不断尝试，在不断重复动作的过程中将短时记忆转变为长时记忆，游戏逐渐成为各种经验的“备忘录”，为婴幼儿今后的全面发展奠定基础。

知识链接

认知发展理论

皮亚杰的认知发展理论认为，孩子的心理成长不是来自先天，也不是后天的经验，而是起源于“动作”。孩子通过各种探索动作与周围环境相互作用，将获取到的信息“同化”到自己的认知体系里，之后旧的体系将吸收这些信息，“顺应”成一个新的进阶后的认知体系。如此不断地通过“动作”获取信息，再依靠“同化”“顺应”的往复，个体的认知便发展起来了。而绝大多数的时间孩子都是在玩耍中度过的，游戏是他们表达自己、探索世界、模拟现实的重要方式。所以，他们和想象中的朋友过家家一点都不幼稚，而是一个探索世界的严肃“动作”。皮亚杰的认知发展理论认为，设计一个好的亲子游戏活动应该做到以下几点。

第一，要有趣，孩子喜欢。游戏不能太难，也不能太简单，既有趣又有一定的挑战性则刚刚好。另外，孩子的兴趣常常是变化的，昨天喜欢的，今天可就不一定了，所以活动开始前再确认一下孩子是否喜欢。

第二，拆解出孩子可以参与的元素。有些游戏，如拼乐高，家长自己常常就会“玩嗨了”。因此，家长要尽量多拆解出一些孩子可以完成的动作，孩子才是这个游戏的主角。如果拆解不出来，也可以在做游戏的过程中进行互动讲解，以吸引他们的注意力。

第三，适当融合一些学习要素。在游戏活动中，应尝试融入一些知识，如在一起制作糖葫芦画的过程中，从画的原材料（绘画）、采购（金钱）、挑选（分类）、清洗（化学）、晾干（计数）、熬糖（物理）入手，让孩子在做游戏的过程中有所收获。

第四，家长也要觉得有趣。成人不觉得有趣，便无法全身心投入，孩子是可以觉察到的。家长应站在孩子的视角，试着沉浸到他们的情境里，激活自己作为孩子的天真部分，考虑孩子目前的成长阶段，“变成”一个大人样的孩子，一起体会游戏的乐趣。

在亲子游戏过程中，家长们掌控活动的计划、节奏和风险，实现陪伴、游戏、学习的目的。家长首先是伙伴，其次是家长，最后是教育者。

任务三　熟悉游戏活动对亲子教育的作用

任务目标

了解游戏活动对亲子关系的作用，理解游戏活动对婴幼儿成长的作用，培养家长主动的游戏观。

案例导入

父母是最好的老师

很多妈妈有这样的烦恼：宝宝并不那么喜欢玩玩具，买来的玩具既浪费钱又占空间；想要孩子拥有最好的早教游戏，似乎送去昂贵的早教班才是唯一的选择。而阳阳妈妈的早教游戏笔记给了妈妈们别样的启发：早教不一定需要花费很多金钱，它可以非常简单且信手拈来，可以用生活中常见的材料为孩子量身定做。这些游戏场景可以随时布置起来，游戏所需材料也易于整理，不会占用很大空间，许多材料还可以回收利用。最重要的是，爸爸妈妈只有亲自与孩子游戏互动，才能够敏锐地觉察到孩子的敏感期，体会到他们正在成长的方向，感叹他们点滴的进步。孩子没有丰富的语言，做游戏就是与他们进行沟通和对话的最好方式，孩子与父母在游戏中相互传递爱与欢乐，相互滋养，共同成长。阳阳妈妈希望所有的父母都能轻松如愿地成为孩子最好的伙伴。

思考：

（1）阳阳妈妈的话对你有什么启示？

（2）游戏对于亲子教育有哪些作用？

高尔基说，游戏是孩子认识世界和改造世界的途径。卢梭说，儿童在游戏活动中所获得的智能百倍于教育中的正式学习。游戏是孩子智力发展的动力，能激发孩子的求知欲与创造力，能让孩子掌握一些知识技能，形成对待事物的正确态度，能促进孩子全面发展。许多心理学家的实验表明，亲子游戏活动是包含多种认知成分的复杂心理活动，是孩子的最佳学习方式。

游戏作为婴幼儿出生后最早接触的娱乐形式，在其身心发展的过程中占有重要地位。游戏活动对亲子教育的作用如下。

一、游戏活动是婴幼儿身心健康发展的需要

与其他动物相比，新生儿属于“未完成”的个体，不能自己觅食，不能使用语言，不能自己行走、奔跑，甚至无法有意识地控制自己的身体。0 ~ 3 岁的婴幼儿需要在父母的协助下完成各项学习，为成为一个“社会人”做好种种准备：身体独立、自我意识形成、具备人类的口语交流能力以及必要的社会认知技能。这个过程需要父母一天 24 小时、一周 7 天对婴幼儿进行全程呵护和养育。所以说，父母是婴幼儿最早、最重要的老师。要完成这项艰巨的任务，父母必须为满足婴幼儿的各种需要、促进婴幼儿的健康成长提供支持。而游戏活动是父母进行亲子教育的最重要的手段。

（一）游戏活动能够满足婴幼儿身体依赖的需要

在学会独立行走之前，婴幼儿对父母有着极强的身体依赖。他们看世界、接触物品、完成走出家门的活动，都需要父母的支持和协助。亲子游戏中大量的抱起、翻身、俯卧、坐起、拉拽、拿取、送给等动作的重复和练习，一方面满足了婴幼儿不能控制自己的身体，

要依赖父母协助才能更好地面对日常生活世界的需要，另一方面也满足了其肢体、动作成长发展的自然需求。因此，婴幼儿需要大量的、安全的练习以促进其神经系统的发育和体格的健康成长。

（二）游戏活动能够促进婴幼儿基本动作和精细动作的发展

婴幼儿在出生后的第一年，首先发展的是基本动作能力，包括抬头、摇头、点头、拍手、坐、爬、站、走等；第二年从走到跑、踢、扔、推等；第三年开始双脚跳、投球、骑小车等。婴幼儿的这些基本动作能力是一切学习的基础，每一个动作发展的历程都会让孩子向更宽广的世界迈进一步。亲子游戏中的运动游戏能发展婴幼儿的基本动作技能、平衡能力和四肢协调能力；而亲子游戏中的益智游戏，如“搭积木”“串珠”“捏娃娃”“拼图”等，包含了许多机械动作，不仅能提高婴幼儿手指的灵活性，而且还能促进婴幼儿的手眼协调能力。

（三）游戏活动能够满足婴幼儿认知的需要

国内外很多早教专家认为，0 ~ 3 岁的婴幼儿是一个主动的学习者。认知和学习是他们的本能需要，他们的大脑在这 3 年内以惊人的速度发展，他们听到的、看到的、触摸到的、闻到的、尝到的每件事物，都会影响他们大脑神经细胞的变化。在亲子游戏中，父母根据婴幼儿的需要提供了大量的语言、动作、表情的刺激，同时提供了大量物体材料，能够满足婴幼儿感官和各种认知的需要。

（四）游戏活动能够满足婴幼儿情感依赖的需要

大量研究和实验证明，婴幼儿的健康成长除了要满足基本的生理需要外，还需要情感的滋养和抚慰。婴幼儿需要被拥抱、被抚慰、被关注和爱。父母对婴幼儿情感反应的敏锐性和及时性会影响婴幼儿最初对人际交往的态度及亲子依恋关系的形成。亲子游戏中大量的情感互动、身体接触、嬉戏逗乐、眼神交流，能够传递父母对婴幼儿的关注和爱，满足婴幼儿情感上对父母的依赖，让婴幼儿心情愉快，产生最原始的自我价值感和认同感。

任何一种感情的升华都有赖于交流。亲子之情虽是与生俱来的，但现代社会竞争日趋激烈，不少年轻父母把大部分精力都用在工作及学习中，与孩子的接触不再像以前那么频繁，与孩子共同游戏的时间明显减少。家长在周末与孩子共同进行一次别开生面的亲子游戏可以使孩子更爱家长，也会使家长因工作而疲劳的心得到片刻的安宁，享受真正的乐趣。

（五）游戏活动能够让婴幼儿体验初步的交往关系，是社会性发展的需要

亲子游戏是在成人的参与下进行的。成人以身示教，成人对待孩子谦让、宽容、耐心的态度和方式能够让婴幼儿体验到融洽的社会交往关系，并对成人待人接物的方式留下最

初印象。

二、游戏活动能够促进婴幼儿全面发展

亲子游戏能够为婴幼儿提供大量感知、运动、练习、思考和解决问题的机会，促进他们身体、认知、语言、社会性和个性的发展。现代健康理念已将健康的概念拓宽到生理、心理及社会适应能力三个方面。亲子游戏寓教于乐，寓知识于游戏，可以开发婴幼儿的智力，提高婴幼儿的动手能力、反应力、创造力，使其得到全面发展。

每个孩子都有这样一种心理：希望有人看着他，希望自己是亲人视线的焦点；父母鼓励的目光是他们不断进取的动力，也往往能激发他们的潜能。每个孩子都希望在父母面前表现一下，让父母为自己骄傲，这也是开展亲子游戏的目的之一。因此，亲子游戏能激发孩子的潜能，使孩子更优秀、更上进，最终成为真正的人才。

三、游戏活动能够加强亲子之间的情感联系

游戏活动有助于婴幼儿个性的完善和发展，有利于亲子间依恋关系的形成。研究者发现，经常与婴幼儿游戏，而且明显表现出喜爱游戏的母亲最有可能成为婴幼儿感到安全的依恋对象。婴幼儿对经常与他们游戏的父母和很少与他们游戏的父母的反应是不同的，婴幼儿以更多的注视、微笑与动作姿势来回报经常与他们游戏的父母。亲子游戏一方面使婴幼儿从与父母的身体接触和视线交流中感受到爱与关注，与父母形成密切的情感联系；另一方面婴幼儿在游戏中的表现以及在游戏中获得的快乐又可以强化父母与婴幼儿之间的联系，进一步推动父母对婴幼儿游戏信号的积极回应，使婴幼儿产生极强的信任感和满足感。经常进行这样的游戏，会使婴幼儿长期处于一种积极的情绪体验中，为他们以后活泼、开朗、自信、积极的个性发展奠定基础。

由此可见，父母和婴幼儿玩亲子游戏，花去的是几分钟时间，赢得的可能是婴幼儿整个人生的快乐底色。

知识链接

儿童需要理论

丁海东在《学前游戏论》中根据马斯洛的需要理论将儿童的生活需要划分为三个层次。

第一层次的生活需要是生理性的，包括基本生存需要、身体活动的需要和安全需要。它的满足确立着儿童对外部世界的最初信任。

第二层次的生活需要是心理的，包括理解环境和影响环境的需要，其生理机制是中

枢神经系统维持最佳觉醒水平的需要。什么是觉醒水平？简单来说，就是大脑的活跃程度。如果外部环境刺激信息过于贫乏或单一，就会使儿童在心理上产生紧张、厌烦等消极反应。于是，儿童产生提高自己觉醒水平的需求，就会在兴趣或好奇心的驱使下探究环境，或者改变环境，从而使心理觉醒水平保持最佳状态，这是高级的精神性或社会性需要。

第三层次的生活需要是社会性与自我发展的需要，包括社会交往的需要、自我实现的需要和尊敬认可的需要。婴幼儿从具有自我意识开始，就显示出表现自我、获得成功和得到他人好评与认可的明显预期。

游戏之所以能够成为儿童世界中最重要的组成部分，根本原因在于游戏是儿童自身的需要。

课后巩固与练习

一、单项选择题

1. 交互模仿的嬉戏性游戏和以物为中介的协同游戏是根据（　　）划分的。

A. 游戏方式　　B. 游戏内容

C. 游戏媒介　　D. 身心发展

2. 下列属于未成型玩具的是（　）。

A. 布娃娃　　B. 积木

C. 玩具车　　D. 小布条

3.（　　）不属于益智游戏。

A. 机能类游戏　　B. 体验性游戏

C. 获得性游戏　　D. 情绪类游戏

二、简答题

1. 简述如何选择游戏玩具。
2. 简述游戏活动的家长干预的重要性。
3. 简述游戏活动的指导策略。

三、论述题

请结合自己身边的案例，谈一谈游戏活动对亲子教育的作用。

四、实训项目

玩具大搜索实践活动

1. 统计与记录

统计身边的玩具种类，了解家长对玩具的诉求。

2. 调查与访问

（1）从小到大，自己玩过的玩具有哪些？是如何玩这些玩具的？

（2）爸爸妈妈小时候玩过什么玩具？是如何玩这些玩具的？

（3）小朋友喜欢什么样的玩具？

（4）爸爸妈妈经常买什么样的玩具？

3. 设计与制作调查表

请完成表 3-2 的填写。

表 3-2　玩具大搜索统计调查

姓　　名		时　　间	
班　　级		地　　点	
活动目标			
活动准备			
活动步骤			
注意事项			
活动总结			
评　　语			
成　　绩			

项目四 0～1岁婴儿家庭亲子游戏活动指导

思政课堂

学礼仪讲规范，文明从小先培养

“做人先学礼。”礼仪教育是人生的第一课。每一名社会成员都有义务和责任学习礼仪、传承礼仪，婴幼儿也是如此。因此，个人文明礼仪的养成必然会在社会生活中发挥重要的作用。

礼仪是中华民族的传统美德，从古至今，源远流长。《论语》有曰：“不学礼，无以立。”就是说不学会礼仪礼貌，就难以有立身之处。礼仪是一种待人接物的行为规范，也是交往的艺术。它受历史传统、风俗习惯、宗教信仰、时代潮流等因素影响，既为人们所认同，又为人们所遵守，是以建立和谐关系为目的的、各种符合交往要求的行为准则和规范的总和。

首先，礼仪是一种道德行为规范，是对人的行为进行约束的条条框框。礼仪的约束靠道德修养来自律。礼仪的根本目的是维护社会正常的生活秩序。没有礼仪，社会正常的生活秩序就会遭到破坏，在这方面，它和法律、纪律共同起作用。

其次，礼仪的直接目的是表示对他人的尊重。尊重是礼仪的本质，人都有被尊重的高级精神需要。在社会交往活动过程中，按照礼仪的要求去做，就会使人获得尊重，从而获得愉悦，达到人与人之间关系的和谐。

最后，在社会交往中要遵守礼仪。礼仪规范有一定的适用范围。礼仪是人的思想道德水平、文化修养、交际能力的外在表现，是一个国家社会文明程度、道德风尚和生活习惯的反映。

我国是一个有着5000年文明史的“文明古国”“礼仪之邦”，自古以来就十分注重礼仪。而且随着社会交往的日益扩大，真诚、文明、富有魅力的交往礼仪已成为扩大交流、增进友谊、加强合作、促进发展的重要手段。随着人们精神需求层次和自我认知价值的提高，人们越来越希望得到理解、受到尊重，越来越多的人意识到礼仪的重要性。

在婴幼儿家庭教育过程中，很多父母把“礼仪”理解为“繁文缛节”，也有父母认为礼仪的学习是大人之事，婴幼儿不需要这么早就学习这些，其实这些都是对礼仪的误解。我们可以通过游戏活动培养婴幼儿以礼待人的好习惯。婴幼儿如果能从小学习礼仪规范，按照礼仪规范约束自己，就容易使人际感情得以顺利沟通，更有利于自身成长发展。

学习目标

知识目标：

（1）了解 0 ~ 1 岁婴儿生长发育的特点。

（2）掌握 0 ~ 1 岁婴儿心理发展的特点。

（3）能为 0 ~ 1 岁婴儿进行亲子游戏活动设计。

素养目标：

（1）具备将中华民族的传统美德融入教育的能力，让婴幼儿教育有文化指引作用。

（2）培养婴幼儿的思想道德修养。

任务一　认识 0 ~ 1 岁婴儿身心发展的特点

任务目标

掌握 0 ~ 1 岁婴儿的生长发育的特点，掌握 0 ~ 1 岁婴儿心理发展的特点，掌握 0 ~ 1 岁婴儿养育的要点。

案例导入

宝宝的特征，你知道吗？

最近，恩恩妈妈一直发愁，她在妈妈交流群问道："宝宝 4 个月了，体重 8 kg，身长 61 cm，能不能达标呀？"她还抱怨道："我家宝宝到现在还不会翻身，也不喜欢拿玩具玩。"交流群里的其他妈妈也说："我们家宝宝也是，很着急呀！会不会缺乏营养，发育不良。"恩恩妈妈又在群里说道："不过我家宝宝看到人就笑，乐呵呵的，性格挺像我。"其他妈妈也在群里分享自己宝宝的特点，妈妈交流群里热闹非凡，你一言我一语，恨不得把宝宝的一举一动都讲述出来。

思考：

（1）你能解答妈妈们的疑惑吗？

（2）如何判定不同月龄婴儿的特征呢？

0 ~ 1 岁是婴幼儿发育的关键期，也是为婴幼儿健康成长打下良好基础的关键期。家长也会有一系列疑问：0 ~ 1 岁婴儿的生长发育是什么样子？婴儿发育是否正常？如何使婴儿健康、快乐地成长？这些都要从了解婴儿的生长发育特点和心理发展特点开始。

一、0 ~ 1 岁婴儿生长发育的特点

0 ~ 1 岁是婴幼儿出生后生长发育最迅速的阶段，是婴幼儿体格生长的第一高峰期，需要足够的营养及热量。但婴儿的消化吸收功能尚不成熟，容易发生消化紊乱、腹泻、营养不良等疾病，易出现缺铁性贫血。0 ~ 1 岁婴儿（乳儿）的免疫系统一直在发育，但主动免疫功能不成熟。6 月龄后从母体获得的被动免疫抗体逐渐消失，而主动免疫功能尚未成熟，易患肺炎等感染性疾病和传染病。下面从体重和身长方面介绍 0 ~ 1 岁婴儿生长发育特点。

（一）体重

0 ~ 1 岁是婴幼儿身体生长发育的高峰期，12 月龄时体重约为出生时的 3 倍。体重粗略测量公式如下。

1 ~ 6 月龄婴儿体重（kg）≈出生体重（或 3 kg）+月龄 ×0.6

7 ~ 12 月龄婴儿体重（kg）≈出生体重（或 3 kg）+月龄 ×0.5

婴儿测量体重一般使用盘式杠杆秤。当天气寒冷，或婴儿体温偏低及病重时，可让婴儿带包被测量，所测体重减去衣被重量即得婴儿体重，注意将读数精确到 50 g。0 ~ 12 月龄婴儿体重的标准参考值如表 4-1 所示。

表 4-1　0 ~ 12 月龄婴儿的体重标准参考值

月龄	体重（kg）	
	男	女
1	3.2 ~ 6.2	3.0 ~ 5.9
3	4.9 ~ 9.3	4.5 ~ 8.6
6	6.1 ~ 11.7	5.7 ~ 10.9
9	6.9 ~ 12.9	6.4 ~ 12.3
12	7.4 ~ 13.9	6.9 ~ 13.3

（二）身长

身长（身高）标准的增长规律是足月儿出生时的身长平均为 50 cm，出生后第一年大约增长 25 cm。所以，婴儿一岁时身长大约是 75 cm。

0 ~ 12 月龄婴儿的身长标准参考值如表 4-2 所示。

表 4-2　0 ~ 12 月龄婴儿的身长标准参考值

月　龄	身长（cm）	
	男	女
1	49.1 ~ 61.2	48.2 ~ 60.0
3	55.5 ~ 68.9	54.3 ~ 67.2
6	61.6 ~ 75.9	60.1 ~ 74.1
9	65.5 ~ 80.6	64.1 ~ 78.9
12	68.8 ~ 84.6	67.5 ~ 83.0

二、0 ~ 1 岁婴儿心理发展的特点

婴儿心理发展的特点主要反映在动作、语言、认知、社会性发展等方面。

（一）0 ~ 1 岁婴儿动作发展的特点

出生第一、二周内，新生儿会有些痉挛的样子，下巴会颤抖，手也会抖动，快满月时这种状况逐渐消失。新生儿大部分时间紧握成拳，手指运动非常有限，但可以屈伸手臂，将手放到眼睛看得见的范围内或口中。

0 ~ 3 月龄婴儿的许多身体运动仍然是反射性的。例如，每次转头采用的是防御体位（强直性颈反射），并且在听到噪声或感到下落时会伸开手臂（莫罗反射）。如果你轻轻拉他的手让他坐起来，他的头将向后面软瘫。

6 月龄时婴儿会坐，如果扶着他，他能够站得很直，并且喜欢在扶立时跳跃；在把玩具等物品放在他面前时，他会伸手去拿并将其塞入自己口中。

12 月龄时婴儿腿部力量进一步增强，不扶着物体婴儿能站 10 秒钟左右，能独立行走 3 ~ 4 步。婴儿的手眼协调能力进一步增强。例如，能自己很好地拿着食物吃，但还用不好勺子；会打开或盖上杯盖；能把小玻璃球一粒粒地放入瓶中；能拿着笔在纸上涂鸦；拿起袜子知道往脚上穿。

0 ~ 6 月龄婴儿的粗大动作发展主要表现为俯卧抬头、蹬腿、翻身、独坐；精细动作发展主要表现为抓握、抓物，做出挤、捏、敲、摇的动作，传递玩具，等等。

7 ~ 12 月龄婴儿的粗大动作发展主要表现为爬行、扶站、行走；精细动作发展主要表现为敲积木、盖瓶盖、拨东西、抠东西、放物入瓶、涂鸦等。

（二）0 ~ 1 岁婴儿语言发展的特点

0 ~ 1 岁是婴幼儿语言发展的准备期，又被称为“前语言期”或“语言准备期”，具体是指从婴儿出生到说出第一个具有真正意义的词之前的这一段时期。在这一阶段，婴儿还不会说话，但他不是在消极地等待说话，而是在积极地做说话前的准备工作。

0 ~ 3 月龄是婴儿反射性发音阶段，在新生儿的哭声中有时会出现 a、o、u、e 等韵母，这些音不需要唇舌的复杂运动，只要婴儿一张口，气流冲出口腔，这些音就发生了。这个阶段的发音是婴儿的一种本能行为。3 月龄后，婴儿明显变得活跃起来，常常自动发音。如果有人逗引婴儿，婴儿会笑，并且还会发出长而尖的清脆的“咯咯”声。10 ~ 12 月龄的婴儿处于学话的萌芽阶段，婴儿的语言发展和先天成熟的速度是相对的，随着婴儿发音器官的不断完善，他们可以发更多、更难的音节。

0 ~ 6 月龄婴儿的语言发展主要表现为：能够发出“啊啊”“嗯嗯”的声音，会随着熟悉的音乐舞动四肢，能发 b、p、m 音，等等。

7 ~ 12 月龄婴儿的语言发展主要表现为：能发出单音节“妈”和双音节“妈妈”“嘟嘟”“饭饭”等，能理解简单的词语，能模仿成人的声音和动物的声音，等等。

（三）0 ~ 1 岁婴儿认知发展的特点

人的智能发育主要是在 2 岁之前完成的。认知能力是指一个人对于外部刺激进行思考和反应的能力，它与智能发育有着密不可分的联系。1 岁之前是婴幼儿身体快速生长的时期，他们的认知能力也在这一时期得到飞速的发展。1 岁婴儿的脑容量已经达到了成人的 70%，而 1 岁之前是大脑神经细胞连接最为活跃的时期，我们可以根据婴儿对外部刺激的反应来判断他们的认知能力的发展程度。

认知能力包括知觉、记忆、注意、思维、想象等多方面的能力，对婴幼儿的生长发育有着举足轻重的作用，因此训练婴幼儿的认知能力相当重要。需要注意的是，即使是同阶段的婴幼儿，认知能力也因人而异。

具体而言，新生儿一般会把头转向有声音或物体移动的方向。出生后 3 ~ 4 天，新生儿就能对声音做出反应了。和听觉相比，婴幼儿视觉的发展是阶段性的。刚出生的时候，他们的世界是黑白的，日后他们会逐渐认识色彩；3 月龄时，他们能对人的表情或物体的移动做出更加明显的反应；4 ~ 5 月龄时，他们恨不得把所有看得见的东西都拿来摸一摸、舔一舔，这是他们探索世界的方式，家长应尽可能地提供干净的玩具给他们探索；7 ~ 8

月龄是婴儿记忆力开始发展的时期，他们能记住经常接触或刚接触过的人或物，如果你在他们看着的时候把一个东西藏起来，他们会迅速地爬过去把它找出来；9 ~ 12 月龄时，他们在听到一个熟悉的物品名称时，能准确地把它找出来，或指给你看，也能认识五官、形状等。

0 ~ 6 月龄婴儿认知发展特点主要表现为：30 m 以内对黑白颜色敏感，能够注视物体但是难以追踪物体，开始喜欢彩色并且对红色敏感，会朝着声音的方向移动和观看，逐渐能够追视，两眼同视一个物体，看清更细小的物体，等等。

7 ~ 12 月龄婴儿认知发展特点主要表现为：会很快发现一些物品的奇特之处，自己能通过摇动物体发出声音，可能启动一连串的听觉反应，开始故意丢弃物品并且让别人帮他拿起来，已经知道若干物品的名称，可以认识颜色、五官、形状，等等。

（四）0 ~ 1 岁婴儿社会性发展的特点

0 ~ 1 岁婴儿社会性发展的好坏直接影响着婴儿的人格发展。家长在婴儿的社会性发展中起着至关重要的作用。

0 ~ 6 月龄是婴幼儿社交情绪发展的重要时期。2 月龄的婴儿已经开始与父母做情感上的交流。4 ~ 6 月龄，他们懂得生气和讨厌，会用微笑回应。他们起初会无缘无故地笑，渐渐会因为被人逗而笑。由此可见，他们的社交情绪在逐步发展。

7 ~ 12 月龄时，婴儿开始认人，与父母建立情感上的依托。当父母离开时，他们会感到不安，并且开始与其他人建立关系，踏出与他人沟通及建立亲密关系的重要一步。这个阶段的婴儿可以做出一些简单的社交手势来回应对方，与人的互动增加。

0 ~ 6 月龄婴儿社会性发展的特点表现为：注视脸孔，紧抓抱着他的人，逐渐有目的地微笑，可以观察周围人并聆听谈话，能运用表情表达自己的喜好，可以通过伸出手表示想抱抱，爱玩“躲脸”游戏，等等。

7 ~ 12 月龄婴儿社会性发展的特点表现为：喜欢与人交流，看到不喜欢的东西时会摇摇头，玩具被拿走时很快就会发现，开始对陌生人表示拒绝，会向成人索取物品，会将物品给成人，喜欢模仿别人的行为，等等。

三、0 ~ 1 岁婴儿养育的要点

2012 年，卫生部发布的《儿童喂养与营养技术指导规范》指出，3 月龄内婴儿应频繁吸吮，每日不少于 8 次，使母亲乳头得到足够的刺激，促进乳汁分泌；4 ~ 6 月龄逐渐定时喂养，每 3 ~ 4 小时一次，每日约 6 次，可逐渐减少夜间哺乳，帮助婴儿形成夜间连续睡眠能力，但有个体差异，需区别对待；3 月龄内婴儿奶量为 500 ~ 750 毫升 / 日，4 ~ 6 月龄婴儿为 800 ~ 1000 毫升 / 日，逐渐减少夜间哺乳。0 ~ 1 岁婴儿各阶段的胃容量如表 4-3 所示。

表 4-3 0 ~ 1 岁婴儿各阶段的胃容量

阶　段	胃容量（毫升）
新生儿	10 ~ 30
2 周 ~ 2 月龄	80 ~ 140
3 月龄	130 ~ 160
4 月龄	140 ~ 180
5 月龄	150 ~ 200
6 月龄	200 ~ 220
6 月龄以上	大于 220

世界卫生组织倡导对 6 月龄内的婴儿进行纯母乳喂养，以实现其最佳生长、发育和健康成长。新生儿头两周不宜规定喂食的时间和次数，视实际情况来调节，因为婴儿胃容量小，每次吸入的奶量并不多，按需哺乳就能够使婴儿吃饱喝足，健康成长。婴儿养育有其特殊性，家长须掌握相应的科学方法才能使婴儿健康成长。

（一）0 ~ 6 月龄婴儿养育的要点

1. 新生儿

新生儿主要用母乳喂养，按需哺乳，不必喂水。要保证新生儿每天约 20 个小时的睡眠时间。要多拥抱、爱抚新生儿，抚摸新生儿全身的皮肤，与新生儿说话。要经常用微笑、歌声及鲜艳的有声玩具逗引新生儿。不要让新生儿睡太软的床和大而软的枕头，最好单睡一张床，这可以防止窒息。在为新生儿冲调奶粉、洗澡时，要先试温度，以防其被烫伤。

2. 2 月龄

要让婴儿逐步建立起吃、玩、睡的规律生活。要尽量多与婴儿说话，给婴儿唱歌，逗引婴儿，培养良好的亲子感情，让婴儿醒着的时候处在快乐中。要在不同方位用不同声音训练婴儿的听觉。天气好时，应带婴儿到室外活动，呼吸新鲜空气，观看周围环境，进行适当的日光浴。日光浴时可以让婴儿俯卧片刻。应悬吊鲜艳、能动的玩具，让婴儿练习看、触摸、抓握。

3.3月龄

要给婴儿丰富的感觉刺激。可以通过让婴儿俯卧或把婴儿竖抱，帮助婴儿练习抬头的动作，锻炼颈椎的支撑力。可以用玩具逗引婴儿发音，训练其听力，初步培养其追踪声音来源的能力。注意婴儿的玩具不能比嘴小；母亲不能躺着哺乳，否则婴儿有窒息的危险。

4.4月龄

婴儿的感觉动作技能，即视觉、听觉和触觉与肌肉活动的联合开始发展。要多给婴儿听音乐、和婴儿说话，帮助婴儿学习翻身的动作，逗引婴儿说话。要适量添加辅食，尽可能地坚持母乳喂养。注意此时复查是否已接种卡介苗，不必纠正婴儿吸吮手指的动作。

5.5月龄

要重视婴儿的感官训练，使婴儿的听觉、视觉、语言能力在原来的基础上继续提高；对不会翻身的婴儿，父母应加强婴儿的翻身训练；对婴儿进行冷适应锻炼。

6.6月龄

添加的辅食要由少到多、由稀到稠、由细到粗。要预防婴儿营养性、缺铁性贫血，及时添加含铁量高的辅食（蛋黄、鱼、肝泥、肉末、动物血、绿色蔬菜泥、豆腐等）；反复叫婴儿的名字，使婴儿对自己的名字有反应，熟悉并记住自己的名字。

（二）7～12月龄婴儿养育的要点

1.7月龄

婴儿从母体带来的免疫力开始降低，因此，要预防婴儿生病。不去人多的公共场所，注意卫生，婴儿入口的器具一定要消毒。

2.8月龄

婴儿开始长牙，婴儿辅食中要添加钙和维生素D含量高的食物。要教婴儿认识周围环境；帮助婴儿站立，让婴儿多爬、多玩各种玩具。此时婴儿的运动能力增强了，家里危险的东西一定要收起来，以免伤害婴儿。

3.9月龄

要逐渐增加婴儿断奶食物的种类，可直接喂婴儿水果。父母可以帮助婴儿在扶着的情况下学习迈步。要培养婴儿良好的生活习惯，让婴儿养成按时入睡、讲卫生的良好习惯。要训练婴儿自己吃饭。

4. 10 月龄

婴儿可以和成人一样一日三餐。要训练婴儿的自我服务技能及独立性，鼓励婴儿自己抱奶瓶、拿玩具等。要给婴儿穿轻便的衣服，便于活动。要创造良好的语言环境，多为婴儿唱儿歌、童谣等。

5. 11 月龄

婴儿的辅食开始变成主食，大部分母乳喂养的婴儿此时已经断奶了。要保证婴儿摄入足够的营养，辅食要少放盐、糖；训练婴儿走路；禁止婴儿做一些危险的事情。

6. 12 月龄

要合理地安排婴儿断奶后的饮食，保证热能和蛋白质的供应；给婴儿吃的食物要营养均衡，训练婴儿不挑食、不偏食；加强语言训练，为婴儿创造说话的机会；鼓励婴儿用语言表达感情；保证每天至少 3 小时的户外活动。

任务二　掌握 0 ~ 6 月龄婴儿亲子游戏活动的设计与指导

任务目标

掌握 0 ~ 6 月龄婴儿动作发展亲子游戏活动的基础知识和设计，掌握 0 ~ 6 月龄婴儿语言发展亲子游戏活动的基础知识和设计，掌握 0 ~ 6 月龄婴儿认知发展亲子游戏活动的基础知识和设计，掌握 0 ~ 6 月龄婴儿社会性发展亲子游戏活动的基础知识和设计。

案例导入

视觉瓶子

恩恩妈妈收集了一些细长、透明的空瓶子，把它们制作成具有不同颜色和材料的视觉瓶子：有的装着米粒，里面藏着木制字母；有的装着飘浮的彩色绒球；有的装着彩色的水与油的混合物；有的装着飘浮的塑料小球。恩恩妈妈拿着它们在恩恩眼前摇晃，瓶子里的物质流动起来，呈现出各种视觉变化，牢牢地吸引了恩恩的目光。

2月龄的宝宝非常喜欢看动态的东西，这些视觉瓶子产生的色彩和“流动感”会使其产生很大的兴趣，刺激其视觉发展和大脑发育。细长的瓶子可以吸引宝宝用小手去抓握，增强其手眼协调能力。在宝宝身体活动能力增强以后，可以用视觉瓶子鼓励其扭头、伸手、抬腿，也可以在“俯卧时间”吸引其练习抬头。

恩恩妈妈认为，视觉瓶子有多种多样的做法，很多材料都可以用。视觉瓶子需要实现两个效果：材质可以流动和有漂亮的颜色，如果能发出声响就更好了。视觉瓶子可以一直伴随宝宝的成长。

思考：

（1）恩恩妈妈是如何帮助恩恩练习扭头、伸手、抬腿、俯卧抬头动作的？

（2）你能想到哪些游戏可以促进恩恩继续练习扭头、伸手、抬腿、俯卧抬头的动作？

0～6月龄婴儿在与父母做亲子游戏时扮演被动的角色。当父母同他玩耍时，他能表现出享受和注意。例如，妈妈对着他说话、微笑，他能相应地做出高兴的反应——笑。

一、0～6月龄婴儿动作发展亲子游戏活动的基础知识和设计与指导

（一）基础知识

婴儿的动作发展是随着中枢神经系统的发展循序进行的。抬头、翻身、独坐、独走，婴幼儿各个阶段的动作发展不能逾越，一定是从头至脚依序发展，先学会抬头，再将身体的上半部抬起，最后双脚直立学会走路。婴幼儿精细动作的发展也是由简单到复杂，每个阶段都有各自的特点。适当地为婴儿设计些好玩的柔软运动，不仅有助于婴儿动作的发展，而且还可刺激婴儿感官系统的发展。

（二）亲子游戏活动设计与指导实例

下面针对0～6月龄婴儿动作发展的特点设计了一些亲子游戏活动。

活动一：抬抬头，转转头（粗大动作训练）

1. 活动目的

锻炼宝宝头颈部力量和灵活性。

2. 活动准备

逗引玩具、舒适的垫子。

3. 活动过程

（1）让宝宝俯卧在垫子上，将玩具放在前方，如图4–1所示。

（2）引导宝宝做抬头和转头的动作。

（3）增强互动性，重复引导。

（4）让宝宝俯卧在垫子上，跟随玩具转头，重复几次。

图 4-1 抬抬头

4. 活动的注意事项

（1）时间不要太长。

（2）更换不同的玩具引导。

（3）记录宝宝的反应。

5. 活动的延伸意义

相对平行位置可以形成物体正位立体像，促进宝宝手眼协调能力的发展，增强宝宝的空间感，刺激宝宝的视觉，促进宝宝智力的发展。

活动二：快快翻过来（粗大动作训练）

1. 活动目的

锻炼宝宝的四肢肌肉力量。

2. 活动准备

小枕头、舒适的垫子、宝宝喜欢的玩具等。

3. 活动过程

（1）将宝宝平放在垫子上，把宝宝的身体轻轻地侧翻过来，让宝宝保持侧卧的姿势。

（2）家长拿着小玩具吸引宝宝的视线，鼓励宝宝翻身变成仰卧的姿势，然后把宝宝的身体转向另一侧，鼓励他翻过来。

（3）当宝宝很容易翻过来时，用同样的方法鼓励宝宝由仰卧翻依次至侧卧、俯卧，如图 4-2 所示。

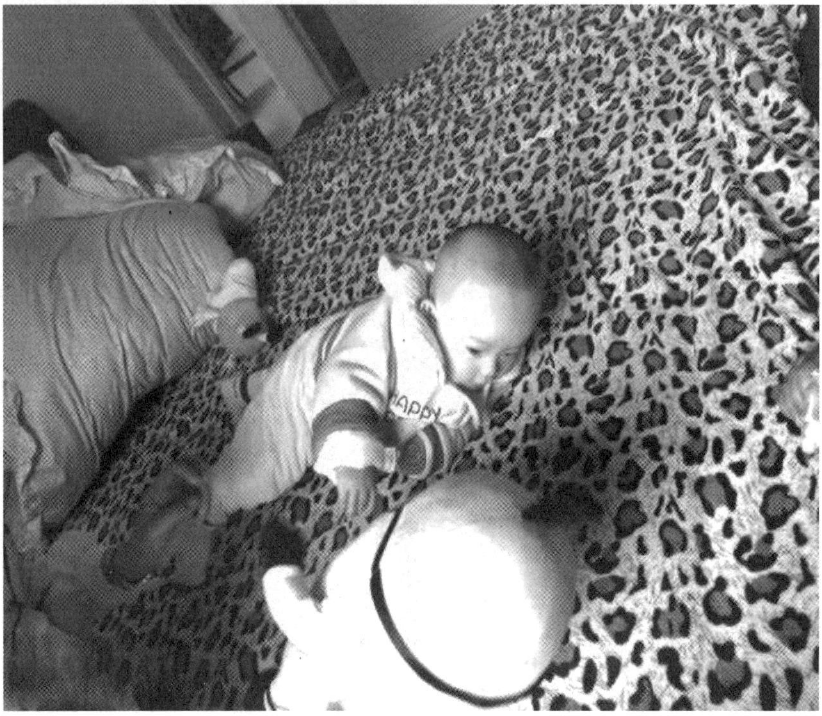

图4-2　快快翻过来

4. 活动的注意事项

（1）游戏时，为宝宝穿轻便的衣服，衣服太厚、垫子太软都不利于宝宝翻身。

（2）宝宝翻身成功时，要及时给予鼓励。

（3）注意时间，及时休息。

5. 活动的延伸意义

该活动功能使宝宝在侧翻的时候整个身体都要动起来，发展宝宝身体的协调性。

活动三：拉坐（粗大动作训练）

1. 活动目的

训练宝宝坐。

2. 活动准备

舒适的环境。

3. 活动过程

（1）家长扶宝宝双肩，一边喊“坐起”，一边将宝宝向上扶起，宝宝会抬起上身配合坐。

（2）练习几次后，家长双手拉着宝宝的肘部和前臂，边喊口令边拉宝宝坐起。

（3）练习几次后，家长拉着宝宝的手腕，让宝宝坐起来，如图4-3所示。

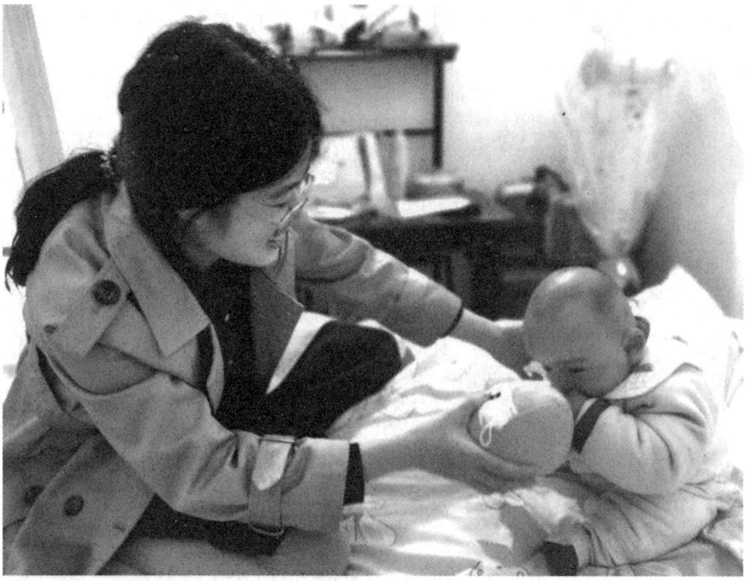

图4-3 拉坐

（4）家长伸出两个食指，让宝宝握紧，并随着口令坐起来。口令能使宝宝与家长动作协调一致，当家长喊口令时，宝宝先将头抬起，然后上身离开床铺，再借着家长的力量坐起来。

4. 活动的注意事项

（1）拉坐是在仰卧时把上身抬起，身体与俯卧手撑呈相反的方向，但是要在俯卧手撑的基础上才能完成。

（2）拉坐练习不宜过早，一定要在宝宝颈部的肌肉能完全支持头部重量后再开始。

（3）如果在双手扶宝宝肩部拉坐时宝宝头后仰而不能抬起，就应立即停止练习。

5. 活动的延伸意义

俯卧抬头能锻炼宝宝的颈部力量，增强宝宝的躯干力量；拉坐可以拓宽宝宝视野，拓展宝宝的空间探索能力。

活动四：握物（精细动作训练）

1. 活动目的

锻炼宝宝的抓握能力。

2. 活动准备

舒适的垫子、抓握玩具。

3. 活动过程

（1）让宝宝仰卧在垫子上，家长把手指深入宝宝的手心，宝宝会反射性地握紧，家长提起手指，就可以将宝宝的手悬吊起来。

（2）也可以用摇铃碰宝宝的手心，宝宝会反射性地抓握摇铃。

在游戏过程中可以和宝宝进行互动，如可以说“丁零零，丁零零，抓住了摇铃”，如图 4–4 所示。

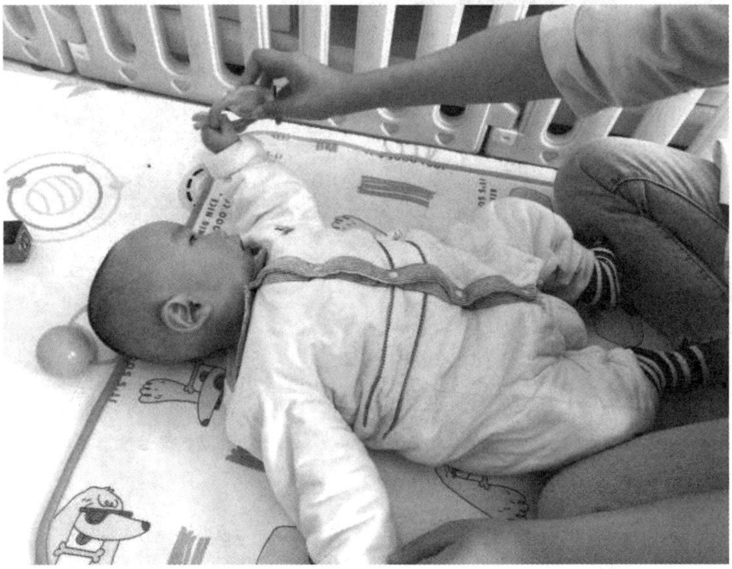

图 4–4　握物

4. 活动的注意事项

（1）提起宝宝手指时不要太用力。

（2）注意观察宝宝的反应。

（3）可以把抓握玩具更换为宝宝感兴趣的玩具。

5. 活动的延伸意义

摇晃摇铃可以刺激宝宝的听觉能力，增强其对声音的辨别能力；抓握手心可以增加宝宝的安全感，建立良好的亲子关系。

活动五：小手拍拍（精细动作训练）

1. 活动目的

通过手部动作促进宝宝精细动作发展。

2. 活动准备

舒适的环境。

3. 活动过程

（1）宝宝睡觉醒来后，让他舒适地平躺在柔软的床垫上。

（2）家长一边唱儿歌，一边拍动双手，引起宝宝注意，让宝宝模仿学习。

（3）家长一边轻轻引导宝宝拍拍小手，让宝宝自己跟着儿歌拍手。

（4）唱到“小手拍拍”时，宝宝的双手能够拍动，如图 4–5 所示。

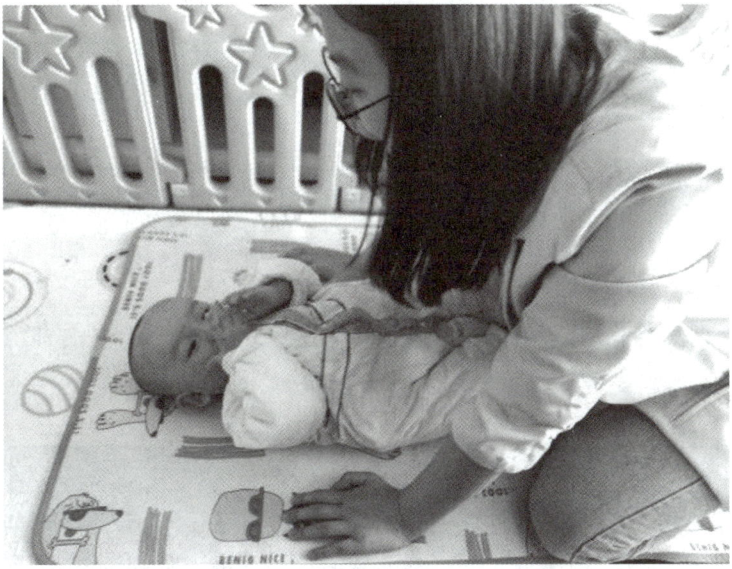

图 4-5 小手拍拍

4. 活动的注意事项

（1）家长的服装要柔软，最好不要有扣子，以免划伤宝宝或给宝宝造成不适。

（2）玩的时间不宜太长，要以宝宝开心、舒适为前提，每次重复两三次即可。

（3）若宝宝有烦躁或不舒服的表示，应及时调整或终止游戏。

5. 活动的延伸意义

手部动作的发展和心智的发展是相互促进的，在锻炼手的过程中能促进宝宝的运动智能发展，促进人的整体智慧发展。

二、0 ~ 6 月龄婴儿语言发展亲子游戏活动的基础知识和设计与指导

（一）基础知识

婴儿从出生到 6 个月都处在“语言感受”的阶段。在这个时期，婴儿还不会与家长对话，几乎不理解家长的语言，但他正在进行两个方面的准备：一是自发地发出一些声音，进行“自我发音训练”；二是感受家长的语言。

（二）亲子游戏活动设计与指导实例

常见的 0 ~ 6 月龄婴儿语言发展亲子游戏活动如下。

活动一：引逗发声

1. 活动目的

测试并训练宝宝的发音能力。

2. 活动准备

舒适的环境、宝宝清醒。

3. 活动过程

（1）宝宝清醒且不饿时，他会自己发出“啊不”“啊不”的声音。家长也在一旁同样说“啊不”“啊不”。

（2）当宝宝停下时，家长接着说。宝宝一般会先听再说。

（3）家长改说宝宝前几日说过的“啊咕”“啊咕”或者“啊哪”“啊哪”，让宝宝听后做出响应，如图4–6所示。

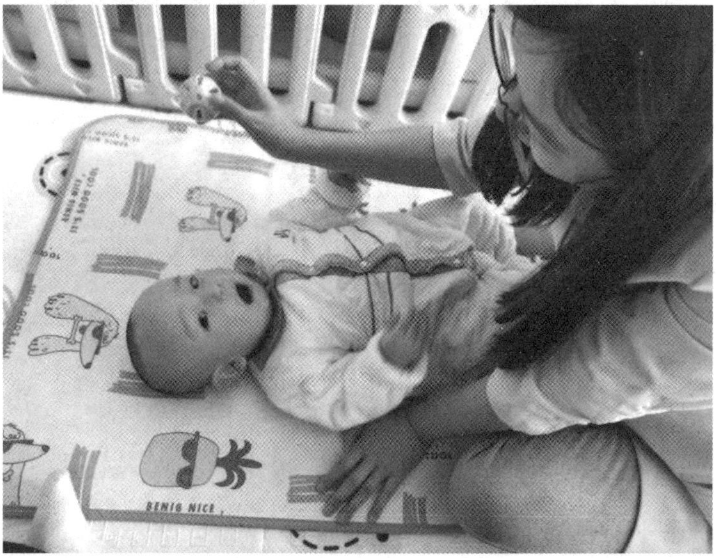

图4–6 引逗发声

（4）家长可以打开录音机收录宝宝的发音，在他清醒时播放。宝宝喜欢自己的声音，会跟着播放的声音说。

4. 活动的注意事项

（1）要经常引导，促进宝宝发声。

（2）注意观察宝宝听到声音时的反应，及时回应宝宝。

5. 活动的延伸意义

在刺激宝宝发声的同时，也促进宝宝智力的发展，家长和宝宝之间的亲密对话能够加强亲子感情。

活动二：听儿歌

1. 活动目的

让宝宝学会分辨声音。

2. 活动准备

安静、舒适的环境，宝宝清醒。

3. 活动过程

（1）宝宝仰卧在垫子上，妈妈在旁边唱歌曲《小星星》。

（2）唱完之后换爸爸唱歌曲《小星星》。

（3）爸爸、妈妈交替进行，妈妈唱一句，爸爸唱一句；也可以让声音从左右方向交替发出。

（4）在歌词中加入宝宝的名字，如“一闪一闪亮晶晶，好像阳阳的小眼睛”，如图 4–7 所示。

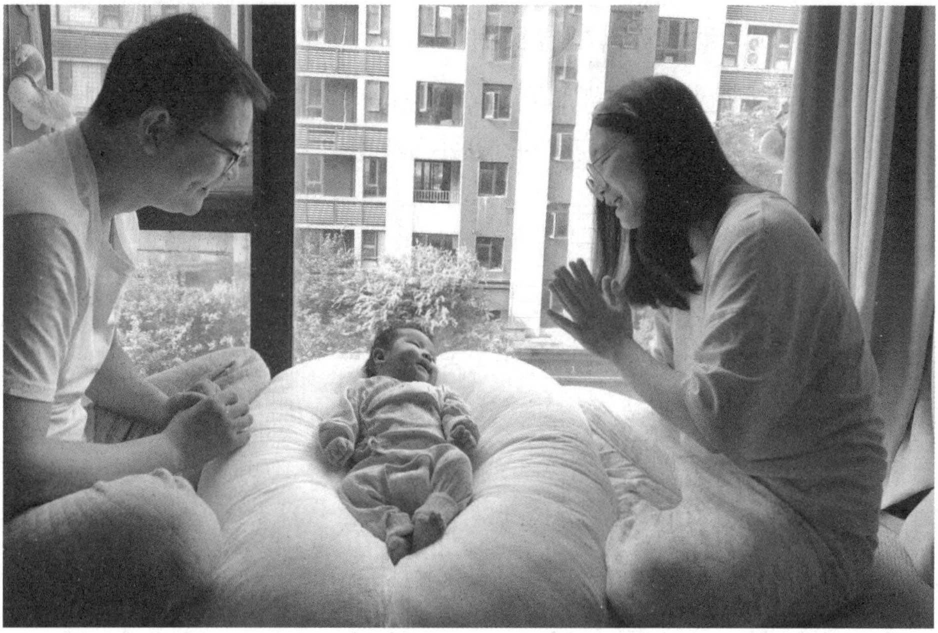

图 4–7　听儿歌

4. 活动的注意事项

（1）唱歌声音要轻柔，不要太大声。

（2）不要太靠近宝宝耳朵。

（3）观察宝宝的反应。

5. 活动的延伸意义

家长从左右两边发声，训练宝宝寻找声源，能促进宝宝听觉的发展；在歌词中加入宝宝的名字，能促进宝宝认知的发展，为宝宝后期认识自我做准备。

三、0 ~ 6月龄婴儿认知发展亲子游戏活动的基础知识和设计与指导

（一）基础知识

0 ~ 6月龄是婴幼儿认知发展最为迅速的时期，新生儿从出生的那天起就具有强烈的好奇心和求知欲，他们能够运用与生俱来的感觉、知觉、记忆、思维等探索世界。0 ~ 6月龄婴儿认知能力训练主要有三个方面：一是家长可以为婴儿提供多种感官刺激，但要避免给予过度刺激和分散注意力的噪声；二是婴儿对家长发出的信号，家长一定要及时给予回应，这样做能帮婴儿建立起一种信任感；三是家长也可以给婴儿提供一些能改变形状或能移动的玩具，让婴儿通过游戏知道自己有能力带来变化。

（二）亲子游戏活动设计与指导实例

常见的0 ~ 6月龄婴儿认知发展亲子游戏活动如下。

活动一：小小斗牛士

1. 活动目的

锻炼宝宝的视觉能力。

2. 活动准备

一块红色绒布、家长学唱乐曲《斗牛士》等。

3. 活动过程

（1）家长哼唱乐曲《斗牛士》，并拿出红色绒布，在宝宝面前展示。

（2）家长随着旋律舞动手中的红色绒布，并配合节奏随机变换绒布位置。

（3）突然加重旋律的尾音，同时把绒布藏在身后。

（4）反复做两三次，如图4–8所示。

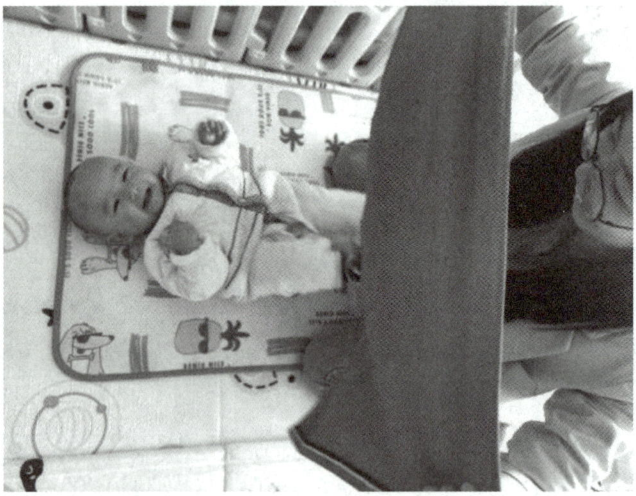

图4–8 小小斗牛士

4. 活动的注意事项

（1）最好选择红色绒布，因为宝宝对红色特别敏感，而且绒布的质感较强且不易反光，不会伤害宝宝的眼睛。

（2）不要通过多媒体机播放《斗牛士》，因为节奏较快，容易给宝宝的精神造成压力。

（3）注意时间，观察宝宝反应。

5. 活动的延伸意义

音乐能促进宝宝大脑发育，加强多种智能，并增进爸爸、妈妈和宝宝的亲情。音乐体验对宝宝的语言和运动技能发展以及感官整合起着至关重要的作用。

活动二：有声玩具

1. 活动目的

训练宝宝的听觉定位能力。

2. 活动准备

豆子、扭扭蛋或者瓶子、胶带等。

3. 活动过程

（1）将豆子装进扭扭蛋或者瓶子里面，用胶带封好，一个有声玩具就做好了，如图4–9所示。

图4–9　有声玩具

（2）先在宝宝左边摇晃扭扭蛋或瓶子，再在宝宝右边摇晃扭扭蛋或瓶子，交替进行。

（3）把扭扭蛋或瓶子换成摇铃，左右摇动，观察宝宝听觉定位。

（4）一边唱歌，或发出有趣的声音，或跟宝宝说话；一边在宝宝面前走来走去，之后试着走到房间的另一侧再走回来，让他追踪你的声音。

4. 活动的注意事项

（1）自制玩具一定要密封好。

（2）使用完玩具后立即将其拿开。

（3）注意缓慢摇晃，说话时不要太靠近宝宝的耳朵。

5. 活动的延伸意义

有趣的声音能吸引宝宝转动头部，促进宝宝颈部力量发展；倾听并寻找你的声音可以帮助宝宝发展视觉追踪能力。

四、0 ~ 6 月龄婴儿社会性发展亲子游戏活动的基础知识和设计与指导

（一）基础知识

婴儿从出生开始就已经能够通过面部表情来告诉家长他们的悲伤、满足以及厌恶了。随着婴儿的不断长大，他们的情绪表现也越来越复杂。对于 0 ~ 6 月龄婴儿来说，家长应本着积极和负责的态度去对待他们。他们在成长过程中和家长建立起来的情感依恋对他们今后的社会性发展是很有帮助的。平时，家长应对婴儿发出的情绪信号及时做出回应，尽量满足婴儿在生理和心理上的各种需要，并给予积极的情感支持，多和婴儿进行身体和语言上的交流等。家长应尽量及时满足婴儿的需要，多拥抱和抚摸他，多花时间陪伴他，为他的社会性发展奠定一个良好的基础。

（二）亲子游戏活动设计与指导实例

常见的 0 ~ 6 月龄婴儿社会性发展亲子游戏活动如下。

活动一：毯子摇摇——欢乐吊床

1. 活动目的

训练宝宝的平衡能力和社交能力。

2. 活动准备

小毯子、一首音乐《小瓢虫飞》等。

3. 活动过程

（1）让宝宝面朝上躺在小毯子上，家长分别抓住毯子的两端，将毯子抬起，然后轻轻晃动毯子。产生的晃动感对宝宝有很好的安抚作用。

（2）将宝宝头部一侧的毯子略微抬高，将脚部一侧的毯子放低，轻轻晃动毯子，这有助于发展宝宝的平衡能力。

（3）家长的视线保持与宝宝接触，播放欢快的儿歌《小瓢虫飞》，如图 4–10 所示。

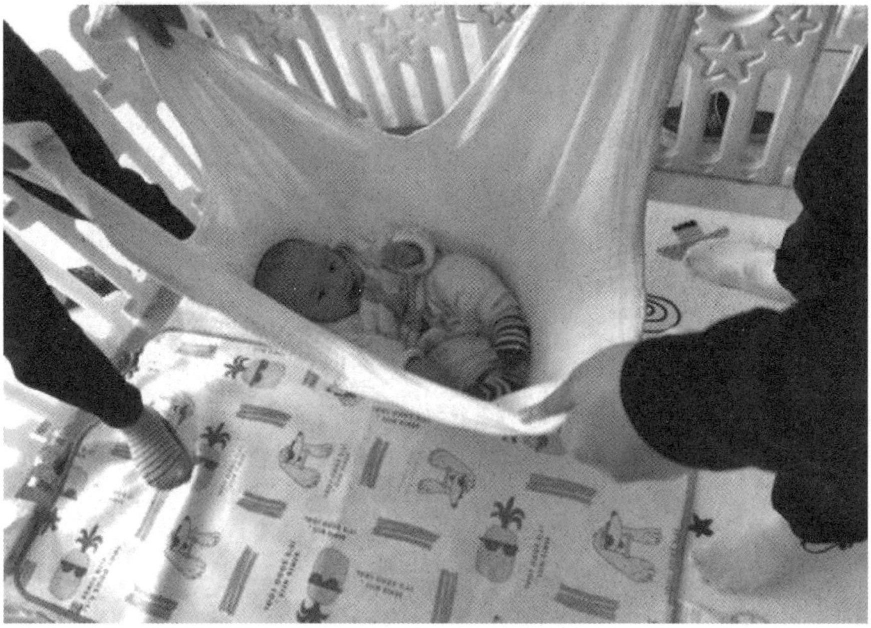

图4-10 毯子摇摇——欢乐吊床

4. 活动的注意事项

（1）摇晃幅度不宜太大。

（2）游戏时间不宜过长。

（3）观察宝宝反应，如果宝宝有哭闹，立即停止。

5. 活动的延伸意义

有家长充满关爱的笑容陪伴，可以增强宝宝对他人的信任感；如果躺在毯子上的宝宝积极尝试将头抬起来，还可以锻炼宝宝颈部的肌肉。

活动二：镜中影像

1. 活动目的

促进宝宝交往能力的发展。

2. 活动准备

一面镜子、一些画好的夸张的面部表情（大笑、微笑、吐舌头）等。

3. 活动过程

（1）抱着宝宝，把镜子放在他前面，让他看自己在镜子里的影像，他会感到非常惊奇——他完全不知道那是谁。

（2）将镜子举高，让宝宝可以看清自己的模样。家长用手指着镜子里的宝宝，然后叫他的名字，他在镜子里的影像会促使他做出第一个社会性举动——露出顽皮的笑容，如图4-11所示。

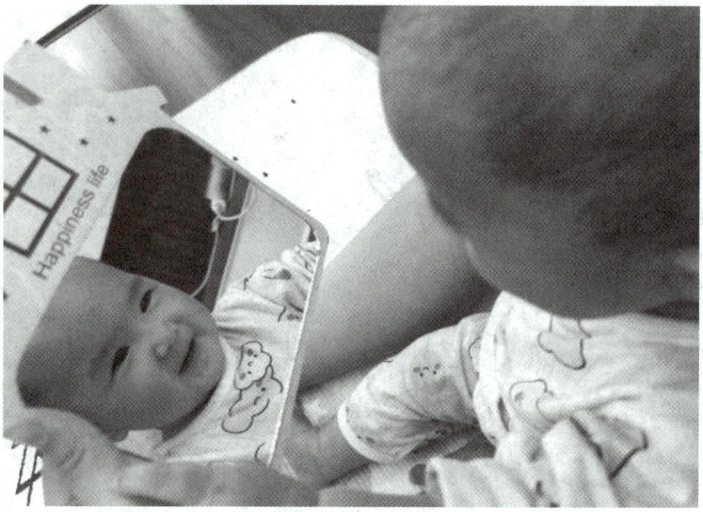

图 4-11　镜中影像

（3）把一些画好的夸张的面部表情（如大笑、微笑、吐舌头等）给宝宝看，可以配上一些声音，增强趣味性。

4. 活动的注意事项

（1）不要让宝宝触碰镜子，以免受伤。

（2）注意观察宝宝的反应，并将其记录下来。

5. 活动的延伸意义

让宝宝看镜子里的自己，有助于发展其视觉聚焦能力和视觉追踪能力；给宝宝看一些夸张的面部表情，可以促进宝宝情感的发展。

知识链接

智龄的秘密

智龄又被称为“心理年龄”，表示心理发育的成熟程度。智商表示智力发展水平，是智龄与实际年龄的比值。智龄固然是代表智力水平的重要指标，但受年龄影响大。智龄相同、年龄不同的婴儿，他们的智商也有较大差异。例如，甲、乙、丙三个婴儿智龄同为 6 岁。甲实际年龄为 6 岁，智商为 100；乙为 4 岁，智商为 150；丙为 8 岁，智商为 75。在儿童中，智商 140 以上者称奇才，约占 0.5%；智商 120 ～ 130 者为优秀，约占 7%；智商 130 ～ 140 者有为十分优秀，约占 3%。构成孩子智力的因素有五种：观察力、记忆力、注意力、思维力和想象力。婴幼儿发育分为六个方面：肌肉运动、手的技巧、语言、认知、社交能力和自理能力。每一项都要按照孩子的年龄期分别学习和测试，要循序渐进。

任务三　掌握 7 ~ 12 月龄婴儿亲子游戏活动的设计与指导

任务目标

掌握 7 ~ 12 月龄婴儿动作发展亲子游戏活动的基础知识和设计，掌握 7 ~ 12 月龄婴儿语言发展亲子游戏活动的基础知识和设计，掌握 7 ~ 12 月龄婴儿认知发展亲子游戏活动的基础知识和设计，掌握 7 ~ 12 月龄婴儿社会性发展亲子游戏活动的基础知识和设计。

案例导入

感官瓶子

恩恩妈妈又收集了一些透明的塑料瓶子，并在其中加入了不同的材料，使它们变成恩恩很喜欢玩的一套感官瓶子。用到的材料有红豆、白豆、玻璃弹珠，用色素染色的红色通心粉、彩色米，等等。

这套感官瓶子是感官感觉的综合性启蒙玩具：每个瓶子里材料的色彩形态都不同，抓握时有不同的重量，撞击时会发出不同的声音，摇晃时会呈现出不同的动态。瓶子的大小刚好能让恩恩握在手里，可以让她自己操作和观察，练习手的抓握能力和增强手腕的力量。

9 月龄的恩恩会非常仔细地观摩这些瓶子，并有意去摇晃它们，听到声音会回应以笑容。恩恩还会把瓶子翻来倒去，看里面材料的流动状态。这套感官瓶子恩恩可以一个人玩很久，其中最喜欢的是装有红色通心粉的瓶子。

思考：

（1）这套感官瓶子有什么作用？

（2）你还有哪些方法能促进恩恩动作、视觉和听觉能力的发展？

7 ~ 12 月龄的婴儿可以玩的游戏更多了，游戏主要由家长发起。大约从 8 月龄起，婴儿开始扮演主动的游戏角色，渐渐对家长表现出“我要和你玩”的意愿。

一、7 ~ 12 月龄婴儿动作发展亲子游戏活动的基础知识和设计与指导

（一）基础知识

6 月龄以上婴儿的动作能力逐渐增强，渐渐进入粗大动作能力及精细动作能力的发展

期。对于 7 ~ 12 月龄婴儿，主要训练他们的爬行和扶站能力。小手会变得更加勤快，特别喜欢动，什么都要拿拿、摸摸、碰碰、摆弄摆弄，双手成为他们认识客观事物的主要工具。他们通过双手触摸、拿动物品，对物品产生感知。

（二）亲子游戏活动设计与指导实例

活动一：宝宝爬（粗大动作训练）

1. 活动目的

让宝宝学会四肢协调爬行。

2. 活动准备

宝宝喜欢的玩具。

3. 活动过程

（1）家长拿着宝宝喜欢的玩具逗引宝宝向前爬行。

（2）当宝宝双腿跪地、双手撑地、将自己支撑起来时，家长可以用两只手抵住宝宝的双脚，交替推动宝宝的双脚，为宝宝提供一点助力，帮助宝宝向前爬行，如图 4–12 所示。

图 4–12　宝宝爬

（3）用玩具和语言鼓励宝宝不断向前爬行，以拿取喜欢的玩具。

4. 活动的注意事项

（1）如果宝宝刚学习爬行，玩具不要放得距离宝宝太远。

（2）家长推动宝宝的双脚时动作要轻柔，速度要缓慢。家长的作用只是协助，主要靠宝宝自己用力向前爬行。

5. 活动的延伸意义

宝宝爬行可以增强头部、躯干、腰部、手臂和腿部的力量；到处探索可以促进触觉发展，有助于精细动作的协调发展。

活动二：扶站站（粗大动作训练）

1. 活动目的

锻炼宝宝下肢肌肉的力量。

2. 活动准备

宝宝喜欢的玩具。

3. 活动过程

（1）家长与宝宝面对面坐着，一只手握住宝宝的手，另一只手拿着宝宝喜欢的玩具逗引宝宝，同时说："宝宝快看，这是你最喜欢的玩具熊哦，想不想马上抓到它呀？"

（2）家长渐渐提升玩具的高度，使宝宝坐着无法伸手拿到玩具，激励宝宝站起来。如果要引导宝宝双手扶住家长的双臂站起来，家长可以鼓励宝宝说："哇，小熊长高喽，看宝宝能不能也快快长高，抓到小熊？"

（3）让宝宝坐下来，鼓励宝宝自己扶着围栏、墙壁或沙发等物体站起来。

（4）如果宝宝能够轻松地站起来，家长可以把玩具拿到与宝宝有一定距离的位置，鼓励宝宝扶着围栏、墙壁或沙发走几步拿到玩具，如图 4–13 所示。

图 4–13　扶站站

4. 活动的注意事项

（1）让宝宝在栏杆边练习，效果会更好，但要时刻注意宝宝的安全。

（2）注意扶站的时间不宜太长，每天适当增加。

5. 活动的延伸意义

扶站动作可以发展宝宝的身体平衡能力，为独立行走打下基础；能够增加宝宝的视野，宝宝探索的空间也变大了。

活动三：哗啦啦，下雨啦（精细动作训练）

1. 活动目的

锻炼宝宝手部运动能力，完善宝宝手部精细动作水平。

2. 活动准备

几张红、黄、蓝、绿色的彩纸剪碎，广口盒子等。

3. 活动过程

（1）让宝宝坐在地板靠垫或床头，将装有纸屑的盒子放在他面前。

（2）家长抓起一些纸屑握在手里，把手臂举高，手心向下，然后慢慢松开手掌，让彩色的纸屑飘落下来，同时配合说："哗啦啦，下雨啦！大雨哗啦啦，小雨沙沙沙，大雨小雨一起下，宝宝见了笑哈哈。"

（3）鼓励宝宝像家长那样抓一把纸屑，伸出手臂，手心向下，松开小手，让纸屑飘落，如图 4–14 所示。

图 4–14　哗啦啦，下雨啦

4. 活动的注意事项

（1）照看好宝宝，以防宝宝把纸屑放进嘴里。

（2）彩纸要选择柔软的，不要用硬的。

5. 活动的延伸意义

彩纸颜色不同有利于提高宝宝识别颜色能力，促进宝宝的认知发展。

活动四：你来我往——推球球（精细动作训练）

1. 活动目的

锻炼宝宝手部动作准确性及手眼协调能力。

2. 活动准备

塑料球或者乒乓球。

3. 活动过程

（1）家长和宝宝面对面地坐下，一起玩球。

（2）家长把球推给宝宝，尽量让宝宝接住。

（3）鼓励宝宝把球推给家长，如图 4–15 所示。

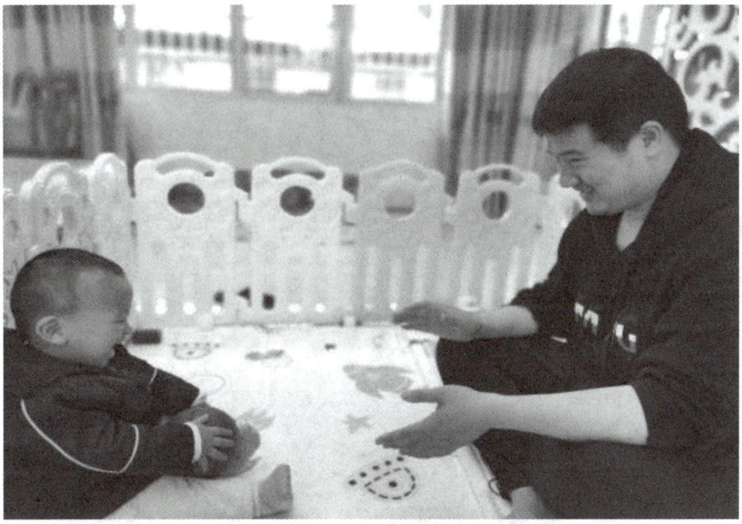

图 4–15　你来我往——推球球

4. 活动的注意事项

（1）注意使宝宝保持较高的情绪状态，避免机械地重复动作。

（2）家长在生活中要多创设具有“来回给”性质的情境，让宝宝体会交往的乐趣。

5. 活动的延伸意义

推球发展了宝宝的视觉追踪能力以及眼睛与手部运动的协调配合能力。宝宝通过游戏，进一步发展了交往能力。宝宝能体会到游戏的意图，做出积极的社会性反馈，塑造积极的人生态度。

二、7 ~ 12 月龄婴儿语言发展亲子游戏活动的基础知识和设计与指导

（一）基础知识

对 7 ~ 12 月龄婴儿进行语言训练，应该从婴儿的心理特点出发，在生活中积极寻找培

养婴儿听力的载体，努力将婴儿听力训练融入各种活动中。我们可以借助日常生活进行综合训练，多和婴儿进行日常语言对话；借助游戏提高婴儿听的注意力，经常模仿动物声音或者某些词语，反复训练；在游戏活动中给婴儿创设听的环境，培养婴儿的倾听习惯，或通过经常性发出的指令训练婴儿的听力和按指令行动。

（二）亲子游戏活动设计与指导实例

活动一：丁零零，来电话了

1. 活动目的

锻炼宝宝的语言能力。

2. 活动准备

两个电话听筒玩具。

3. 活动过程

（1）让宝宝坐在床上或地垫上，家长坐在对面。

（2）家长拿起玩具电话，对着电话说："喂，宝宝在家吗？"

（3）家长帮助宝宝拿起电话，说："丁零零，来电话了，宝宝接电话吧。"

（4）家长分饰两个角色，演示"妈妈和宝宝的对话"，可以聊聊今天家长做的事和宝宝做的事，如图 4–16 所示。

图 4–16　丁零零，来电话了

4. 活动的注意事项

（1）在"电话"中，要尽量通过强调的方式加强宝宝对生活常用词的认识和理解，如"尿尿""饿了""高兴""漂亮"等。

（2）要充分调动宝宝说话的热情，尽量重复宝宝"咿咿呀呀"的语言，并且加上相应的“注释”。

（3）注意观察宝宝反应，并将其记录下来。

5. 活动的延伸意义

打电话的活动既可以促进宝宝的听力发展，又可以帮助宝宝认识一种与人交流的方式，提升人际交往能力。

活动二：小蜜蜂，嗡嗡嗡

1. 活动目的

提高宝宝对语言的理解力。

2. 活动准备

一个蜜蜂头饰或者蝴蝶结头饰。

3. 活动过程

（1）家长和宝宝面对面地坐在床上或地毯上，家长在头上戴一个头饰，扮成小蜜蜂。

（2）家长一边念“一只小蜜蜂”，一边用食指做“1”的动作。

（3）家长念“飞到花丛中”时，伸出两只手在身侧做“飞”的动作，如图4–17所示。

图4–17　小蜜蜂，嗡嗡嗡

（4）家长念“飞到西来飞到东”时，分别向左右侧转身体，做“飞”的动作。

（5）家长念“飞来飞去嗡嗡嗡”时，用嘴模拟“嗡嗡嗡”声，并将头靠近宝宝。

4. 活动的注意事项

（1）家长模仿的表情和动作可以夸张些，以吸引宝宝注意。

（2）家长要注意观察宝宝的反应，引导宝宝模仿。

5. 活动的延伸意义

模仿小蜜蜂的过程可以促进宝宝对事物的认知，诱导宝宝进行学习模仿，增强宝宝探索事物的能力。

三、7 ~ 12 月龄婴儿认知发展亲子游戏活动的基础知识和设计与指导

（一）基础知识

7 ~ 12 月龄婴儿处在“发现”阶段。他们会发现一些物品的奇特之处，喜欢一些特殊的声音，有一定的空间感和方位感，能认识五官、一些颜色和形状。7 ~ 12 月龄婴儿应加强这些方面的训练。

（二）亲子游戏活动设计与指导实例

活动一：叠叠塞塞

1. 活动目的

促进宝宝的空间知觉发展。

2. 活动准备

奶粉罐、积木、乒乓球。

3. 活动过程

（1）宝宝和家长面对面，用奶粉罐、大积木搭起高房子。

（2）家长搭起高高的积木，引导宝宝一同参与游戏。

（3）家长拿出装有乒乓球的盒子，指引宝宝塞球入洞，如图 4–18 所示。

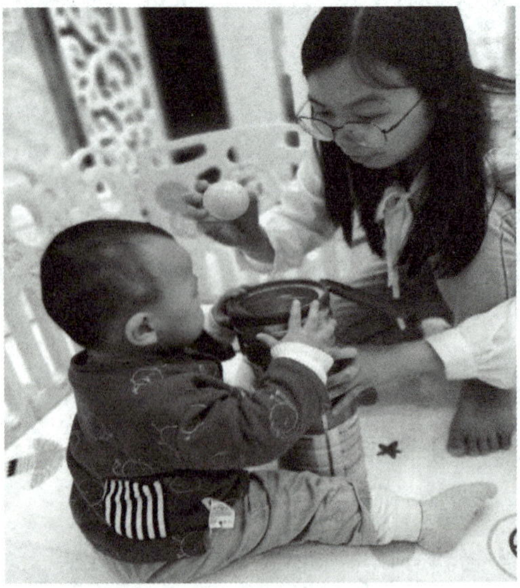

图 4–18 叠叠塞塞

4. 活动的注意事项

（1）要根据宝宝月龄改变物体堆叠的高度。

（2）家长要用夸张的语言和动作诱发宝宝垒高的兴趣，可将垒好的物体推倒重垒。

（3）要鼓励宝宝多尝试，适时给予支持。

5. 活动的延伸意义

锻炼宝宝的手眼协调能力，同时也培养其叠物的意识。

活动二：追声寻物

1. 活动目的

促进宝宝听觉灵敏性的发展。

2. 活动准备

音质不同的发声玩具、躲藏物、小动物玩偶。

3. 活动过程

（1）家长呼唤宝宝名字，可以说："宝宝，宝宝，妈妈在哪里？快快找一找。"

（2）家长操作发声玩具，边使其发出声音边移动玩具，引逗宝宝追声寻玩具。

（3）家长藏在躲藏物后面，变换方位发出小动物的叫声，如图 4–19 所示。

图 4–19 追声寻物

4. 活动的注意事项

（1）家长可以变换方位、变化声音或者在躲藏物后面呼唤宝宝名字。

（2）利用不同的玩具引逗宝宝，观察宝宝的反应，记录反应的特征。

（3）注意宝宝在追随声音过程中的情绪表现。

5. 活动的延伸意义

变换物体发声方位，锻炼宝宝感知不同声音，能提升宝宝的空间方位判断力的发展。

活动三：认识红色

1. 活动目的

让宝宝通过练习认识红色，增强接受共性概念的能力。

2. 活动准备

红色积木、红色塑料环、红色盒子等若干。

3. 活动过程

（1）当宝宝已经认识若干物品之后，家长可以教宝宝认识红色的物品。

（2）家长拿出红色积木、红色塑料环、红色盒子等，把红色的东西放在一起。

（3）家长拿起积木说：“这是红色的。”指着塑料环和盒子说：“这些也是红色的。”

（4）家长问宝宝：“哪个是红色的？”宝宝会指着积木，如图4–20所示。

图4–20 认识红色

（5）家长接着问：“还有呢？”一般宝宝不作声，也不动手再指。因为宝宝认为一个名字只指一样东西，宝宝只接受积木是红色的。让宝宝学会一个词并不难，但让他接受一个词能形容许多东西就比较难了。

（6）经过多次练习，家长再把红色的玩具放在一边，把其他颜色的玩具放在另一边，告诉宝宝：“这边是红色的，那边都不是。”宝宝看到相同颜色的东西放在一起，开始理解共性的概念。

4. 活动的注意事项

（1）家长应反复指认，加深宝宝记忆。

（2）家长应耐心指导，切忌一次性选择多种颜色。

（3）家长要帮助宝宝在日常生活中练习认识红色。

5. 活动的延伸意义

在家长反复指认的过程中增强宝宝的耐心，培养了宝宝的专注力。交流的过程培养了宝宝的语言理解能力。

四、7 ~ 12 月龄婴儿社会性发展亲子游戏活动的基础知识和设计与指导

（一）基础知识

7 ~ 12 月龄婴儿已经开始能理解别人的感情了，如果家长和他十分友善地说话，他会很高兴；如果训斥他，他会哭。他能够使用一些身体语言来表达自己的情绪，最容易做的是拍手表示“好”，拱手表示“谢谢”。这两个动作是用双手来做的，家长经常做给孩子看，孩子很容易学会。同时，孩子也开始理解家长肯定或否定的态度，对喜爱的家庭成员和熟悉的人会伸出手臂要求抱抱，对陌生人则表现出忧虑、退缩、拒绝等行为。

（二）亲子游戏活动设计与指导实例

活动一：做鬼脸

1. 活动目的

让宝宝能识别亲人的面部特征，促进自身的社会性发展。

2. 活动准备

柔软的垫子。

3. 活动过程

（1）宝宝精力充沛时，家长模仿老虎，说：“我是大老虎！嗷呜——”同时做老虎的表情，张大嘴巴，瞪大眼睛。

（2）家长说：“我是小猫咪！喵呜——”同时模仿小猫咪，用手表示胡子。

（3）家长说：“我是小老鼠！吱吱，吱吱。”同时五官挤到一起模仿老鼠。

（4）家长反复做各种鬼脸，逗引宝宝观察各种表情的变换，如图 4-21 所示。

图 4-21　做鬼脸

4. 活动的注意事项

（1）给宝宝做鬼脸时，尽量表情夸张，但不要太恐怖，以免给宝宝造成不良的心理影响。

（2）注意时间不宜太长。

（3）注意观察宝宝的表情变化。

5. 活动的延伸意义

和宝宝一起做表情变换游戏可以让宝宝对表情的认识更加深入，帮助宝宝缓解面对陌生人时产生的焦虑，有利于宝宝识别他人的情绪。模仿动物声音可以促进宝宝听觉能力和语言能力的发展。

活动二：宝宝懂礼貌

1. 活动目的

让宝宝学习一般交际规则、交往礼仪，尊重长辈，有礼貌地与人交往。

2. 活动准备

宝宝喜欢的玩具。

3. 活动过程

（1）爸爸递给宝宝一个他喜欢的玩具，当宝宝伸手拿时，妈妈在一旁说“谢谢”，并点点头或做鞠躬动作。

（2）逗引宝宝模仿妈妈的动作，如果宝宝按照要求做了，要亲亲他表示鼓励。

（3）爸爸做离开状，妈妈一面说“再见”，一面挥动宝宝的小手，教他做“再见”的动作。

（4）在家里来了熟悉的客人时教宝宝拍手并说“你好，欢迎”，如图 4–22 所示。

图 4–22　学习礼仪

4. 活动的注意事项

（1）家长说话要尽量缓慢，教导要有耐心。

（2）家长平时要多创设具体的语境。

5. 活动的延伸意义

该活动有利于提高宝宝的理解和模仿能力，让宝宝先理解语调和表情，再增强理解词义的能力。日常生活中家长说话的语调和表情对宝宝的语言及情感学习起着非常重要的作用。

知识链接

婴儿的社交智慧

有些家长以为，婴儿不会交往，也不会有什么交往智慧。越来越多的研究证明，人从一出生就会与其他人发生联系。例如，婴儿几个月时看到任何东西都会情不自禁地用手抓、拽，用嘴撕咬，主动与外界发生联系。2月龄时，可以和同伴对视；6～9月龄时，可以微笑地注视对方，而对方也常常通过模仿这种方式给予反馈；9～12月龄，婴儿就懂礼貌，可以说“谢谢”。所以，家长千万不要忽视对婴儿社交行为的关注和培养，因为小小的生命有着强烈的交往需求和愿望。家长可以在日常生活情境中渗透、强化社会交往方式和技能，为婴儿营造良好的社会交往氛围，潜移默化地影响和熏陶婴儿；也可以在游戏中促进婴儿与父母、同伴之间的交流。日常生活中，家长要随时培养婴儿与人交往的能力。婴儿良好交往行为的习得，需要家长特别是妈妈在与婴儿交往的过程中对其行为进行要求，提供语言指导、具体示范并做出良好的行为榜样。

课后巩固与练习

一、单项选择题

1. 0～6月龄婴儿的（　　）是一种精细动作反射反应。

A. 翻身　　B. 独坐　　C. 抓握　　D. 爬行

2. 婴幼儿的“认生”通常出现在（　　）。

A. 0～6月龄　　B. 6～12月龄

C. 1～2岁　　D. 2～3岁

3. 婴儿手眼协调的发生时间是（　　）。

A. 7～9月龄　　B. 4～6月龄

C. 1～2岁　　D. 2～3岁

二、简答题

1. 0 ~ 6 月龄婴儿动作发展游戏活动的设计要点有哪些？
2. 0 ~ 6 月龄婴儿语言发展游戏活动的设计要点有哪些？
3. 7 ~ 12 月龄婴儿认知发展游戏活动的设计要点有哪些？
4. 7 ~ 12 月龄婴儿社会性发展游戏活动的设计要点有哪些？

三、论述题

请结合所学知识，分别阐述 0 ~ 6 月龄、7 ~ 12 月龄婴儿亲子游戏活动设计应注意的问题。

四、实训项目

实训一：学生分组，每个小组编制 0 ~ 6 月龄婴儿粗大动作发展游戏方案（见表 4-4），要求方案具有趣味性和新颖性。

表 4-4　0 ~ 6 月龄婴儿粗大动作发展游戏方案

组　　名		时　　间	
班　　级		地　　点	
活动目标			
活动准备			
活动步骤			
注意事项			
活动总结			
评　　语			
成　　绩			

实训二：学生分组，各小组为 12 月龄仍不会爬行的婴儿制订游戏方案（见表 4–5），要求方案具有独创性和全面性。

表 4–5　12 月龄婴儿爬行训练游戏方案

组　名		时　间	
班　级		地　点	
活动目标			
活动准备			
活动步骤			
注意事项			
活动总结			
评　语			
成　绩			

项目五　1 ~ 2 岁幼儿家庭亲子游戏活动指导

思政课堂

言传身教，树立榜样

人对客体及自身的认识要经历由外到内、由表及里的过程，才能逐步把握本质属性。1 ~ 2 岁的幼儿已经对自己的能力有一个初步了解，他们在感知并操作客体的过程中发现：有些要素在具体的事物上是恒定不变的，如苹果是圆圆的、红红的，是可以吃的；家里有一堆积木，它们可以垒起高楼，这些就是事物的属性。这个时期是人类个体出生后第一次出现的心理上的独立，也是成熟个体实现最终独立的第一步。他们的独立意识开始萌芽，主要表现为各方面能力的增强，如学会走路、能弯腰捡东西、能够简单地交流、开始有自己的主意、对家人有很强的依恋感。他们喜欢模仿，勇于探索，因此在这样一个关键的阶段，家庭教育中的父母承担起了必不可少的榜样角色。

我们常常说，父母是孩子的镜子，而孩子是父母的影子。品德、修养、习惯、素质、原则及世界观、人生观、价值观，这些素养都离不开父母的教育和影响。而最好的家庭教育莫过于父母做好孩子的榜样。

我国古代著名的启蒙教育读本《三字经》中就有“养不教，父之过。教不严，师之惰”的精辟论述。从孩子身上能看到家长的影子，是因为孩子从出生的第一天起，家长的一言一行、一举一动都在无时无刻、潜移默化地影响着孩子。孩子见到的第一张面孔是父母的面孔，孩子听到的第一个声音是父母的声音；孩子认识的第一个字是父母教的，孩子听到的第一首歌是父母唱的。“人之初，性本善。性相近，习相远。苟不教，性乃迁。教之道，贵以专。”孩子良好品德的形成是在家长潜移默化的影响下形成的，孩子的不良习气也是在家庭中逐渐养成的。

“童话大王”郑渊洁的父亲郑洪升曾写过一本《父亲的含义是榜样》，书中提到父亲对儿子的教育。在郑洪升看来，对孩子最好的教育就是身教，要看父母当着孩子的面做了什么。他有三个孩子，大儿子就是郑渊洁，最后成了知名作家、儿童教育专家，二儿子成了“信鸽大王”，小女儿则成了一名中药药剂师。三个孩子最后成就的事业，都与他们父亲从小在孩子面前经常做的三件事息息相关：读书写字、收养信鸽、中医养生。在父亲的影响下，郑渊洁对自己儿子的教育也沿袭了“身教法”。他说：“我以为，父亲的身教，比要求孩子考 100 分管用。”

最好的家庭教育，就是父母做最好的自己。父亲做好自己，不过分夸大，也不故意隐藏自己的缺点，坦然地用行动给孩子做个好榜样。母亲做好自己，不会因为一点小事就影响到情绪，也不会随意把余生寄托在孩子身上。无论遇到什么事，都是心平气和地说话，而不是声嘶力竭地发脾气。如此，孩子才会是个健康优秀的孩子。

学习目标

知识目标：

1. 掌握 1 ~ 2 岁幼儿的身心发展特点。
2. 理解并掌握 1 ~ 2 岁幼儿的早期发展规律。
3. 能为 1 ~ 2 岁的幼儿组织、设计适当的亲子游戏活动。

素养目标：

通过设计、组织与实施亲子游戏活动，培养幼儿勤奋好学、团结合作的团队精神。

任务一 认识 1 ~ 2 岁幼儿身心发展的特点

任务目标

认识 1 ~ 2 岁幼儿生长发育的各项指标，掌握各项指标的测量方法。认识 1 ~ 2 岁幼儿身心发展的特点与规律，掌握 1 ~ 2 岁幼儿的养育要点。

案例导入

贝贝已经 1 岁 6 个月了，走路走得很好，语言方面会两个字、三个字地说，也会有指向性地表达自己的需求，比如“妈妈抱”“吃饭饭”等，而且能有意识地指认一些东西。爸爸妈妈看到这些变化都感到特别高兴，觉得贝贝长大了。不过家长们也遇到了一些困扰，贝贝现在似乎开始“有脾气”了，甚至有些执拗，对于自己想要做的事情，谁都阻拦不了。有一次吃晚饭时，爸爸无意间坐在奶奶的位置上，贝贝大哭起来，指着位置说“奶奶”，直到奶奶坐在那个位置上，贝贝才停止哭闹，爸爸觉得很奇怪。后来在咨询相关专家后，才知道这是秩序敏感期的表现。

思考：

（1）我们应如何正确看待 1 ~ 2 岁幼儿出现的“脾气”？

（2）1 ~ 2 岁幼儿的身心发展有哪些规律和特点？

1 ~ 2 岁幼儿在各方面都有了进一步的发展，他们站立、行走的动作都逐渐熟练，行动能力越来越强，各器官、各系统的发育均较为迅速。其具体表现在以下几个方面。

一、1 ~ 2 岁幼儿生长发育的特点

生长是指身体各器官和系统的长大，是机体在量的方面的变化，如体重增加、身长增长、手脚变大等。发育是指细胞、组织、器官的分化完善和功能成熟，是机体在质的方面的变化，如肾功能、消化功能的增强等。婴幼儿机体始终处于生长发育的动态变化中，且遵循着一定的规律。

（一）体重

体重是婴幼儿身体各器官、系统及体液的总重量，能够明确地反映婴幼儿的营养状况，是衡量婴幼儿体格生长的重要指标。1 岁时其体重大约是出生时的 3 倍，1 岁后体重的增长速度减慢，到 2 岁时的体重约为出生时的 4 倍（12 kg）。测量 1 ~ 2 岁幼儿体重时，我们可以按照下列公式粗略计算：

$$体重（kg）=6+月龄\times 0.25$$

1 ~ 2 岁幼儿可让其采用坐式杠杆秤测量。测量时应注意空腹、排便后脱去衣裤、鞋袜再称量。当天气寒冷或幼儿体温偏低及病重时，可先带包被测量，所测体重减去衣被重量即得幼儿体重。应注意读数精确到 50 g。1 ~ 2 岁幼儿体重标准值如表 5-1 所示。

表 5-1 1 ~ 2 岁幼儿体重标准值①

月龄	体重（kg）	
	男	女
12	7.4 ~ 13.9	6.9 ~ 13.3
15	7.8 ~ 14.7	7.4 ~ 14.2
18	8.3 ~ 15.6	7.9 ~ 15.2
22	9.0 ~ 16.8	8.5 ~ 16.4
24	9.3 ~ 17.4	8.8 ~ 17.0

（二）身长

身长增长规律与体重一致，年龄越小增长越快。1 岁时身长约为 75 cm。出生后的第二年身长增长的速度明显减慢，平均全年增长约 10 cm，到 2 岁时身长约为 85 cm。

1 ~ 2 岁幼儿测量身长时使用标准量板或量床。测量时需要为幼儿脱去帽子、鞋袜及外衣，让幼儿只穿单衣仰卧于量床或量板中线上，测量者位于幼儿右侧将幼儿的头扶正，头顶接触头板，将幼儿的双下肢伸直并拢贴紧底板，移动量床足板接触两侧足跟，读数精确至

① 资料来源：http://www.nhc.gov.cn/ cms-search/downFiles/e38068f0a62d4a1eb1bd451414444ec1.pdf。

0.1 cm。1 ~ 2 岁幼儿身长标准值如表 5-2 所示。

表 5-2　1 ~ 2 岁幼儿身长标准值[①]

月　龄	身长（cm）	
	男	女
12	68.8 ~ 84.6	67.5 ~ 83.0
15	71.7 ~ 88.2	70.5 ~ 86.8
18	74.5 ~ 91.7	73.3 ~ 90.4
22	78 ~ 96.1	76.9 ~ 94.8
24	78.9 ~ 97.5	77.8 ~ 96.2

（三）头围

1 岁时的幼儿头围平均值为 45.6 cm，2 岁时约为 48.3 cm。

测量头围应使用刻度单位为毫米的软尺（软尺应无伸缩性），测量从右侧齐眉弓上缘经过枕骨结节最高点的头部周长为头围。

测量时，脱去幼儿的帽子，整理好头发，可采用坐位或卧位。测量者位于幼儿之前或右方，将软尺零点固定于近侧眉弓上缘，另一手将软尺紧贴头皮，经枕骨结节环绕头部一周再回到起点（软尺在头两侧的水平应一致），记录精确至 0.1 cm。

（四）胸围

1 岁幼儿的头围与胸围基本相等，为 45.6 cm，1 岁以后胸围大于头围。为 1 ~ 2 岁幼儿测量胸围时幼儿应采用卧位，双手自然平放，测量者将软尺上缘经背部双肩胛骨下角下缘绕至胸前，经过乳头上缘使各处软尺轻触皮肤，于幼儿平静呼吸时读数，记录精确至 0.1 cm。

二、1 ~ 2 岁幼儿心理发展的特点

幼儿的心理发展特点主要反映在动作、语言、认知、社会性发展方面。了解不同年龄阶段婴幼儿的心理发展特点，才能进一步根据其心理发展水平进行评估，总结发展规律，从而能够更科学、合理地开展各个阶段的婴幼儿早期教育的亲子游戏活动。

① 资料来源：http://www.nhc.gov.cn/ cms-search/downFiles/e38068f0a62d4a1eb1bd451414444ec1.pdf。

（一）1 ~ 2 岁幼儿动作发展的特点

1 ~ 2 岁幼儿的运动能力有很大提高，尤其是 2 岁的幼儿已经基本掌握大肌肉活动，其动作发展主要以移动运动为主。

13 ~ 18 月龄幼儿的粗大动作发展主要表现为能独立走稳，行走动作日渐稳定和熟练，能由大人牵着上下楼梯，喜欢爬台阶，会弯腰捡东西；精细动作发展主要表现为手眼协调能力的加强，能摆放拼板玩具，能叠套盒，尝试自己洗脸洗手，能把棒状物放入小孔内等。

19 ~ 24 月龄幼儿的粗大动作主要表现为站和走的技能得到进一步完善，能相互配合，能倒退走和侧方向走，开始学会跑并能在跑步时控制速度，会绕开障碍物，能尝试扶着栏杆上下楼梯，能双脚同时离地跳起两次以上等；精细动作发展表现为会拿勺子吃饭，会用线穿珠子等。

（二）1 ~ 2 岁幼儿语言发展的特点

1 岁幼儿经过了一年的语言准备阶段，开始进入学习口语的新阶段。他们开始积极地学习语言，这个时期的语言具有高度的情境性，更多是模仿成人使用简单句表达自己的想法，词义表达和句法表达应用的发音呈现一定的规律性，这个阶段可以看作幼儿语言表达的初始阶段。伴随思维能力的发展、运动能力的增强、活动范围的增加，幼儿的语言表达也开始逐渐丰富起来。

13 ~ 18 月龄幼儿语言发展的特点主要表现为：用单个字代替句子，孩子所说的话更多是模仿成人。

19 ~ 24 月龄幼儿语言发展的特点主要表现为：词汇量大增，开始频繁使用“双词句”，如“喝水水”“吃饭饭”“骑车车”等；从名词、动词居多逐渐发展到语言中出现形容词、副词、个别代词（代词中“我”开始出现）。

（三）1 ~ 2 岁幼儿认知发展的特点

认知发展是随时间推移个体获取知识和解决问题的能力发生变化的过程。婴儿只有感知觉和简单的注意与记忆，1 岁左右开始出现想象力与思维。1 ~ 2 岁的幼儿喜欢以多种方式探索客体；独立诉求日益强烈，如反对变化、发脾气、逆反等；能理解简单的因果关系；能根据感知的特征对熟悉的物品进行简单分类。

13 ~ 18 月龄幼儿认知发展的特点主要表现为感知觉各方面均表现出积极性和能动性，开始进入一个由感知到识别的阶段。

19 ~ 24 月龄幼儿认知发展的特点主要表现为注意、记忆和思维的发展。该阶段的幼儿开始具备完整的认知过程。

（四）1 ~ 2 岁幼儿社会性发展的特点

1 岁以后的幼儿随着动作能力、语言能力的发展、活动范围的扩大，开始表现出强烈的追求小玩伴的愿望。亲子依恋中的依恋行为也更加清晰，会通过微笑、哭闹等各种方式吸引母亲及其他家人的注意。

1 ~ 2 岁幼儿社会性发展的特点主要体现为：能与同伴玩更多的社会游戏，如一起玩球、轮流玩玩具等；幼儿之间开始有了简单的交往，会互相注意、模仿和“对话”；能玩一些社交游戏，如“躲猫猫”。

1 ~ 2 岁幼儿发展水平评估表如表 5-3 所示。

表 5-3　1 ~ 2 岁幼儿发展水平评估

月　龄	动作发展	语言发展	认知发展	社会性发展
13 ~ 18	粗大动作发展的主要特点： 1. 牵着父母的手行走。 2. 手脚并用爬楼梯 1 ~ 2 级。 3. 牵着拖拉玩具到处走。 4. 双臂随大人做上下运动。 5. 喜欢独立行走、玩球、抛球。 6. 登高跳下、跨障碍物、拖着物品行走。 7. 能由大人牵着上下楼梯（两足一级）。 8. 玩追赶游戏。 9. 喜欢爬上椅子或沙发。 10. 向不同方向抛球。 精细动作发展的主要特点： 1. 抓豆子。 2. 能够竖起手指表示 1。 3. 搭堆积木、玩套塔。 4. 找空盒子、小桶等容器并将其装满，模仿成人动作。 5. 用勺子舀米饭。 6. 在纸上涂画。 7. 玩大积木。 8. 将小物体投放到瓶子里。 9. 双手探究物品。	1. 喜欢探索新环境，能够发现新事物。 2. 能模仿成人的词语和动作。 3. 能够指认自己五官中的 2 ~ 3 个或全部。 4. 能够听辨声音，分辨大小。 5. 能够理解简单的语句，并在语句的提示下完成相应的动作。 6. 能够听懂指令。 7. 喜欢翻阅图画书并指点相关图片。 8. 学说他人的名字。 9. 会说 8 ~ 20 个单词。 10. 为所看到的物品命名。 11. 能发有复杂声调的几个音节。	1. 喜欢以多种方式探索客体。 2. 会指认身体某个部位。 3. 独立的诉求日益强烈，如反对变化、发脾气、逆反等。 4. 能理解简单的因果关系。 5. 能根据感知的特征对熟悉的物品进行简单分类。	1. 经常说“谢谢”等礼貌用语。 2. 开始理解并遵从成人的行为准则和规范。 3. 情绪容易受感染，看到别的小朋友哭的时候，表现出痛苦的表情或跟着哭。 4. 能在镜子中认出自己，并叫出自己的名字。 5. 能够听从劝阻。

续表

月　龄	动作发展	语言发展	认知发展	社会性发展
19 ~ 24	大动作发展的主要特点： 1. 喜欢爬上、爬下。 2. 能够侧身走、倒着走。 3. 向不同方向抛球。 4. 追球跑。 5. 用脚尖走路。 6. 双脚离地跳。 7. 喜欢奔跑。 8. 自己扶着栏杆上下楼梯。 9. 跳上、跳下台阶。 10. 喜欢“躲猫猫”游戏。 11. 攀登、跳跃。 精细动作发展的主要特点： 1. 玩橡皮泥。 2. 拿勺子吃饭。 3. 会脱鞋袜。 4. 堆 2 ~ 6 块积木。 5. 学折纸、叠手帕。 6. 大小便时自己拉下裤子。 7. 用笔连线作画。 8. 用线穿珠子。	1. 能使用双词句。 2. 词汇量开始增加，能够执行两个以上动作的指令，例如“请把苹果拿给我”。 3. 能理解 1 ~ 2 个方位名词。 4. 能够指认身体的部位。 5. 学唱儿歌。 6. 开始使用代词“我”，进入人生第一个逆反期。 7. 会使用 20 ~ 50 个词语进行日常对话。 8. 说到自己时，能说出自己的名字。	1. 会根据要求指认物体。 2. 能根据形状、颜色和气味对物品进行分辨物体。 3. 能从照片和镜子中辨认出自己。 4. 出现延迟模仿。 5. 参加功能性游戏。 6. 能找出不在眼前的物体。 7. 能用内在图式解决问题。 8. 能通过性别、头发颜色等将自己与他人区分开来。	1. 与人交往能力增强，较少表现出不友好和敌意。 2. 会帮家长做事，如收拾玩具等。 3. 别人提到自己名字时，能够意识到谈论的是自己。 4. 能够听从母亲的指示，会为了让母亲高兴而听从指令。 5. 与父母有分离恐惧。

三、1 ~ 2 岁幼儿的养育要点

1 ~ 2 岁幼儿在各方面变化都很大，给父母带来烦恼的同时也不断带来惊喜。父母应该根据宝宝的发育特点进行有效养育，在养育过程中给予幼儿适度的引导，让他们在探索的道路上快乐成长。

在喂养方面，应停用奶瓶吸吮，提供杯子让幼儿喝水（奶），顺利度过断乳期。年满 1 岁的幼儿，乳牙渐次出齐，咀嚼和消化能力也更强，应特别注意蛋白质、脂类、糖类、水、膳食纤维、矿物质和维生素七种营养素的摄入。1 ~ 2 岁幼儿常见食物摄入量参考标准如表 5-4 所示。

表 5-4　1 ~ 2 岁幼儿常见食物摄入量参考标准

食　物	摄入量（g）
盐	0 ~ 1.5

续表

食　物	摄入量（g）
油	5 ~ 15
鸡蛋	25 ~ 50
肉禽鱼	50 ~ 75
蔬菜	50 ~ 100
水果类	50 ~ 150
谷类	50 ~ 100

另外，基于生理及心理各器官的生长发育，1.5 ~ 2 岁的幼儿具备了控制小便和大便的基础。父母应根据幼儿大、小便的实际间隔时间，提前几分钟提醒幼儿，并在固定时间提醒幼儿使用坐便盆。

在动作发展方面，家长应提供机会让幼儿练习独立行走、下蹲、扶栏杆上下楼梯等。一方面可以发展幼儿身体的平衡能力与灵活性，另一方面可以锻炼幼儿身体的协调性和手腕的力量、手指的控制力，进一步发展幼儿的手眼协调能力。

在语言发展方面，幼儿初学说话时积极性并不是很高，他只有对事物有一定理解能力且心情愉快时才喜欢说话。因此，这一阶段家长应为幼儿提供其喜欢的玩具，组织亲子游戏活动时要给幼儿提供更多的语言表达机会，促进幼儿尽快掌握使用语言的能力。

在认知发展方面，家长应帮助幼儿认识周围事物，发展幼儿的观察力和概括能力；提供机会让幼儿感知生活环境中的花草树木及人和物，初步建立实物和图片、物体和词语之间的联系。

在社会性发展方面，1 岁的幼儿开始区分自己的动作和动作的对象，并进一步区分自己和自己的动作。家长应在这一阶段帮助幼儿认识自我，家人的陪伴与鼓励能够给予幼儿足够的安全感。

任务二　掌握 13 ~ 18 月龄幼儿亲子游戏活动的设计与指导

任务目标

能根据 13 ~ 18 月龄幼儿身心发展的特点，设计适当的亲子游戏活动，并能够为动作发展、语言发展、认知发展、社会性发展等活动的开展提供帮助与指导。

案例导入

俗话说："三抬头、四翻身、五六趴、七坐八爬九扶站，十一推车满屋转，十二独站企鹅走，两岁跑、三岁跳，宝宝运动很重要。"这说的是婴幼儿动作发展的规律与特点。每个阶段的婴幼儿大致都遵循这样的发展规律，但由于每个宝宝生长发育的特点与教养环境有所不同，每个幼儿又不完全遵循这个规律。

洋洋已经 13 个月了，可是他的爬行还是不太好。洋洋妈妈向几个关系很好的宝妈咨询，得知她们的孩子不到 8 个月就会爬行了。这下洋洋妈妈更着急了，心想：难道是洋洋发育迟缓。于是，洋洋妈妈带着洋洋到儿童医院进行专业问诊和咨询。经过医生的专业观察与诊断，医生告诉洋洋妈妈目前洋洋的生长发育一切正常，只是爬行方面比较薄弱。医生问洋洋妈妈："平时有特别给宝宝做练习吗？"洋洋妈妈回忆道："在比较小的时候，每次洗澡前和洗澡后会给洋洋做抚触和做操。对于运动练习，洋洋主要是姥姥看护，所以一般是孩子自己玩耍。"医生通过评估提醒洋洋妈妈："家长需要根据婴幼儿的动作发展特点训练婴幼儿的运动能力，洋洋现在不能较好地爬行，主要是由于上肢肌肉力量较为薄弱，也可能是冬天穿的衣服比较厚，影响他的活动。今后可以让洋洋多做一些粗大动作的爬行练习和上肢力量的练习。"

什么是粗大动作练习？怎样开展爬行练习？洋洋学会爬行之后还要学什么？洋洋妈妈还是一头雾水。

我们知道，每个幼儿的体质不同，生长发育水平也会有所差异，而早期教育是一个循序渐进的过程。家长应厘清幼儿粗大动作发展的顺序和指导方法，从而更好地指导宝宝，也可以带宝宝去相关早教托育机构进行专业、专项的练习，促进宝宝的全面发展。

思考：

（1）面对医生提出的建议，如果你是洋洋妈妈，你会怎么做？

（2）你知道如何指导这个阶段的幼儿开展爬行活动吗？

一、13 ~ 18 月龄幼儿动作发展亲子活动的基础知识和设计与指导

（一）基础知识

1 岁后幼儿的动作由移动运动向基本运动技能过渡。此阶段幼儿的站立、行走动作逐渐熟练，行动能力也越来越强。逐步增强的行动能力帮助幼儿扩大了活动的范围，使幼儿能够在更广阔的空间进行自由探索互动。因此，13 ~ 18 月龄幼儿的动作发展训练可以扩大活动的范围，不仅可以在室内（家中），而且还可以在户外。

（二）亲子游戏活动设计与指导实例

活动一：宝宝上楼梯（粗大动作训练）

1. 活动目的

增强宝宝用一只手握住家长的手指走上或走下楼梯的能力。

2. 活动准备

楼梯、相对安全的环境。

3. 活动过程

（1）家长利用楼梯作为道具，把宝宝放在一段楼梯上。

（2）家长站在宝宝身旁，让宝宝用一只手握住自己的手指，对宝宝说“宝宝，咱们一起走上楼梯”，引导宝宝用一只手握着家长的手指走上楼梯，如图 5-1 所示。

图 5-1　宝宝上楼梯

4. 活动的注意事项

（1）宝宝下楼梯时双脚以上保持平衡，一只脚或双脚踏在一级台阶上，或连续交替落脚。

（2）家长应做好示范动作。

（3）在宝宝失去平衡时，家长应做好保护宝宝的准备。

5. 活动的延伸意义

可加强宝宝下肢活动能力的锻炼；在亲子游戏活动中，家长注意与宝宝就活动内容进行交流，增强宝宝的交流能力；在相对安静、安全的环境下，加强宝宝的安全意识与自我保护意识。

活动二：小豆子，晃起来（精细动作训练）

1. 活动目的

发展宝宝手眼协调能力，宝宝能抓握勺子，并用勺子将豆子准确地舀入碗中。

2. 活动准备

黄豆若干、勺子、贴有小兔子贴图的碗。

3. 活动过程

（1）妈妈向宝宝介绍碗和黄豆，并说："宝宝！我们来玩舀豆子的游戏。"

（2）妈妈教宝宝用拇指、食指、中指握住勺子的柄，用勺子从装有豆子的碗中把豆子舀起来，放入另一个贴有小兔子贴图的碗中。

（3）妈妈和宝宝比赛，看看谁先将小兔子喂饱。妈妈根据宝宝舀豆子的情况，及时进行正确的引导，宝宝将豆子准确舀入碗中时应及时给予表扬和肯定。

（4）舀完豆子后，妈妈引导宝宝拿起碗摇一摇，听听豆子发出的清脆的声音。将豆子倒出来，重复游戏，练习抓握和舀放的动作，如图 5-2 所示。

图 5-2 小豆子，晃起来

4. 活动的注意事项

（1）当宝宝将豆子舀进碗中时，家长要及时鼓励。

（2）使用的豆子应该是新鲜的，应用洗涤剂将碗洗干净。

（3）家长要看护好宝宝，不要让他把豆子放入嘴、鼻以免引起危险。

5. 活动的延伸意义

家长以一定的节奏律动摇晃小碗，配合语言交流，帮助宝宝建立与人、物交流的技巧。延伸到生活中，就餐时父母可以给宝宝小勺子，让宝宝自己用勺子进餐。

二、13～18月龄幼儿语言发展亲子活动的基础知识和设计与指导

（一）基础知识

语言发展主要分为语音练习和语音知觉、手势语，其中，语音练习以听音的表达和语音表达为主。13～18月龄幼儿语言发展的明显特点就是用单个字代替句子，语言具有高度的情境性，所说的话更多是模仿成人。此阶段幼儿理解词语的能力大大增强，能够理解常见的名词（如苹果、鸡蛋等）及动词（走、坐），幼儿的词汇量快速增加，并且能用有限的词语表达自己的需求。因此，家长应提供更多机会让幼儿感知生活环境中的人、物、花草和树木，初步建立实物和图片之间的联系。

该阶段幼儿往往会用一个单词来表示一个句子的信息。例如，幼儿在叫“妈妈”时，这个词往往代表多种意思，可能是要吃东西或者是想出去玩。因此，该阶段幼儿所表达的意思不完全准确，家长应引导幼儿正确地使用词语，给幼儿更多表达、练习的机会。

（二）亲子游戏活动设计与指导实例

活动一：香香甜甜的水果

1. 活动目的

让宝宝认识生活中常见的水果，乐意听别人说话，能大胆说出水果的名称。

2. 活动准备

生活中常见的水果（如香蕉、苹果等），垫子。

3. 活动过程

（1）家长和宝宝面对面地坐在舒适的垫子上，家长拿出准备好的水果，问宝宝：“你知道这个是什么水果吗？”

（2）“这个是又大又圆的红苹果。”家长正确示范回答，引导幼儿开口说。

（3）当宝宝说出“果果”时，家长要及时鼓励：“宝宝你说得太好了！”

（4）当宝宝认识水果后，家长可以用水果卡片帮助宝宝进一步熟悉和掌握，如图5-3所示。

4. 活动的注意事项

（1）注意引导宝宝进行语言表达，鼓励幼儿开口说话。

（2）家长要给予宝宝正确的语言示范。

5. 活动的延伸意义

使用幼儿在生活中常见的水果，可以帮助幼儿积累词汇，激发幼儿模仿的兴趣，增进幼儿与家长的情感交流；让幼儿在活动中感受、体验，也能更好地调动幼儿的感官和语言认知能力，激发幼儿学习语言的积极性。

图 5-3　香香甜甜的水果

活动二：小狗汪汪

1. 活动目的

激发宝宝主动开口、发音的兴趣，提升宝宝的发音能力；让宝宝学会用短句进行自我介绍，体验交朋友的快乐。

2. 活动准备

小狗或小羊的图片及头饰。

3. 活动过程

（1）家长创设游戏情境。

（2）家长拿出小狗的图片，帮助幼儿了解小狗的叫声，如图 5-4 所示。

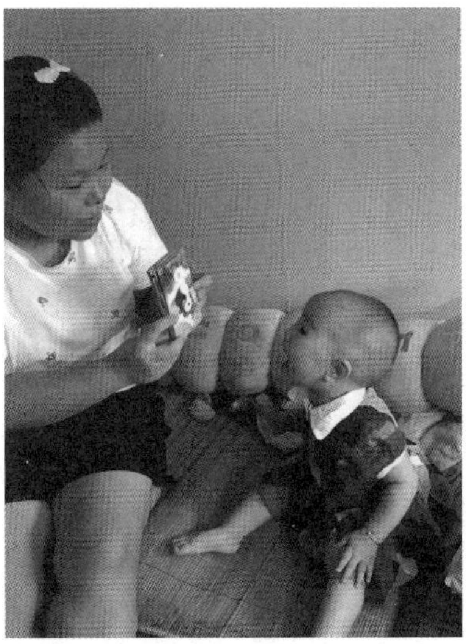

图 5-4　小狗汪汪

（3）家长和幼儿一起进行角色扮演。

4. 活动的注意事项

（1）注意引导幼儿发出“汪汪”的声音。

（2）在戴小狗头饰的过程中，家长要帮助幼儿，保护幼儿安全，避免头饰戳到幼儿的眼睛。

5. 活动的延伸意义

13 ~ 18 月龄幼儿会用少量词组成的短语或短句进行简单的交流。家长通过创设情境，能增加亲子活动的新奇感，开启幼儿语言和想象的大门。

三、13 ~ 18 月龄幼儿认知发展亲子活动的基础知识和设计与指导

（一）基础知识

13 ~ 18 月龄幼儿的语言发展和记忆发展开始对个体产生影响，这标志着该阶段幼儿的认知进入一个新的发展阶段。家长可以依据幼儿的探索兴趣创设丰富的环境，启发幼儿自主学习。通过视觉、听觉、触觉和前庭平衡方面的活动练习，幼儿可以很好地提高感觉统合能力。

（二）亲子游戏活动设计与指导实例

活动一：说说唱唱

1. 活动目的

引导幼儿认识沙蛋并感知音乐律动，在活动中增强亲子情感。

2. 活动准备

相对安静的环境、沙蛋（见图 5-5）、背景音乐、垫子。

图 5-5　沙蛋

3. 活动过程

（1）家长与幼儿坐在垫子上。家长出示小沙蛋，告诉宝宝它的颜色，可以说“和太阳一样的颜色，红红的”。

（2）家长指导宝宝抓握沙蛋并摇晃沙蛋。沙蛋发出声音，家长要激发宝宝玩耍的兴趣，可以说“这是什么？小沙蛋会发出有趣的声音呢”。

（3）播放背景音乐（如儿歌《宝贝宝贝》等），邀请宝宝一起跟着音乐摇晃沙蛋、做动作（可以说“宝宝请你跟我一起做”），随着音乐节奏律动起来。

4. 活动的注意事项

（1）家长应引导宝宝正确抓握沙蛋。

（2）家长应引导宝宝随着音乐节奏晃动沙蛋。

（3）鼓励宝宝大胆模仿家长的动作。

5. 活动的延伸意义

沙蛋或能发出声音的小玩具能刺激幼儿的认知发展，增加活动的新奇感。家长的示范和幼儿的模仿也能开启幼儿感知和想象的大门。

活动二：水果配一配

1. 活动目的

让宝宝认识常见的水果，说出水果的名称并正确匹配卡片。

2. 活动准备

苹果、梨、橘子等常见水果及其卡片。

3. 活动过程

（1）家长逐个出示苹果等水果，请宝宝摸一摸、闻一闻。

（2）家长出示卡片，请宝宝说出卡片中水果的名称：“看，这是什么水果？”

（3）家长邀请宝宝给水果找朋友配对：“宝宝，你能找到香蕉和香蕉卡片做朋友吗？”

（4）家长邀请宝宝为苹果和橘子找到相应卡片配对，如图5-6所示。当宝宝配对成功时，家长要及时鼓励：“宝宝观察得真仔细！”帮助宝宝建立自信心。

图5-6　水果配一配

4. 活动的注意事项

（1）水果的种类不宜过多，以幼儿常见的水果为主。

（2）当宝宝将水果与卡片配对成功时，家长应及时鼓励，激发宝宝参与游戏的兴趣。

5. 活动的延伸意义

在水果配对的亲子游戏中，通过触觉、听觉的练习，幼儿能进一步提高认知能力。家长及时对幼儿给予鼓励，能培养幼儿自信、大胆的优秀品质，有利于幼儿身心健康成长。

四、13 ~ 18 月龄幼儿社会性发展亲子活动的基础知识和设计与指导

（一）基础知识

13 ~ 18 月龄幼儿的自主意识开始增强，如对镜子中的自己很感兴趣，听到自己的名字会有意识地回应成人，开始有自己想要的东西和想做的事。同时，幼儿与父母之间建立起稳固的依恋关系，这一阶段的亲子游戏互动主要在于增强幼儿的自我意识，帮助幼儿认识自我、理解他人意图等。

（二）亲子游戏活动设计与指导实例

活动一：照镜子

1. 活动目的

让宝宝认识自己的身体形象，和家长一起体验互动的乐趣。

2. 活动准备

镜子（见图 5-7）、相对安静的环境。

3. 活动过程

（1）家长和宝宝一起来到镜子跟前，让宝宝自发地触摸镜子中的家长和自己。

图 5-7　照镜子

（2）家长问宝宝："宝宝在哪里？""妈妈在哪里？"并观察宝宝的反应。

（3）家长对着镜子做表情，让宝宝模仿。

（4）家长抬起宝宝的手和脚，让宝宝看看镜子里的宝宝的手和脚，引导宝宝认识自己的身体。

4. 活动的注意事项

（1）家长应注意引导幼儿认识自己，发现自己和家长的区别。当幼儿能正确

认识自己时，家长需及时给予表扬和鼓励。

（2）注意活动的趣味性，可以根据宝宝的熟练程度编儿歌进行互动。

5. 活动的延伸意义

通过镜子中的人物外形特征，幼儿能够加深和巩固对自我和他人形象的认知，促进自我认知发展。在互动过程中，家长能够加深与幼儿的情感联系。

活动二：摇摇小沙锤

1. 活动目的

幼儿能较大胆地参与活动，听到自己的名字能做出反应。

2. 活动准备

小沙锤两个、背景音乐、垫子。

3. 活动过程

（1）家长与宝宝面对面地坐在垫子上。

（2）家长出示小沙锤（见图5-8），和宝宝打招呼：“宝宝好，我是小沙锤，听到自己名字的宝宝赶快和我交朋友吧！”引发宝宝参与活动的兴趣。

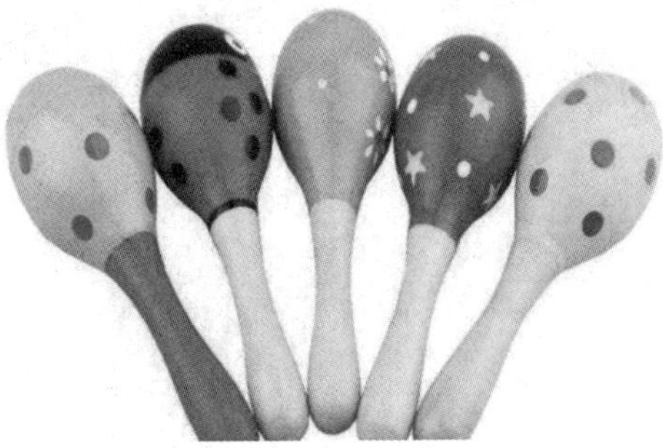

图5-8　小沙锤

（3）家长说出幼儿的名字，提醒宝宝安静地倾听并做出反应（在家长的鼓励下摇晃小沙锤）。

（4）在幼儿能够准确回应家长的指引后，家长放出背景音乐（儿歌《小雨沙沙》），带着宝宝有节奏地摇晃小沙锤。

4. 活动的注意事项

（1）提醒宝宝在活动过程中安静地倾听。

（2）家长模拟情境时，表情和动作要夸张，并引导宝宝一起参与表演。

5. 活动的延伸意义

幼儿在活动过程中开始表现出强烈的自我意识。家长应多陪伴幼儿，利用亲子游戏活动增进亲子感情，积极回应幼儿的需求，满足幼儿安全感的需要。

活动三：找五官

1. 活动目的

宝宝能根据指令正确地找到自己的五官。

2. 活动准备

认识五官的知识和经验、儿歌《小手拍拍》音乐。

3. 活动过程

（1）家长与宝宝依偎在一起，轻声对宝宝说："宝宝，我今天带来了一首好听的儿歌，我们一起来听一听吧！"让宝宝初步感知儿歌。

（2）家长帮助宝宝理解指令，并示范指出相应的部位。"小手拍拍，手指伸出来，鼻子在哪里？"重复提问不同的五官，让宝宝指认。

（3）家长和宝宝一起在音乐的律动下玩"找五官"的游戏。

（4）在宝宝熟悉五官后，引导宝宝尝试找找不同的部位，如图 5-9 所示。

图 5-9　找五官

4. 活动的注意事项

（1）在游戏过程中注意语速，多为宝宝提供示范，帮助宝宝丰富语言。

（2）在宝宝能够正确指认眼睛、鼻子、耳朵、嘴巴后，家长应及时给予鼓励。

（3）注意跟着音乐的律动开展游戏延伸活动。

5. 活动的延伸意义

让幼儿在活动中多听、多体验，可以调动幼儿的多种感官；借助音乐和动作指令，可以激发幼儿学习语言的积极性。

任务三 掌握 19 ~ 24 月龄幼儿亲子游戏活动的设计与指导

任务目标

能根据 19 ~ 24 月龄幼儿身心发展的特点设计适当的亲子游戏活动，为幼儿动作发展、语言发展、认知发展、社会性发展等活动的开展提供帮助与指导。

案例导入

在某托育机构内，小朋友们正开心地做游戏，王老师发现毛毛一个人在玩耍，于是过去和他打招呼："毛毛你好，我陪你一起玩好吗？"毛毛严肃地说："不。"王老师继续引导道："我想和你做朋友，我们可以握个手吗？"毛毛继续说："不。"王老师继续满带笑意地询问："那我去拿小玩具给其他小朋友，也给你拿一个好吗？"毛毛说："不。"实际上毛毛也接受了王老师拿来的小玩具。

思考：

（1）毛毛为什么总是说"不"呢？这反映了幼儿哪方面的发展特点？

（2）如果你是王老师，你会怎样对待毛毛的行为？

19 ~ 24 月龄幼儿的粗大动作、精细动作、体能、认知、自我意识等得到进一步的发展。我们应正确认识该阶段幼儿身心发展的特点与规律，帮助幼儿健康成长。

一、19 ~ 24 月龄幼儿动作发展亲子活动的基础知识和设计与指导

（一）基础知识

19 ~ 24 月龄的幼儿已基本掌握大肌肉活动，如站、走、跑、蹦和跳。在粗大动作方面，该阶段的幼儿能够独脚站立数秒，可以在父母的协助下走平衡木和斜坡；在精细动作方面，该阶段的幼儿手眼协调能力得到进一步发展，能进行拇指与食指、中指的对捏活动。因此，该阶段幼儿的亲子游戏活动主要体现为发展幼儿身体的灵活性与手指的控制能力。

（二）亲子游戏活动设计与指导实例

活动一：宝贝向前跑

1. 活动目的

发展幼儿一口气向前跑的能力，增强幼儿的身体灵活性。

2. 活动准备

安全宽敞的环境，泡泡机或娃娃等逗引玩具。

3. 活动过程

（1）家长站在距幼儿 2 ~ 3 m 远的地方，对幼儿说："宝宝，快跑到妈妈（爸爸）这里来！"

（2）家长引导幼儿跑过来，如图 5-10 所示。

图 5-10　宝贝向前跑

4. 活动的注意事项

（1）幼儿能跑步而不失去平衡的姿势如下：双肘屈曲，双臂与双腿运动方向相反，双腿膝关节屈曲约 90°，脚落地的顺序为先脚趾、后脚跟，同一时间只能有一只脚与地面接触。

（2）家长应做好示范动作，应注意做好在幼儿失去平衡时保护幼儿的准备。

5. 活动的延伸意义

"宝贝向前跑"这个亲子游戏活动能够让幼儿体验大运动游戏带来的快乐，同时能进一步锻炼幼儿的前庭平衡能力；在游戏互动中，能够培养幼儿对家长的信赖，增进亲子亲密度，有助于建立良好的亲子关系。

活动二：积木搭高

1. 活动目的

发展宝宝凭短时记忆搭高 6 块积木的能力，促进宝宝手部精细动作进一步发展。

2. 活动准备

6 块边长为 2.5 cm 的正方体积木。

3. 活动过程

（1）宝宝坐在桌边，家长对宝宝说"宝宝，看妈妈（爸爸）搭高 6 块积木"，并示范将

6块正方体积木陆续搭高。

（2）保留搭好的6块积木5秒，之后推倒它。

（3）把6块正方体积木给宝宝，并说“宝宝像妈妈（爸爸）刚才那样，搭高6块积木”，引导宝宝搭好积木，如图5-11所示。

图5-11　积木搭高

4. 活动的注意事项

（1）家长应做好积木搭高的示范动作。

（2）当宝宝正确搭放积木时，妈妈要及时说“你真棒”来鼓励宝宝。

（3）要照护好宝宝，不要让宝宝把积木放入嘴中，否则会有窒息的风险。

5. 活动的延伸意义

“积木搭高”游戏不仅能够锻炼幼儿手部精细动作，而且还能促进幼儿的注意力、观察力与手眼协调能力的提高，能够为接下来幼儿剪纸、拼图等活动做好充分准备。

二、19～24月龄幼儿语言发展亲子活动的基础知识和设计与指导

（一）基础知识

19～24月龄幼儿的语言发展进入飞跃期，他们有着非常强烈的求知欲，表达的积极性高涨，理解能力不断增强。此阶段的幼儿经常会问“这是什么”“那是什么”“它们有什么用”等，家长应耐心回答。此阶段的幼儿开始进入人生第一个反抗期，心理和行为上的独立使他们经常通过语言进行表达。家长应借助各种物品、借助各种形式激发幼儿学习语言的积极性。

（二）亲子游戏活动设计与指导实例

活动：给宝宝讲故事

1. 活动目的

让宝宝体验听故事的乐趣，刺激宝宝语言的发展。

2. 活动准备

柔软的地垫或床、绘本故事、舒缓的音乐。

3. 活动过程

（1）妈妈和宝宝一同坐在床上，拿着图画书给宝宝讲书里的故事。

（2）妈妈讲故事的时候要绘声绘色，迎合宝宝的兴趣；宝宝指指点点的时候，妈妈要帮忙解释。在讲故事的过程中，妈妈可以偶尔和宝宝互动一下，吸引宝宝的注意力，如图 5-12 所示。

图 5-12　给宝宝讲故事

4. 活动的注意事项

（1）给宝宝选择合适的故事，故事的情节要简单，语言要有节奏和趣味性，易于宝宝接受。

（2）针对宝宝感兴趣的故事部分，要多重复、多互动。

（3）针对宝宝的提问要耐心回应。

（4）要掌握好讲故事的时间。

5. 活动的延伸意义

丰富的故事情节和绘声绘色的故事讲解可以进一步刺激幼儿的语言发展，家长恰当的表现与情感回应也能加强幼儿对家长的依恋。

三、19 ~ 24 月龄幼儿认知发展亲子活动的基础知识和设计与指导

（一）基础知识

19 ~ 24 月龄幼儿在认知领域会产生“表象认知”心理现象。受“表象认知”影响，当眼前的事物与其表象出现矛盾或巨大差异时，幼儿会产生最大限度的注意。形象记忆伴随着表象发生，通常以表象形式存在，是对客观事物的形状、大小、体积、颜色等具体形象和外貌的描画。

（二）亲子游戏活动设计与指导实例

活动一：车型配对

1. 活动目的

让宝宝学习、认识车的特征，愿意尝试根据外形辨认不同车型的名称。

2. 活动准备

有各种车型的绘本。

3. 活动过程

（1）家长邀请宝宝一起玩游戏。

（2）家长出示画有不同车型的绘本，用手指着各种车型并模仿各种车发出的声音问宝宝：“宝宝你看，这是什么车车？”

（3）引导宝宝认识各种车型并说出车型的名称。

（4）引导宝宝认识不同车型的显性特征，如图 5-13 所示。

图 5-13　车型配对

4. 活动的注意事项

（1）观察宝宝的游戏情况，若宝宝能很好地区分几种车型，则可以增加种类，提高游戏的难度。

（2）在宝宝第一次对车进行分类时，应及时鼓励，使宝宝建立自信心。

5. 活动的延伸意义

开展车型配对亲子游戏，可以锻炼幼儿的记忆力；家长模仿各种车发出的声音，可以进一步增强活动的趣味性，锻炼幼儿的形象记忆能力。

活动二：谁不见了

1. 活动目的

让宝宝清晰记忆小动物的特征或位置，用语言表达自己观察的结果。

2. 活动准备

各种动物的摆件、毛毯。

3. 活动过程

（1）家长："宝宝，今天森林里的小动物来我们家做客，它们想跟你玩'谁不见了'的游戏，宝宝开心吗？"

（2）家长向宝宝一一介绍森林里的小动物。

（3）家长出示毛毯，把小动物盖住，问："是谁跑走不见了？"家长一边说，一边拿走一个小动物藏在身后。

（4）家长揭开毛毯，请宝宝仔细观察，找一找谁不见了。

（5）交换小动物的位置，变换游戏玩法，如图 5-14 所示。

图 5-14　谁不见了

4. 活动的注意事项

（1）游戏道具，如小动物等，应是宝宝知道其名称的。

（2）小动物摆件的多少可以根据宝宝年龄来确定，也可以从两个开始，逐渐增加小动物的数量。

5. 活动的延伸意义

“谁不见了”的游戏活动可以促使幼儿集中注意力进行观察，发展幼儿的注意力与记忆力。

四、19～24月龄幼儿社会性发展亲子活动的基础知识和设计与指导

（一）基础知识

19～24月龄幼儿自我意识的发展主要体现为客体自我逐渐成熟，开始称呼自己为“我”；社会性交往的主动性提高，愿意与家庭之外的人交往和接触；在生活上有一定的自理能力，如能独立吃饭，并有一定的自控能力。

（二）亲子游戏活动设计与指导实例

活动一：送玩具宝宝回家

1. 活动目的

培养宝宝辨别物体的能力，并能把玩具送回家。

2. 活动准备

装有小汽车、皮球、积木、图书、娃娃等的玩具箱。

3. 活动过程

（1）家长先引导宝宝熟悉常见的玩具。家长出示娃娃，引导宝宝学说：“可爱的娃娃，送回家！”（家长依次出示各个玩具）

（2）家长一边说，一边双手轻拿玩具并将其放入玩具箱，同时邀请幼儿模仿妈妈的动作送玩具回家。

（3）收拾好玩具后，家长可以模拟玩具箱的语气说“谢谢送我的宝贝们回家”，如图5-15所示。

4. 活动的注意事项

（1）家长应做好示范。

（2）在宝宝完成“送玩具回家”的游戏活动后，家长应及时给予鼓励。

5. 活动的延伸意义

开展该游戏，可以逐渐培养幼儿的独立性以及主动帮助他人的意愿和能力。

图 5-15　送玩具宝宝回家

活动二：你好，我的朋友

1. 活动目的

培养宝宝与人交往的能力。

2. 活动准备

找到有同龄小朋友的街心公园、社区等。

3. 活动过程

（1）家长可以带宝宝到社区或街心公园与小朋友一起玩耍。

（2）家长先给小朋友介绍宝宝的乳名，并让宝宝记住小朋友的乳名。

（3）家长引导宝宝和小朋友一起玩耍，会走路的宝宝喜欢与小朋友一起玩，如图 5-16 所示。

4. 活动的注意事项

（1）应注意创造户外活动条件，让宝宝与小朋友接触。

（2）应特别注意宝宝在游戏活动中的安全问题。

5. 活动的延伸意义

幼儿可以在活动中学习区分“我”“你”，并管理自己的行为；在与小朋友的交往中，能享受游戏的快乐，并学会分享。

图5-16　你好，我的朋友

课后巩固与练习

一、单项选择题

1.（育婴员考试真题）大动作训练时要随时用（　　）和语言与幼儿进行沟通。

A. 表情　　B. 手势

C. 体态语　　D. 音乐

2. 19～24月龄幼儿粗大动作发展主要表现为（　　）。

A. 喜欢被扶立跳跃　　B. 能够双脚离地跳跃

C. 能坐稳　　D. 扶物能站稳

3.（幼儿照护职业技能考试真题）下列食物不可作为1～2岁幼儿食物的有（　　）。

A. 薯类　　B. 水果蔬菜

C. 肉禽鱼类　　D. 鸡蛋

4.（2016年上半年幼儿园教师资格证考试真题）1岁半的幼儿想给妈妈吃饼干时，会说"妈妈""饼饼""吃"，并把饼干递过去，这表明这个阶段的幼儿语言发展呈现的一个主要特征是（　　）。

A. 电报句　　　　　　　　　　B. 完整句

C. 单词句　　　　　　　　　　D. 简单句

5. 以下（　　）属于 13 ~ 18 月龄幼儿的认知发展能力。

A. 可以认识并指认自己的五官

B. 知道人面生熟

C. 能区分物体的轻重

D. 会数 10 以内的数

6. 要锻炼幼儿的空间认知，可以选择（　　）玩具。

A. 颜色卡片　　　　　　　　　B. 绘本

C. 汽车玩具　　　　　　　　　D. 形状盒

二、简答题

1. 简述 13 ~ 18 月龄幼儿语言发展的特点。

2. 简述 19 ~ 24 月龄幼儿认知、社会性发展的趋势和特点。

三、论述题

根据以下游戏活动的设计，分析该游戏适合的年龄段，并论述该游戏设计的目的和意义。

妈妈和宝宝在家里玩涂涂画画游戏。妈妈引导宝宝观察："这是什么？它由哪些颜色组成呢？猜猜它是用什么画出来的？"妈妈首先示范画画以引起宝宝参与游戏的兴趣，接着仔细观察和指导宝宝用手指握好画笔进行按压式点画，最后展示宝宝的作品，让宝宝感受作画的乐趣。

四、实训项目

案例一：米粒宝贝 1 岁半了，最近妈妈发现宝宝有些"霸道"。看到别人手里的玩具或食物，米粒宝贝总是毫不客气地去夺，特别是在早教机构中，如果她喜欢的玩具别的宝宝不给的话，她还会去抢，甚至把别的宝宝弄哭了。爸爸妈妈都很担心，不知如何是好。

案例二：当当宝贝已经 15 个月了，但还不能在爸爸妈妈的帮助下很好地上下楼梯。这可急坏了当当的爸爸妈妈，他们担心当当的运动能力发展得不好，甚至怀疑当当其他方面出问题了。

依案例设计亲子游戏活动方案，填写表 5–5 和表 5–6。

表 5–5　1 ~ 2 岁幼儿亲子游戏活动的设计方案

<table>
<tr><td>班　　级</td><td></td><td>姓　　名</td><td></td></tr>
<tr><td>时　　间</td><td></td><td>地　　点</td><td></td></tr>
<tr><td>活动目标</td><td colspan="3">（1）掌握 1 ~ 2 岁幼儿身心发展特点。
（2）能为 1 ~ 2 岁幼儿组织、设计适合的亲子游戏活动。
（3）能够针对幼儿的不同情况，进行亲子游戏活动指导。</td></tr>
<tr><td>活动内容</td><td colspan="3">（1）将全班学生分成若干小组，每组 4 ~ 6 人，以小组为单位模拟托育机构环境。
（2）学生在校内教师和企业导师的指导下，为案例中两名小宝贝的家长进行亲子游戏活动指导，并撰写亲子游戏活动设计方案。
（3）学生将亲子游戏活动设计方案制成汇报 PPT，并由小组代表进行方案展示及解说。
（4）校内教师根据活动实施评价表进行评价总结，如表 5-6 所示。</td></tr>
<tr><td>活动要求</td><td colspan="3">（1）小组成员分工明确，互相协作。
（2）小组成员开展活动时须遵循校内教师和企业导师的指导。
（3）各组学生应互相学习，互相配合。
（4）学生根据活动内容要求，完成相应的任务。</td></tr>
<tr><td>活动考核</td><td colspan="3">（1）各组完成一份亲子游戏活动设计方案。
（2）各组制作一份汇报 PPT。
（3）各组派一名代表汇报工作，并用汇报 PPT 进行展示。
（4）评价各组的表现，进行校内教师评价、双师教师评价、组间评价、自评。</td></tr>
<tr><td>活动总结</td><td colspan="3"></td></tr>
<tr><td>评　　语</td><td colspan="3"></td></tr>
<tr><td>成　　绩</td><td></td><td>指导教师</td><td></td></tr>
</table>

表 5-6　亲子游戏活动实施评价 1

评价标准	分　值	分数总计	校内教师评分	双师教师评分	组间评分	自评分
方案符合育龄段婴幼儿发展水平，能体现亲子活动主体性	30					
活动方案具有可行性	30					
汇报 PPT 制作精美，解说清晰	20					
小组分工明确，成员积极参与	20					

项目六　2～3岁幼儿家庭亲子游戏活动指导

思政课堂

用心坚守　用爱育人

2～3岁是幼儿心理发展过程中的一个比较重要的转折期，心理学家称这一时期为人生“第一反抗期”。不少家长感到2～3岁幼儿不听话、不服管、脾气大。家长要根据该年龄段幼儿的身心发展特点实施正确的教育，这样幼儿家庭教育才能成功。

2～3岁幼儿自我意识的发展一方面表现为行为的向外扩张，即通过各种方式试探行为的界限，另一方面表现为行为的自我约束，婴幼儿在行为扩张的过程中不断反思，与社会规则发生碰撞，最终学会自我约束，成为一个被社会接受的人。2岁以后，幼儿自我约束的能力增强，他们能与更多的人友好相处。这个时期的幼儿真正对同龄人本身产生兴趣并渴望与其交往。这个时期是帮助婴幼儿掌握同伴交往策略的大好时机，在交往内在动机的驱使下，放弃自我利益，接受交往规则对婴幼儿来说不再是外在约束，而是自愿行为。可以说，婴幼儿的心理发展开始呈现一定的社会属性。

这一阶段的家庭教育对婴幼儿智力、体力的成长和基本道德观念、价值观念、行为习惯的形成具有奠基的作用。习近平总书记指出：“家庭是人生的第一个课堂，父母是孩子的第一任老师。”①家庭教育涉及很多方面，但最重要的是品德教育，即如何做人的教育。广大家庭要重言传、重身教，教知识、育品德，帮助孩子扣好人生的第一粒扣子，迈好人生的第一个台阶。推动人们在为家庭谋幸福、为他人送温暖、为社会做贡献的过程中提高精神境界，培育文明风尚。

诸葛亮在《诫子书》中写道：“夫君子之行，静以修身，俭以养德。非淡泊无以明志，非宁静无以致远。”的确，一个民族的文明进步，一个国家的发展壮大，需要一代又一代人接续努力。中华民族要继续前进，就必须根据时代条件，继承、弘扬民族精神与优秀传统文化，特别是其中的传统美德。

家庭教育是教育的起点和基点，对于一个人品德的形成、道德的养成、价值观的培育和幸福人生的奠基具有独特而不可替代的重要作用。因此，自觉地践行价值观建设是家庭教育的核心理念，努力做到春风化雨、润“心”无声，既是当务之急，也是百年大计；既功在当代，又泽及后人。

---

① 习近平.习近平著作选读：第一卷[M].北京：人民出版社，2023：545.

学习目标

知识目标：

（1）掌握2～3岁幼儿身心发展的特点。

（2）理解并掌握2～3岁幼儿身心发展的规律。

（3）能为2～3岁幼儿组织、设计适当的亲子游戏活动。

素养目标：

培养尽职尽责的职业精神，形成具有爱心、耐心、责任心的职业素养。

任务一 认识2～3岁幼儿身心发展的特点

任务目标

认识2～3岁幼儿生长发育的各项指标，掌握各项指标的测量方法。认识2～3岁幼儿身心发展的特点与规律，掌握2～3岁幼儿养育的要点。

案例导入

早教机构的李老师有着良好的执教习惯，她会将每次的教学过程以及教学过程中出现的问题都用备忘录记录下来。以下是李老师记录的相隔半年左右的两篇日记。

日记一：今天我是计划给小朋友们讲故事的。刚开始他们都能乖乖坐着，认真听我讲故事。但过了一会儿，就有小朋友聚在一起说话，有的小朋友看着窗外的树木和小鸟，有的小朋友大哭，而相继而来的是一片的哭声。

日记二：今天我给小朋友们讲动物园里的故事。小朋友们认真地听完后，开始一个个地提问。有的小朋友提问："为什么小鸟有黑色的、黄色的？"有的小朋友提问："为什么长颈鹿爱吃树叶呢？"回答了一个，紧接着又有新的问题。

思考：

（1）同样是给幼儿讲故事，为什么仅仅时隔半年，他们前后有着这样截然不同的表现呢？

（2）李老师在日记二中记录的小朋友听故事后的反应体现了幼儿什么样的心理发展规律？

婴幼儿出生后的第一年发育较快，到2岁左右，动作、语言、认知与社会性等方面均有很大的进步。

一、2 ~ 3 岁幼儿生长发育的特点

（一）体重

幼儿 2 岁后，体重的增长速度进一步减慢，全年增加 2.5 kg 左右。2 ~ 3 岁幼儿用站式杠杆秤测量体重，读数精确到 50 g 。应注意称量时幼儿不可摇晃或接触其他物体，计算时应准确减除衣物的重量。2 ~ 3 岁幼儿体重标准值如表 6-1 所示。

表 6-1　2 ~ 3 岁幼儿体重标准值①

年　龄	体重（kg）	
	男	女
2 岁	10.4 ~ 15.4	9.8 ~ 14.8
2 岁 6 个月	11.2 ~ 16.7	10.7 ~ 16.2
3 岁	12.0 ~ 12.8	11.5 ~ 17.7

（二）身长

婴幼儿出生后第一年身长大约增长 25 cm，第二年身长平均增长 10 cm，到 2 岁时身长约为 85 cm。2 岁以后至学龄期前身长稳步增长，每年增长 5 ~ 7 cm。

2 ~ 3 岁幼儿测量身长时采用站立位，即脱去鞋、帽，立正姿势站立于平台上，双眼平视前方，双臂自然下垂，足跟靠拢，两脚尖分开约 60°，足跟、臀部、双肩胛同时紧贴立柱，头部放正，滑板底面与幼儿颅顶顶点接触，记录刻度精确至 0.1 cm。需注意的是，身长的增长与遗传、内分泌及营养等因素有关。例如，甲状腺功能减退、生长激素缺乏、营养不良等都可能影响身长的发育。2 ~ 3 岁幼儿身长标准值如表 6-2 所示。

表 6-2　2 ~ 3 岁幼儿身长标准值②

年　龄	身长（cm）	
	男	女
2 岁	82.4 ~ 94.0	81.2 ~ 92.8
2 岁 6 个月	94.4 ~ 99.4	85.7 ~ 98.1
3 岁	90.9 ~ 104.1	89.7 ~ 102.7

① 资料来源：http://www.nhc.gov.cn/ cms-search/downFiles/e38068f0a62d4a1eb1bd451414444ec1.pdf。

② 资料来源：http://www.nhc.gov.cn/ cms-search/downFiles/e38068f0a62d4a1eb1bd451414444ec1.pdf。

（三）头围

婴幼儿头围在出生后的第二年增长减慢，约增长 2 cm。2 岁时头围约为 48.3 cm，2 ~ 15 岁时头围仅增加 6 ~ 7 cm。因此，婴幼儿出生后第一、第二年监测头围是最有价值的，若婴幼儿头围过小，且头部畸形，则提示其脑部发育不良；若头围增长过快，则应考虑是否有脑肿瘤、脑积水等问题。

（四）胸围

胸围的大小反映肺部和胸廓的发育情况。测量 2 ~ 3 岁幼儿胸围时应采用站立位。测量时应注意使幼儿处于安静状态，站立，双肩放松，上肢自然下垂，使用软尺进行测量。测量方法与 1 ~ 2 岁幼儿胸围测量方法相同。

二、2 ~ 3 岁幼儿心理发展的特点

随着年龄的增长和知识经验的增加，婴幼儿在身体动作、语言发展、认知发展以及社会性等方面都在发生着积极、有序、持续性的变化。例如，婴幼儿刚出生时还不会说话，3 岁左右已经能够掌握 1000 多个词；新生儿主要靠感官（眼、耳、口、鼻、皮肤）感知和认识外部世界，到 3 岁时已经能够掌握观察、记忆、思维和想象能力，同时情绪情感也不断丰富。可以说人的典型动作和行为方式、心理能力都在这个阶段得到了极大的锻炼与提高。2 ~ 3 岁幼儿的心理发展特点主要梳理如下。

（一）2 ~ 3 岁幼儿动作发展的特点

2 ~ 3 岁幼儿运动能力增强，他们在各种动作的力量、速度、稳定性和协调性等方面都有了很大进步，各种动作均衡发展。例如，能够自由地走、跑、跳、下蹲等，已经能够逐渐脱离成人的帮助。

（二）2 ~ 3 岁幼儿语言发展的特点

2 ~ 3 岁幼儿基本上能够理解成人所说句子的意思，发音越来越清晰、准确，能够较清楚地说出一些简单句，如“我想和妈妈做游戏”等。此阶段幼儿表达意愿强烈，会有很多疑问，经常会问为什么，喜欢听故事和儿歌，但言语表达上仍存在说话不流畅、断句不恰当的表现。

（三）2 ~ 3 岁幼儿认知发展的特点

2 ~ 3 岁幼儿思维的突出特点就是“自我中心”。他们对新奇事物感兴趣，喜欢重复地摆弄物品，在重复活动中逐渐认识物体的属性。与此同时，30 月龄以上幼儿的注意力显著

增强，在活动中注意的时间和范围也越来越广，在注意的过程中能与认知过程结合，获得更多的知识。

（四）2 ~ 3 岁幼儿社会性发展的特点

2 ~ 3 岁幼儿个性特征开始萌芽。在与周围人的交往中，不仅体现出先天的气质类型，而且还出现了较明显的个性特征。他们有简单的是非观念，能够帮助他人，也会在与同伴的交往中因物品的争夺而产生冲突。2 ~ 3 岁幼儿发展水平的特点如表 6–3 所示。

表 6–3　2 ~ 3 岁幼儿发展水平的特点

动作发展	语言发展	认知发展	社会性发展
粗大动作发展的主要特点： 1. 可单脚站立 2 秒以上。 2. 会走平衡木。 3. 会接住大人抛出的球。 4. 能追球跑。 5. 能用脚尖走路。 6. 能双脚离地跳。 7. 能骑脚踏车。 精细动作发展的主要特点： 1. 学习拼图。 2. 练习用杯子喝水，且水不洒出。 3. 能画封闭的圆。 4. 练习用筷子。 5. 能按颜色、大小、形状将扣子分类。 6. 会当小助手：剥蒜、剥花生等。 7. 能折长方形、三角形。	1. 能理解成人说的话。 2. 能参与同伴游戏，有一定的社交能力。 3. 能耳语传话。 4. 会猜声音，知道谁在说话。 5. 喜欢反复听一个故事。 6. 能发有复杂声调形式的几个音节。 7. 认识 6 ~ 10 种水果，能记住相应的英文单词。	1. 能有意注意周围的事物和别人的谈话。 2. 思维仍然依赖于直观形象和动作。 3. 经常倾向于按照事物的具体特性进行分类，把具有同样颜色或形状的物体放在一起，而不是把属于同一类别的物体分成一堆。	1. 更愿意与同伴交往，也能够学会分享与等待。 2. 能够区分性别，清楚地知道自己是男孩还是女孩。 3. 自控能力增强，开始控制自己的情绪。 4. 自我意识发展明显。 5. 会和同伴玩简单的游戏，会相互模仿，有模糊的角色扮演意识。

三、2 ~ 3 岁幼儿的养育要点

进入到 2 ~ 3 岁后，幼儿的发育水平又有了明显的提高，在生长发育的推动下，幼儿的各种心理过程正发生着从量到质的变化。他们学会走、跑、跳等基本动作且动作日臻成熟，越发协调，身体控制能力也在进一步提高。此时幼儿各方面的发展都具有连续性和阶段性。

在喂养方面，家长应充分重视幼儿良好饮食习惯的养成，这不仅关系幼儿的身体健康，而且还关系幼儿的行为品德。要根据该阶段幼儿的一日营养需求安排其饮食量（见表 6-4），当幼儿某餐进食量较少时，不要强迫其进食，以免造成幼儿厌食；对于幼儿遇到喜欢的食物，一定要限制其摄取量，防止暴饮暴食引起幼儿肠胃功能紊乱，导致消化不良或胃炎等。

表 6-4　2 ~ 3 岁幼儿常见食物摄入量参考标准

食　物	摄入量（g）
盐	<2
油	10 ~ 20
鸡蛋	50
肉禽鱼	50 ~ 75
蔬菜	100 ~ 200
水果类	100 ~ 200
谷类	75 ~ 125
薯类	适量
大豆	5 ~ 15
奶类	350 ~ 500

在动作发展方面，2 ~ 3 岁幼儿行走自如，跑步平稳，能够完成单脚跳及向前、向上、向下跳等技能性的大肌肉活动；手眼协调能力进一步增强，从满手抓握到熟练运用拇指与其他手指对捏与对握。因此，家长要组织丰富的亲子活动，提高幼儿动作的准确性、协调性和灵活性。

在语言发展方面，2 ~ 3 岁幼儿的语言发展呈现较积极的状态，他们思维活跃，爱提问题，系统组织语言的能力有所提升。例如，能听懂成人的指示，并能运用简单句或复合句与成人交流。家长应针对 2 ~ 3 岁幼儿的语言发展特点，为其提供丰富的语言学习环境，让他们融入日常生活中，给他们更多的机会去练习和提升。

在认知发展方面，2 ~ 3 岁幼儿的思维已具备“直觉行动”（直接与物质活动相联系的思维）的特点，他们常以外部相似点为依据进行直觉判断。此外，2 ~ 3 岁的幼儿开始形成和发展想象力，能够完成简单的想象力游戏。因此，家长应为幼儿提供更多认知和思维发展的机会，并通过亲子活动有意识地激发幼儿思维的活跃性。

在社会性发展方面，2 ~ 3 岁幼儿的自我意识逐渐增强，能够独立做好一些日常生活中力所能及的事。因此，2 ~ 3 岁是培养幼儿良好生活习惯的最佳时期。另外，2 ~ 3 岁的幼儿热衷于模仿，喜欢做一些能够得到成人肯定的事情。家长应充分认识到幼儿的发展特点和需要，通过树立榜样以及陪伴、支持和鼓励，为幼儿的新阶段发展做好准备。

任务二 掌握 25 ~ 30 月龄幼儿亲子游戏活动的设计与指导

任务目标

能根据 25 ~ 30 月龄幼儿的身心发展特点与规律，进行恰当的亲子游戏活动设计与指导。

案例导入

如如，25 月龄，周围同月龄的宝宝都能跟爸爸妈妈进行简单的对话了，可是如如只会用肢体动作或是用“嗯”“啊”的声音来表达自己的意思。如如的爸爸妈妈非常着急，打算对如如进行语言的专项训练，可是奶奶却认为如如只要不聋不哑，以后肯定会开口说话的，没有必要进行专门训练。

思考：

（1）你赞成奶奶的意见吗？为什么？

（2）你如何帮助如如更好地进行语言表达呢？

随着行动能力的不断增强以及双手协调性、灵活性的提升，25 ~ 30 月龄的幼儿通过动作、语言、认知、社会性发展等来探索世界的方式也变得非常丰富。因此，在为该阶段幼儿进行亲子游戏活动设计与指导时，应让亲子游戏活动更有趣味性和层次性。

一、25 ~ 30 月龄幼儿动作发展亲子活动的基础知识和设计与指导

（一）基础知识

2 岁以后，幼儿的运动神经有了进一步的发展。在粗大动作方面，25 ~ 30 月龄幼儿走路的步态比之前自如很多，可以走、跑、跳、上下楼梯或台阶。此时幼儿的手部精细动作主要表现为能用手抓笔随意涂画，会使用筷子，能用积木搭桥、火车等简单的造型，等等。

（二）亲子游戏活动设计与指导实例

活动一：踢皮球

1. 活动目的

培养宝宝的身体平衡能力和动作协调性，能抬起脚对准球并将球踢出去。

2. 活动准备

皮球一个、宽敞的户外环境。

3. 活动过程

（1）家长反复示范抬脚踢球的动作，并逗引宝宝尝试：“小脚，对准球，用力踢。”

（2）宝宝尝试踢球。当宝宝踢到球时，家长及时鼓励：“踢到了。”

（3）当宝宝踢球的协调能力较好后，可以和家长一起在运动中追球、抢球、传球等，如图 6-1 所示。

图 6-1　踢皮球

4. 活动的注意事项

（1）家长引导宝宝模仿用脚踢球的动作。

（2）家长引导宝宝左右脚轮换踢球。

（3）当宝宝踢到球时，家长及时给予鼓励，激发宝宝踢球的兴趣。

（4）注意活动中的安全性。

5. 活动的延伸意义

踢皮球游戏活动的玩法多种多样，能提高幼儿的身体控制能力和灵活性。

活动二：送彩笔回家

1. 活动目的

培养宝宝手部精细动作中的拇指与食指、中指对捏的能力，提高宝宝的手眼协调性。

2. 活动准备

带有插笔座的彩笔一盒。

3. 活动过程

（1）家长出示零散的彩笔（见图 6–2），以故事的形式（如“我是漂亮的彩笔宝宝，今天出来玩，可是走着走着，找不到自己的家了怎么办”等）引入。

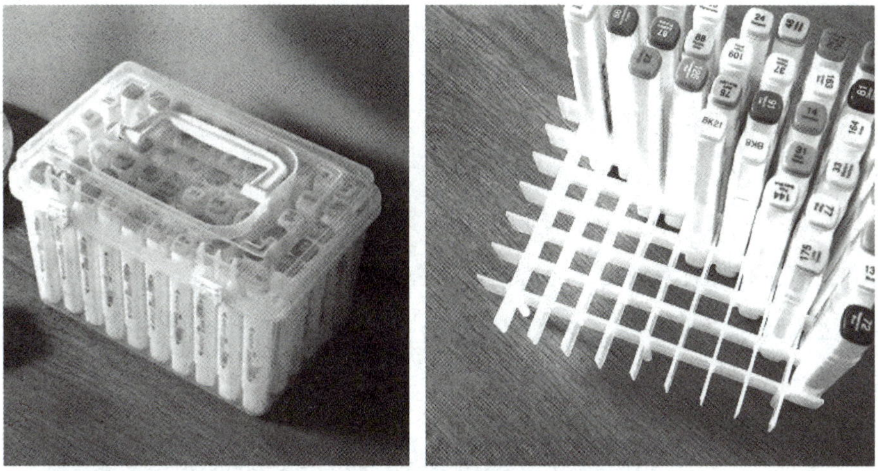

图 6–2 彩笔套盒

（2）家长示范将彩笔插到插笔座中。

（3）家长引导、协助宝宝将彩笔一一插回。家长适当鼓励宝宝，让宝宝树立自信心。

4. 活动的注意事项

（1）提醒宝宝注意插放彩笔的准确性。

（2）在操作过程中，家长可根据宝宝拿出的彩笔说出相应常见的颜色，让宝宝在成人的提醒下感知色彩，了解色彩名称。

（3）可引导宝宝在家继续练习插笔帽的游戏。

5. 活动的延伸意义

幼儿手部的动作发展能促进大脑发育，手眼协调的能力和灵活性会对幼儿日后的生活与身体发展产生很大的影响。

二、25 ~ 30 月龄幼儿语言发展亲子活动的基础知识和设计与指导

（一）基础知识

25 ~ 30 月龄幼儿开始进入语言发展的爆发期。他们开始表达自己的意愿，对新奇的事物感兴趣，并乐于表现自己的语言能力。因此，该阶段幼儿的亲子游戏活动设计应注重促进幼儿说出完整的句子，尊重幼儿的主体地位，赋予幼儿更多的主动性。

（二）亲子游戏活动设计与指导实例

活动一：与玩偶对话

1. 活动目的

增强宝宝的语言表达能力。

2. 活动准备

宝宝平时熟悉的玩具若干、安静的环境。

3. 活动过程

（1）妈妈拿起一只小熊玩具，模仿小熊的声音说："我是小熊维尼，眼睛弯弯像月亮，鼻子圆圆像宝石，我喜欢转圈圈，还喜欢蹦蹦和跳跳。"

（2）让宝宝进行自我介绍，要说出自己的姓名、年龄、相貌特点和自己喜欢的物品。玩具放在宝宝对面当听众，如图 6–3 所示。

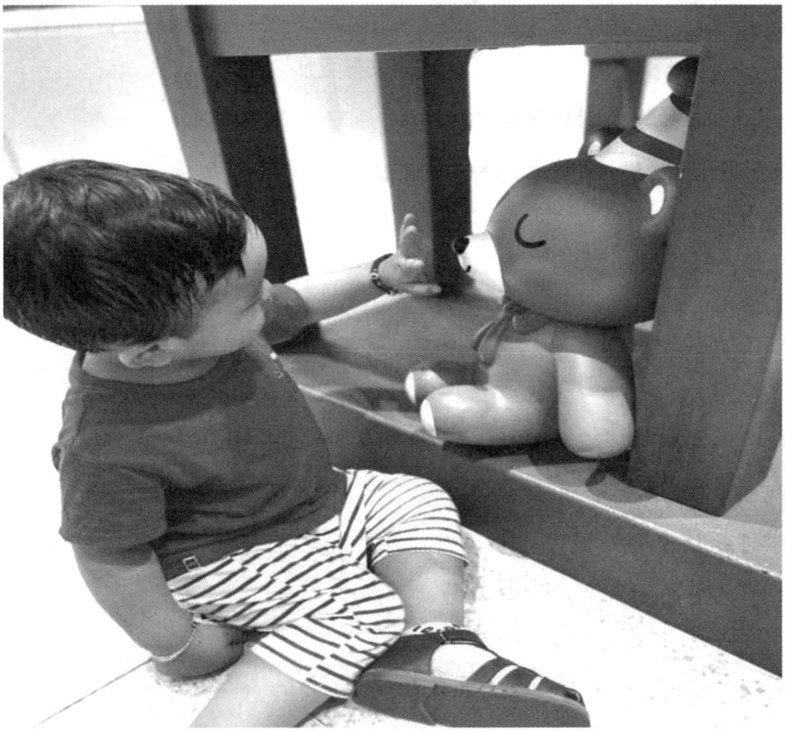

图 6–3　与玩偶对话

（3）妈妈用笔记下宝宝的话，念给宝宝听。

4. 活动的注意事项

宝宝说得不正确的时候，家长不要打断，更不要急于责备，而是要让宝宝说完，重复宝宝所讲的话后，再指出宝宝说得不准确的地方。

5. 活动的延伸意义

在宝宝对自身了解的基础上，自我介绍的亲子互动可以让宝宝把对自己的了解用语言表达出来，锻炼其语言表达能力。

活动二：传递悄悄话

1. 活动目的

锻炼宝宝的语言接收与语言传递（复述）的能力。

2. 活动准备

家中安静的环境，爸爸、妈妈、爷爷、奶奶等参与者。

3. 活动过程

（1）爸爸、妈妈或爷爷、奶奶分别到两个房间，爸爸在宝宝耳边轻轻说："告诉妈妈，明天我们去开小汽车。"

（2）宝宝来到妈妈身边，将爸爸的话小声告诉妈妈。

（3）爸爸观察宝宝的指令传递情况，若宝宝信息传递正确，爸爸应夸奖宝宝并表示谢谢。然后换一个指令，重新开始游戏。

4. 活动的注意事项

（1）游戏活动要注意由易到难，从幼儿能够理解的语言开始。

（2）如果宝宝的转述能力较强，可适当加长转述的语言，同时延长宝宝转述的时间，以强化记忆。

5. 活动的延伸意义

该游戏活动有助于增强宝宝的听觉能力。将听到的指令记住并传递给他人是一个强化记忆的过程，可以提高宝宝有意记忆的能力。将听到的指令用语言传递给别人是一个较为复杂的思维表达过程，有助于宝宝语言思维的发展以及交往能力的提高。

三、25～30月龄幼儿认知发展亲子活动的基础知识和设计与指导

（一）基础知识

25～30月龄的幼儿主要表现为对周围事物的有意注意和对别人谈话的有意注意。此外，在思维发展方面，该阶段幼儿能基于物品的形状、大小、颜色对物体进行分类，但不能根据物体的内在属性进行分类。因此，亲子游戏活动的设计应着重发展幼儿对事物的辨别能力和记忆能力。

（二）亲子游戏活动设计与指导实例

活动一：相同的找出来排排队

1. 活动目的

让宝宝体验积木分类的快乐，认识身边常见的颜色并能根据物品的大小、颜色进行排序，培养宝宝的顺序概念。

2. 活动准备

若干彩色积木。

3. 活动过程

（1）家长在桌子上放置若干不同积木，引导宝宝认识积木的颜色：“宝宝，你知道这是什么颜色吗？”

（2）家长和宝宝一起给积木按大小排队：“宝宝，我们一起把里面红色的积木找出来，放在桌子上，给它们排个队。大的排前面，小的排后面。”

（3）家长引导宝宝独立完成排队的任务：“宝宝，你可以自己把黄色的积木找出来，给它们排排队吗？大的排前面，小的排后面。”

（4）宝宝完成任务，家长及时鼓励并增加游戏的难度，可以将大小和颜色共同作为任务的条件，如图6–4所示。

图6–4　相同的找出来排排队

4. 活动的注意事项

（1）要在游戏开始前了解宝宝的认知发展水平，注意慢慢地增加游戏的难度。

（2）宝宝第一次进行排列时，应及时鼓励，让宝宝树立自信心。

5. 活动的延伸意义

在游戏活动中将主动权交给宝宝，引导宝宝说出积木的外部特征，可以锻炼宝宝的语言能力和思维能力。

活动二：数一数

1. 活动目的

提高宝宝对数字排列的认识。

2. 活动准备

带数字的玩具，如图 6-5 所示。

图6-5　数字玩具

3. 活动过程

（1）宝宝分三阶段练习排数字。第一阶段排数字 1、2、3；第二阶段排数字 4、5、6，熟练后再排数字 7、8、9；第三阶段排数字 1 ～ 10。

（2）让宝宝从 1 ～ 8 任何一个数开始排 3 个连续的数，如 2、3、4 或 8、9、10 或 5、6、7。

（3）可以要求宝宝从任何一个数开始排 4 个连续的数，如 2、3、4、5；或者排 5 个连续的数，如 2、3、4、5、6。宝宝在把数字当玩具玩时，实际上已经在做加法的练习了。

4. 活动的注意事项

（1）要依据幼儿的已有能力开展活动。

（2）当幼儿排序错误时，家长应积极引导。

5. 活动的延伸意义

该游戏活动能激发幼儿对数字的兴趣，促进幼儿的感知能力、观察力、注意力、思维能力和语言能力的发展，初步感知数字的趣味性；同时，在活动中家长的帮助能够进一步提升幼儿发现问题、解决问题的能力。

四、25 ~ 30 月龄幼儿社会性发展亲子活动的基础知识和设计与指导

（一）基础知识

25 ~ 30 月龄幼儿开始发展自己的独立性，他们愿意接触其他小朋友，可以自如地与小朋友交谈。该阶段的幼儿常常通过说“不”来显示自己的独立性。因此，家长在亲子游戏活动中应帮助幼儿掌握表达自己诉求的方法，让他们主动与他人沟通协商。

（二）亲子游戏活动设计与指导实例

活动一：我是热情的小主人

1. 活动目的

让宝宝掌握基本社交规则。

2. 活动准备

一套厨房玩具。

3. 活动过程

（1）家长和宝宝一起玩“做客”游戏，家长扮演客人到宝宝家做客。

（2）家长模拟敲门声，对宝宝说：“你好，我到你家来做客。”

（3）让宝宝根据情节来招待客人，在游戏中说“你好”“请喝茶”“在我家里吃饭吧”“不客气”“再见”等礼貌用语。

（4）邀请小朋友到家里做客，家长给宝宝做示范，让宝宝来招待小客人。

4. 活动的注意事项

（1）家长应根据宝宝熟悉的事情更换游戏的内容。

（2）在亲子游戏活动中，家长可以有意识地渗透一些礼貌用语，赋予活动教育的内涵。

5. 活动的延伸意义

该游戏活动可以帮助宝宝掌握基本的社交规则和礼仪，并能通过成人的积极反馈得到巩固和加强。

活动二：你是我的好朋友

1. 活动目的

引导宝宝体验交往的乐趣。

2. 活动准备

一只小狗毛绒玩具、安静的环境、垫子等。

3. 活动过程

（1）家长和宝宝面对面地坐在垫子上。

（2）家长出示小狗玩具，告知宝宝活动的要点。[家长拿着小狗说："大家好，我是小狗，今天我要和你交朋友。"接着说："×××（宝宝的名字），你来了吗？"宝宝要站起来说"来了，我来了"并上前和小狗握握手。]

（3）家长拿着小狗玩具逐一与宝宝对话，进行游戏互动。

4. 活动的注意事项

（1）当宝宝不愿意表达时，家长可引导宝宝通过抱抱小狗进行肢体互动。

（2）家长可用拥抱或亲吻等方式对宝宝表示称赞和鼓励。

5. 活动的延伸意义

该游戏活动能够培养幼儿的社会交往能力。使用礼貌用语，有助于幼儿良好社会行为的塑造与建立。

任务三 掌握 31 ~ 36 月龄幼儿亲子游戏活动的设计与指导

任务目标

能根据 31 ~ 36 月龄幼儿身心发展的特点和规律进行亲子游戏活动的设计与指导。

案例导入

团团快 3 岁了，随着年龄的增长，他对周围的事物越来越好奇。每次爸爸妈妈带团团进行户外活动的时候，团团总是问爸爸妈妈各种问题，如"为什么小鸟会发出声音""为什么小草是绿色的""为什么天空蓝蓝的""为什么车车会动"等。

除此之外，爸爸妈妈最近还发现团团总是喜欢"探索"。有一次，团团在沙发上玩玩具，偶然把一个小球丢到地上，发出了很响的一声。妈妈发现后，及时过来把小球放回原处，团团又继续把小球扔在地上，一直重复这种行为，还哈哈大笑，好像很享受自己制造出来的声音。

思考：

（1）2 岁多的团团为什么喜欢问爸爸妈妈各种问题？

（2）团团既然知道小球会发出声响，为什么不断重复？这种现象表示该阶段幼儿的认知思维能力有了怎样的发展？

31 ~ 36 月龄幼儿对动作、语言、认知、社会性等各方面能力的支配性有所增强，并且更容易受到陪伴者的影响。该阶段幼儿的亲子游戏活动设计与指导要让幼儿掌握更多的交往、合作等技能，同时也要为幼儿离开家庭、适应新环境做好过渡准备。

一、31 ~ 36 月龄幼儿动作发展亲子活动的基础知识和设计与指导

（一）基础知识

31 ~ 36 月龄这个月龄段幼儿的各项运动能力都变得很强，他们能够快速掌握全身性的技巧动作。生活空间的扩大和可操作物品的增加为幼儿技巧性动作技能的习得提供了练习机会。该月龄段幼儿的精细动作主要表现为手部动作，如使用筷子、剪纸、扣扣子等。

（二）亲子游戏活动设计与指导实例

活动一：滚一滚，认一认

1. 活动目的

提高宝宝的运动能力，锻炼宝宝的手部力量、敏捷性和手眼协调能力，提高宝宝的自主学习能力。

2. 活动准备

纯净水空瓶若干，彩纸、水彩笔、皮球、空纸盒各一个。

3. 活动过程

（1）妈妈在彩纸上写一些汉字或数字，放进瓶子里，每个瓶子放一张彩纸，如图6–6所示。

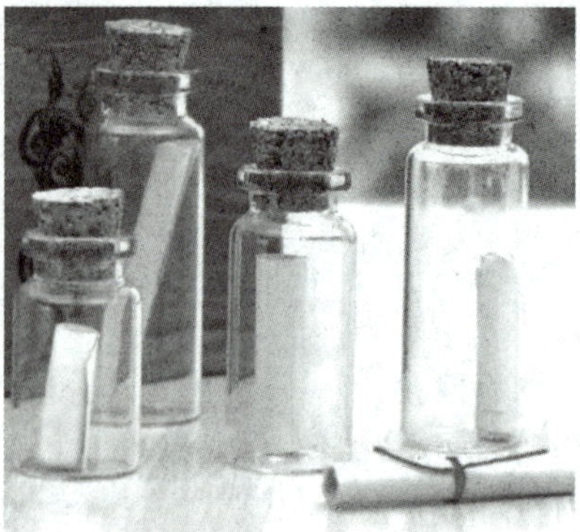

图 6–6　彩纸玻璃瓶

（2）将瓶子按一定距离排放好，让宝宝在瓶子前方 1 m 左右处蹲下，滚动皮球将瓶子撞倒。

（3）宝宝每用皮球撞倒一个瓶子，就取出瓶中的彩纸，认一认彩纸上的汉字或数字。

4. 活动的注意事项

（1）初次游戏时可以少放几个瓶子，待幼儿用皮球撞倒瓶子的准确率较高后，再逐渐增加瓶子的数量和调远瓶子的放置距离。

（2）彩纸上的汉字或数字应视幼儿的实际能力而定。

5. 活动的延伸意义

开展该游戏活动可以锻炼宝宝的身体协调能力及运动过程中的稳定性，促进宝宝综合能力的发展。

活动二：漂亮的彩纸

1. 活动目的

锻炼宝宝手指的灵活性和准确性。

2. 活动准备

彩色卡纸、胶棒、剪刀、胶条、吸管、铅笔。

3. 活动过程

（1）家长在彩色卡纸上画出不同大小、不同形状的图形，让宝宝把它们剪下来。

（2）家长和宝宝一起把大小、颜色、形状不同的图形分别粘在一起，做成纸花朵。

（3）家长用胶棒把吸管固定在花朵的背面，一朵漂亮的纸花朵就完成了。

4. 活动的注意事项

（1）使用剪刀时需特别注意安全。

（2）如果没有彩色卡纸，可以先在白纸上用彩笔描画花朵的形状，再将其涂满颜色。

5. 活动的延伸意义

活动手指可以刺激宝宝大脑的广大区域，宝宝通过思维和观察，可以不断纠正、改善手指动作的精细化程度。眼、手、脑的配合协调能极大地促进宝宝智力的发展。不同颜色和形状搭配，可以引导宝宝认识色彩和形状，提高宝宝的审美能力和艺术感受力。

二、31 ~ 36 月龄幼儿语言发展亲子活动的基础知识和设计与指导

（一）基础知识

31 ~ 36 月龄幼儿的语言发展很快，能够用完整的简单句或复合句进行交流，语言的工具性价值在这一阶段幼儿的生活中越发突出。此时他们掌握的词汇量可达到 1000 个左右，

是两岁时的 3 倍多。因此，这一阶段的语言发展类亲子游戏活动应强调为幼儿创造良好的语言环境，增强幼儿语言交往的灵活性。

（二）亲子游戏活动设计与指导实例

活动一：小动物见面歌

1. 活动目的

让宝宝体验唱儿歌带来的快乐，了解儿歌内容，学说动物见面歌并大胆表达。

2. 活动准备

各种常见小动物的图片。

3. 活动过程

（1）家长："这是谁呀？它们见面会怎么打招呼呢？"依次拿出不同小动物的图片，帮助宝宝认识其叫声。

（2）家长："小鸡见面，叽叽叽，叽叽叽。那小鸭子见面呢？"引导宝宝模仿学习小动物的声音，熟悉儿歌内容。

（3）家长："我们认识了好多小动物朋友，真开心！我们一起再来一次吧！"和宝宝一起一边做动作一边完整表达儿歌内容。

（4）家长："那儿还有小动物，你看看是谁？你知道吗？我们一起来和它打招呼吧！"给幼儿看一些儿歌之外的小动物，如"小青蛙"，可以向幼儿发问："小青蛙见面会怎么打招呼呢？"

4. 活动的注意事项

（1）注意引导宝宝进行语言表达，鼓励宝宝开口说。

（2）家长要给予宝宝正确的语言示范。

5. 活动的延伸意义

该游戏活动能让宝宝把图片上的小动物名称与动物叫声联系起来，创造新的长句子，可以激发宝宝的兴趣和创造力。

活动二：说说看

1. 活动目的

增强宝宝的语言表达能力，发展宝宝的思维能力和想象力。

2. 活动准备

安静的环境、安全地垫。

3. 活动过程

（1）家长问宝宝："宝宝，我们的眼睛可以做什么？""我们的鼻子可以做什么？""我们的小手可以做什么？”

（2）家长引导宝宝回答问题，并准确指认身体的部位。

（3）家长将提问的内容扩展，如“消防车是用来做什么的”“救护车是用来做什么的”“推土车是用来做什么的”等。

4. 活动的注意事项

（1）家长提出的问题应从宝宝身边熟悉的事物入手。

（2）注意引导宝宝用语言正确表达自己的想法。

5. 活动的延伸意义

开展该亲子活动，可以增强宝宝说完整、复杂句子的能力，丰富宝宝的想象力，激发宝宝的创造性。

三、31 ~ 36 月龄幼儿认知发展亲子活动的基础知识和设计与指导

（一）基础知识

31 ~ 36 月龄是幼儿直观动作思维向具体形象思维发展的关键时期，在思维发展方面，幼儿能够完成简单的想象力游戏，增强概括能力。因此，这一阶段的游戏活动应为幼儿提供更多的认知和发展思维的机会。

（二）亲子游戏活动设计与指导实例

活动一：拼图游戏

1. 活动目的

发展宝宝的注意力，锻炼宝宝的记忆力和思维能力。

2. 活动准备

打印两张一模一样的动物图片。

3. 活动过程

（1）家长先给宝宝看图片，然后请宝宝闭上眼睛，告诉宝宝自己要变魔术，即把一张动物图片剪成四大片并打乱顺序。

（2）家长邀请宝宝变身为魔力小天使，帮家长把图片拼回来。

（3）家长和宝宝一起观察拼出来的图片和完整的那张是否一样，如果一样，就相互拍手鼓励。

4. 活动的注意事项

（1）若要加大游戏的难度，则可以更换复杂一些的图片，或增加图片剪成碎片的数量。

（2）图片既可以打印，也可以自己画。

5. 活动的延伸意义

利用生活中的图片自制拼图，可以锻炼宝宝对空间关系的理解和对图片信息的记忆，进一步满足宝宝的好奇心。

活动二：会唱歌的水杯

1. 活动目的

让宝宝感知声音的高低。

2. 活动准备

两个大小相同的玻璃水杯、儿歌《小星星》。

3. 活动过程

（1）播放背景音乐儿歌《小星星》。

（2）将一个水杯装满水，另一个水杯装 1/3 水。

（3）让宝宝用筷子敲一敲水杯，指出哪个杯子发出的声音高、哪个杯子发出的声音低。

（4）多找一些杯子，分别装不同分量的水，帮助宝宝用筷子敲击它们，让宝宝听听它们发出声音的高低。

（5）找出家里的锅、碗、盘子、盆等，帮助宝宝用筷子敲击它们，感受用力敲和轻轻敲的区别。

4. 活动的注意事项

（1）宝宝的听觉器官发育还不成熟，注意敲击的声音不要过大。

（2）有条件的可以使用真正的乐器，这样效果会更好。

5. 活动的延伸意义

该游戏活动可以让宝宝通过辨别声音高低来发展音乐能力。适当的听觉刺激会促进宝宝与人沟通能力及语言表达能力的发展，培养宝宝积极、乐于接受外界事物的态度。

四、31 ~ 36 月龄幼儿社会性发展亲子活动的基础知识和设计与指导

（一）基础知识

31 ~ 36 月龄幼儿思维活跃，对周围的事物很感兴趣，自我控制力也得到进一步提高。因此，该阶段幼儿亲子活动的设计应侧重培养幼儿的良好行为习惯，为幼儿今后步入幼儿园、离开家庭生活范围做好充分的准备。

（二）亲子游戏活动设计与指导实例

活动一：大家一起来玩游戏

1. 活动目的

通过安排宝宝和同龄的孩子一起玩团体游戏，培养宝宝的合作交往能力，提升宝宝的人际交往能力。

2. 活动准备

球、玩具、安全的环境（户外）等。

3. 活动过程

（1）家长安排宝宝和同龄的孩子玩团体游戏。

（2）家长鼓励宝宝们进行团体活动，并提供足够的玩具。

（3）家长安排需要多个人合作的活动，如互相滚球、过家家等。

（4）家长用一块硬纸板架在垒高的书上形成一个斜面，指导宝宝从高处轻推玩具卡车，使它滑行到地面，一个宝宝推车，另一个宝宝去接，然后交换位置。

（5）家长让两个宝宝彼此相距 1 m 左右面对面地坐下，一来一往地推球或是推玩具车，若他们做得好，家长要予以称赞。

4. 活动的注意事项

（1）在进行团体游戏时，应特别注意宝宝们互动时的安全性。

（2）该阶段幼儿自主性增强，应注意避免宝宝“发脾气”。

5. 活动的延伸意义

与大家一起玩游戏可以培养宝宝的团队意识，从动作、语言、认知及社会性交往等方面全方位地助力宝宝健康成长。

活动二：一起来歌唱

1. 活动目的

帮助宝宝在音乐活动中体验找朋友带来的快乐。

2. 活动准备

安全垫、儿歌《找朋友》。

3. 活动过程

（1）家长邀请其他同月龄宝宝和家长到家中一起互动游戏。

（2）家长引导宝宝们互相认识，介绍自己。

（3）家长示范儿歌《找朋友》。

（4）家长带着宝宝跟着音乐做“找朋友”的小游戏。

（5）家长引导宝宝去找自己的好朋友一起唱歌做游戏，助力宝宝大胆交流。

4. 活动的注意事项

（1）要鼓励宝宝大胆地唱出来，跟着节奏做动作。

（2）要引导宝宝主动参与互动游戏。

5. 活动的延伸意义

音乐可以将宝宝们聚集在一起感知艺术的魅力，让宝宝自发地随着音乐的律动歌唱，丰富宝宝的情感情绪体验。

课后巩固与练习

一、单项选择题

1. 以下哪项不属于 2 ~ 3 岁幼儿认知发展特点的表现？（　　）

A. 对周围事物的有意注意　　B. 思维仍然依赖于直观形象和动作

C. 记忆力发展有了显著提升　　D. 能把属于同一类别的物体分成一堆

2.（育婴员考试真题）以下（　　）活动行为不属于 2 ~ 3 岁幼儿动作发展的表现。

A. 骑脚踏车　　B. 单脚站立两分钟

C. 用剪纸剪出动物的形状　　D. 能进行拼图游戏

3. 以下（　　）行为属于 2 ~ 3 岁幼儿语言发展的表现。

A. 能理解简单的故事情节　　B. 会说单个字

C. 会发出个别声音　　D. 会学唱歌

二、简答题

1. 简述 2 ~ 3 岁幼儿语言发展的趋势和特点。

2. 简述 2 ~ 3 岁幼儿社会性发展的特点。

三、论述题

2 ~ 3 岁幼儿自我中心意识不断增强，总是强调自己的意愿和主张，对外部环境的适应能力也逐渐增强，因此，该阶段设计促进社会性发展的亲子游戏显得尤为重要。请论述该类型游戏对幼儿身心发展的意义。

四、实训项目

案例一：嘟嘟已经 3 岁了，是家里的掌上明珠，除了爸爸妈妈，爷爷奶奶、姥姥姥爷也都围着她转。只要嘟嘟说“喝水”，妈妈会立刻递上水杯，如果嘟嘟说饿了，姥姥马上做好可口的饭菜，并且喂嘟嘟吃。嘟嘟还不能独立吃饭，只让姥姥喂着吃。爸爸妈妈都急坏了，不知道该怎么办。

案例二：果果2岁半了，是个十足的“小淘气”，妈妈跟她说餐厅里不能吵闹，她喊的声音却更大了；告诉她过马路不能闯红灯，她却非要过去。这样的情况让果果的爸爸妈妈在公共场合感到十分尴尬。之前果果都很乖巧听话，怎么忽然就变成这样了呢？

请依案例设计亲子游戏活动方案，填写表 6–5 和表 6–6。

表 6–5 2 ~ 3 岁幼儿亲子游戏活动的设计方案

<table>
<tr><td>班　级</td><td></td><td>姓　名</td><td></td></tr>
<tr><td>时　间</td><td></td><td>地　点</td><td></td></tr>
<tr><td>活动目标</td><td colspan="3">（1）掌握 2 ~ 3 岁幼儿身心发展特点。
（2）能为 2 ~ 3 岁幼儿组织、设计适合的亲子游戏活动。
（3）能够针对幼儿的不同情况，进行亲子游戏活动指导。</td></tr>
<tr><td>活动内容</td><td colspan="3">全班学生分组，每组 4 ~ 6 人，以小组为单位，模拟托育机构环境。
（1）学生在校内教师和企业导师（双师教师）的指导下，为案例中的 2 名幼儿的家长进行亲子游戏活动指导，并撰写亲子游戏活动设计方案。
（2）小组将方案制作成汇报 PPT，并由小组代表进行方案展示及解说。
（3）教师、小组、双师教师根据活动实施评价表进行评价总结（见表 6-6）。</td></tr>
<tr><td>活动要求</td><td colspan="3">（1）小组成员分工明确，互相协作。
（2）组内成员开展活动时需遵循双师教师的指导。
（3）各组成员应互相学习、互相配合。
（4）小组根据活动内容指定要求，完成相应任务。</td></tr>
<tr><td>活动考核</td><td colspan="3">（1）各组完成一份亲子游戏活动设计方案。
（2）各组制作一份方案 PPT。
（3）各组派一名代表汇报工作，并用汇报 PPT 进行展示。
（4）评价各组的表现，并进行校内教师评价、双师评价、组间评价、自评。</td></tr>
<tr><td>活动总结</td><td colspan="3"></td></tr>
<tr><td>评　语</td><td colspan="3"></td></tr>
<tr><td>成　绩</td><td></td><td>指导教师</td><td></td></tr>
</table>

表 6-6　亲子游戏活动实施评价 2

评价标准	分　值	分数小计	教师评分	双师教师评分	组间评分	自评分
方案主题明确，符合 2 ~ 3 岁幼儿发展水平	30					
小组分工明确，成员积极参与	30					
活动指导展示规范	20					
PPT 制作精美，符合要求	20					

项目七 社区组织与亲子教育

思政课堂

环境塑造人

孟子（约公元前372年—公元前289年），名轲，字子舆，鲁国邹（现山东省邹城东南）人，是战国时期伟大的思想家、教育家、政治家，儒家的主要代表人物之一，与孔子并称“孔孟”。他的名言“生于忧患，死于安乐”“得道多助，失道寡助”至今仍警醒着世人。“生于忧患，死于安乐”告诉人们：一个人要有所作为，就需要经受艰难困苦的磨炼，只有经历艰难困苦，才能锻炼意志，增长才干，担当大任；如果贪图安逸享乐，在温室里成长，就不会有克服困难、摆脱逆境的毅力，遇到挫折、逆境会消沉、绝望，进而导致失败和颓废。而“得道多助，失道寡助”告诉人们：合乎正义者能得到多方面的支持与帮助，违背正义者会陷入孤立无援的境地。

孟子的伟大成就与其母亲的培养和教育是分不开的。“孟母三迁”的故事启示人们：人的性格品行与生活环境有着很大的关联，只有接近好的人、事、物，才能学习到好的行为习惯，才能成就未来。当今，社区在婴幼儿家庭教育中起着极其重要的作用。无论是对孩子还是对家长，社区环境都有着重要的现实意义。个人的行为、思想构成了社会总体环境。个人思想的净化也能为“孟子”这样的孩子创造良好的社区环境。

家庭是社区的一个组成部分，也是人出生后接触的第一个环境，对人影响巨大，而家庭教育更是指明了婴幼儿未来的发展方向。亲子教育活动是一项细致而又复杂的工程，家长要投入大量的金钱、精力和时间，同时亲子教育活动也面临着一系列的教育难题，急需专业人员为家长们解开育儿之惑。而社区是家庭所处的社会区域，有丰富的文化资源、人力资源和财力资源等，可以系统地为家庭提供育儿服务，为婴幼儿提供良好的成长环境。

学习目标

知识目标：

（1）了解社区及社区教育的含义和特征。

（2）理解社区教育与婴幼儿家庭亲子教育的关系。

（3）熟悉社区指导亲子教育的含义。

（4）掌握社区指导婴幼儿家庭亲子教育的任务和内容。

素养目标：

（1）树立社会责任感和群体意识，传承中华优秀传统文化。

（2）树立对社区活动意义的认同感以及参与活动的使命感。

（3）树立正确的婴幼儿发展观和教育观，形成良好的游戏活动理念。

任务一 了解社区的含义和特征

任务目标

了解社区的含义，熟悉社区的特征。

案例导入

以文为媒，打开邻里门，增进邻里情①

市民学校是浙江省金华市婺城区红湖路社区的一大党建品牌。它成立于2006年，一直开办至今。市民学校相继开设了健身、唱歌、越剧、绘画、书法、剪纸等课程，拥有健身队、歌唱队、舞蹈队和书画队等多个文体队伍，每学期吸引数百名学员前来报名学习。

作为金华市“终身学习品牌项目”，市民学校以社区居民需求为出发点，以社区居民满意度为落脚点，尤其是“以文为媒，打开邻里门，增进邻里情”的社区活动，不仅丰富了居民生活，而且在推进社区建设、进一步提高社区居民的思想道德素质和文化素质、促进社区精神文明建设等方面做出了重要贡献。

① 资料来源：http://jhwcw.zjol.com.cn/wcnews/system/2021/07/13/033106441.shtml，有改动。

除了创办市民学校，红湖路社区还携手辖区共建单位，积极开展“节节闹”活动，以“邻里和睦、社区和谐”为主题，围绕邻里学、邻里情、邻里帮、邻里和、邻里乐、邻里颂六个方面开展形式多样、内容丰富、寓教于乐的群众性精神文明建设活动，使陌生的邻居熟悉起来、疏远的邻居亲近起来、寂寞的楼道热闹起来、困难的邻居幸福起来，大力倡导邻里相识、相知、相助、相亲的社会新风尚，不断提高广大居民群众的生活幸福感。

思考：

（1）社区居民的幸福感源于哪里？

（2）市民学校在社区精神文明建设中起着什么作用？

（3）红湖路社区能够开展形式多样的活动是建立在什么基础之上的？

社区是若干社会群体或社会组织聚集在某一个领域里所形成的一个生活上相互关联的大集体，是宏观社会的缩影。因此，社区是现代人学习文化知识和生产技能的重要环境。

一、社区的含义

“社区”一词源于德国社会学家滕尼斯 1887 年的著作《社区与社会》。19 世纪末 20 世纪初，美国学者查尔斯•罗密斯将“社区与社会”译为“community and society”。20 世纪 30 年代，中国社会学家费孝通在论文《二十年来之中国社区研究》中，将“community”一词译为“社区”。所以，社区是一个社会学概念，是指一定的、具有某种互动关系和共同地缘文化的、有秩序的、有感情的人群进行一定社会活动的地域空间，是具有共同利益的居民的集合体，它重视人和人的相互交往及互动。社区的含义包括如下几层。

（1）社区都有一个相对稳定和相对独立的地域空间，即具体的地理位置。例如，自己家庭所在的空间位置，×× 省 ×× 市 ×× 区 ×× 街道 ×× 小区。

（2）社区都有一定数量的人口，并且这些人口是以特定的社会关系为纽带存在的。社区均有一定数量的居民，这些居民或因家庭的社会关系世代生活在这里，或因工作定居在这里，或因婚姻、伴侣的关系居住在这里，他们共同构成了我们的生活社会。

（3）生活在该地域的人们具有一种地缘上的归属感和心理文化上的认同感。长期生活在固定地域使人们有了家的归属感，在心理上认同社区的管理方式，生活习惯和文化素养也被社区文化潜移默化地影响着。

（4）社区的核心内容包括社区中人们的社会活动及互动关系。因此，人的存在与聚集产生了社区的概念，人们的各种社会活动构成了社区的生活。人是社区的核心，当社区没有了人，社区的概念也将不复存在。

二、社区的特征

不同类型的社区具有不同的特征。例如，上海市浦东新区具有现代金融中心的面貌和特征，表现出现代城市经济与生活的面貌和特点；主要分布于黄土高原地带的土居窑洞式聚落反映了当地农村地区的经济尚不发达，以及历史传承下来的居住习俗仍然比较盛行的特点。因此，不同类型的聚落有着不同的社区结构及其人文景观。一般而言，社区具体包括以下四个特征。

（一）社区是宏观社会的缩影

社区具有一定数量的人口，是由居民所构成的社会群体和社会组织，具有经济、政治、文化生活等功能以及血缘、地缘等社会关系。社区存在于一定的地域，是人们进行社会活动时存放生产和生活资料的场所。总之，社区包括了社会有机体的基本内容。

（二）社区是人类活动的基本场所

由于社区是最基本的社会共同体，是绝大多数社会成员的活动平台，所以人们的基本社会活动大都是在本社区范围内进行的，这些活动包括职业活动、生活活动和社交活动。除此之外，绝大多数居民在本社区内享有参与社区管理、选举居民代表、选举社区干部等权利，从这个意义上说，社区还是人们参与政治活动的基本场所。

（三）社区以聚落为物质载体

人类寻求比较理想的居住场所和各种活动的基地，是自身生存、发展的需要。聚落是指居住、生活、休息和进行各种社交活动的场所，是人类进行生产劳动的场所，既包括人类居住的房屋、街道、水域、广场，又包括与居住地有关的生产、生活设施及生产劳动用地。我国城乡聚落的形式有村落、集镇、县城和城市等，它们都是社区的依托和物质载体。

（四）社区是变迁发展的集合体

同其他社会现象一样，社区也是人类活动的产物，是随着社会的变迁而发展的。严格地说，社区是随着农业发展而出现的，人类开始定居并形成村落，而村落是人类社会最早出现的社区形式。后来，在农村社区的基础上出现了城市社区。数千年来，不管是农村社区还是城市社区，其内部结构、社会性质等都发生了一系列变化。社区的发展变化是社会诸多因素综合作用的结果，其中，生产力发展是推动社区发展的最终决定性因素。

知识链接

社区组织的功能

社区组织是社区内人们为达到共同的目标，有序形成的一个动态、系统的社会共同体，是依托社区而形成的各种社会组织，它包括三种类型：以社区为管理对象的组织；社区居民组织的自我管理的群众性、自治性组织；在社区内活动并参加和承担社区事务管理的组织。

随着社会管理重心的下移，社区组织的功能日益显现，社区组织开始承担社会管理重心下移所带来的系列繁杂事务。此外，社区组织逐步呈现出多样化和社会化的发展趋势，成为基层社会管理的重要参与主体，是基层政府的得力助手，在参与基层社会管理、解决基层社会问题、促进基层和谐稳定方面发挥着不可替代的作用。随着社区建设的推进，社区组织还对生活环境进行改善，通过开展形式多样的活动丰富居民的精神生活，是社区居民参与经济生活、政治生活、文化生活的组织平台。同时，为推进社区建设，社区组织能够引导各级政府制定适应市场经济发展需要的政策，提高社区居民民主意识，实现组织自身内部的互动，以此来不断地发展自己、完善自己，从而实现基层社会管理创新的目标。

任务二 熟悉社区教育与婴幼儿社区教育

任务目标

了解社区教育的含义，熟悉社区教育的特征，掌握社区教育与婴幼儿家庭亲子教育的关系。

案例导入

打造家庭式育儿模式　助力农村婴幼儿成长[1]

“向日葵亲子小屋”项目是中国计划生育协会为深入贯彻落实党的十九大精神和国务院办公厅《关于促进3岁以下婴幼儿照护服务发展的指导意见》精神，深入开展“优生优育进万家”活动而设立的。中国计划生育协会在全国范围内研究确定100个乡（镇）、村、社区作为“向日葵亲子小屋”项目点，其中江西省吉安县中标5个项目点。

① 资料来源：http://hc.jiangxi.gov.cn/art/2021/8/19/art_38204_3539879.html，有改动。

吉安县桐坪镇“向日葵亲子小屋”就是其中之一。“向日葵亲子小屋”主要通过亲子小屋活动和家庭指导，将优生优育及婴幼儿照护和早期教育理念、知识、服务技能送进家庭，提高婴幼儿监护人科学育儿的意识和能力，促进儿童（特别是婴幼儿）健康茁壮成长。家长是婴幼儿的第一任老师，完全靠亲子小屋每周两次课程或入村上户是无法完全实现科学育儿知识普及的。因此，吉安县桐坪镇“向日葵亲子小屋”项目点结合当地实际，打造家庭式育儿模式，进行线上与线下完美的结合，建立“亲子小屋”微信群，每周推送相关育儿知识，定时在线回复育儿疑问，不定期召开“父母课堂”传授育儿知识。同时，联系当地医院开展优生优育知识讲座，给准父母传授育儿常识，如怎样正确地进行胎教、怎样生出健康宝宝等，促进婴幼儿的身心健康发展。

思考：

（1）社区教育如何与婴幼儿教育相结合？

（2）“向日葵亲子小屋”体现了婴幼儿社区教育的什么特色？

人在成长发展过程中，始终受到所属区域文化背景的影响和熏陶。从婴幼儿教育到老年教育，社区教育在构建人终身教育体系中起着重要的作用。

一、社区教育

（一）社区教育的含义

社区教育是社会发展和时代变革的产物。我国社区教育起步于 20 世纪 80 年代初期，是在国家实行改革开放后，在总结原有学校教育、家庭教育、社会教育等经验的基础上，借鉴国外社区教育的经验，从国内不同地域的实际境遇出发，通过试点逐步发展起来的。

国内外社区教育实践经验表明，只有实施面向社区成员，以促进人的发展为原则的各类社区教育，才能满足人们各种各样的教育需求和解决社会问题。

一般认为，社区教育是指综合利用社区资源，为满足全体社区成员的发展需要，提升社区成员素质和生活质量，建设社区文化，发展社区经济，促进社区和谐发展而进行的教育活动。

（二）社区教育的特征

社区教育是一种教育的组织形式，它依据社区建设、发展及社区成员的需求，充分、有效地利用社区的教育资源来组织、实施的各级各类教育。社区教育的根本目的是以各种教育方式、多种教育手段提高国民素质。其主要有以下四个特征。

1. 地域性

不同于学校教育，社区教育是一种社会教育的形式。社区教育是为解决本社区面临的许多社区问题而组织、实施的，是为社区的建设、发展服务的，社区的需求决定了社区教育的内容和形式。

2. 开放性

开放性表现为全民参与、资源共享。全民参与是指社区内开展的各项有益的教育活动需要社区成员共同参与，社区居民可以按照自己的意愿、需求参加多种教育活动。社区居民既是受教育者，又是社区教育的管理者，他们可以对社区教育的政策、计划、活动提出建议，可以选派代表参与社区教育的决策。资源共享是指社区内的所有学校以及文化、体育、娱乐设施向社区居民开放，以有偿或无偿的方式供社区居民使用。可以说，社区教育是一种自我教育、自我管理的活动。

3. 实用性

社区教育不需要像普通的学校教育那样正规，大多数是非正式的教育、非正规的学习。社区教育是一种服务，没有严格的规定、界限，主要考虑社区教育的实用功能以及社区的教育机构、设施可依据实际需要举办教育或培训。

4. 全程性

当前是信息化社会，社会的变化日新月异。人们应时刻保持学习的状态，将教育贯穿人类生命的全过程。社区教育是实现终身教育和建立学习型社会的重要途径。周恩来总理曾经说过："活到老，学到老，改造到老。"[①]这句话极富哲理。周总理的这句话至少蕴含两层寓意：第一，人只要活着就应该坚持学习；第二，只有活到老，学到老，人的一生才会更有意义、更有价值，才能跟上时代的步伐，不被社会淘汰。

（三）社区教育与婴幼儿家庭亲子教育的关系

社区教育与婴幼儿家庭亲子教育是相互关联、相互依存的。不论是家庭还是早教机构或托育机构，总是处于一定的社区范围内，从生态学意义上说，社区是整个社会系统与家庭、早教机构和托育机构密切关联的社会组织。对于受到年龄、知识、经验限制的婴幼儿家庭而言，社区教育可以说是其享受继续教育的主要方式。

早教机构和托育机构作为社区的一类组织机构，其自身的发展离不开社会力量的扶持，必须依托社区的各种相关设施发展。一方面，社区教育设施、社会教育力量可以拓展早教机构和托育机构的有形、无形空间，能够丰富、完善教学内容；另一方面，社区居民本身又与早教机构和托育机构有着千丝万缕的联系。同时，家庭作为社区的一个组成部分，与社区有着天然的联系，家长里短、邻里纠纷、社区文体娱乐等，无不参与其中。无论是早教机构或托育机构中的婴幼儿还是家庭成员，婴幼儿都是社区的一员，都会参与到社区教

① 中共中央文献研究室. 周恩来年谱：1949 ~ 1976　中卷 [M]. 北京：中央文献出版社，1997：47.

育的活动当中。

二、婴幼儿社区教育

（一）婴幼儿社区教育的含义

婴幼儿社区教育是目前发达国家比较流行的0～3岁婴幼儿教育模式，是社区为婴幼儿及其家长设置的教育设施和教育活动，是在尊重婴幼儿发展规律的前提下，对婴幼儿及其家长实施的有目的、有计划、多层次、多内容、多种类的社会教育。

（二）婴幼儿社区教育的特征

在当今社会，婴幼儿社区教育越来越受到人们的重视，它具备婴幼儿教育的特色以及社会教育和国民教育的特点，有着自己的特征。

1. 群体性

社区作为0～3岁婴幼儿成长的重要场所，应当为婴幼儿及其家庭提供适宜的早教公共服务。婴幼儿社区教育有消费低、距离近等特点，能满足社会各层次人群希望子女接受亲子教育的需要，实现婴幼儿教育的公平；能对不同婴幼儿、不同家庭进行有针对性的教育，提高婴幼儿保教的品质，实现追求教育公平与追求教育效率的统一。

2. 目标性

在我国家庭中，婴幼儿照料者的育儿水平参差不齐，有的专业知识掌握不到位，有的缺乏实践经验，不能很好地完成婴幼儿保教工作。婴幼儿社区教育以社区为载体，直接面对每一个家庭、每一个养育婴幼儿的成人，将科学育儿的理念普及到千家万户，通过提供专业的方式方法来提升全社会的育儿水平，最终实现婴幼儿身心健康发展的目标。

3. 多样性

婴幼儿社区教育的形式多种多样，具有多样性的特点。社区成员构成的复杂性决定了婴幼儿社区教育形式的多样性。可利用“走出去”和“请进来”的教育形式整合社区资源的各种主题活动、游戏、教学活动等。“走出去”的主要形式有参观、旅行、访问、演出、劳动，“请进来”的主要形式有亲子活动、家长会、讲座、咨询、开放日以及各种形式的家长交流活动等。

知识链接

目前我国社区教育的四种模式

模式一：以街道办事处为中心进行的联动型社区教育模式

此类模式是目前我国社区教育的主要模式，是以街道为所辖行政地域的社区教育组织者、实施者、监督者、协调者，以社区服务及社区文化为着眼点进行的各种休闲、文化、活动性的社区教育。其运作方式如下。

（1）街道办事处相关职能科室按行政方式布置、检查社区教育工作。

（2）成立社区教育委员会，由当地党政领导主管，有关职能部门及驻区单位参加社区教育工作，即“街道牵头，社会参与，双向服务”模式。

模式二：以中小学校为主体进行的活动型社区教育模式

此类模式是由教育系统内部发展而来并日渐丰满的教育形式，是以中小学为区域性社区教育的组织者、协调者，利用自身办学资源和优势进行的校外活动。其运作方式如下。

（1）以学校为主体，组织本校或社区内中小学生参加各种形式的课外教育活动。

（2）由学校牵头，组建社区教育协调委员会（“三结合”教育委员会），定期研究学校课外教育工作，参与学校课外活动协调与管理，并向社区成员开放校内外文体设施，即“协调课外活动、开放主体设施”模式。

模式三：以社区学院为载体进行的综合型社区教育模式

此类模式是近年来在北京、上海等地出现的，日益引起关注的且引起较大争议的新型教育模式，是以社区学院为区域性社区教育的龙头单位，通过理事会和文明市民总校以及学历教育、非学历教育手段进行的文化性、职业性、专业性社区教育。其具体运作方式为：接受街道办事处、民政部门或者区域内单位委托，通过专业开发、课程开发、项目开发等多种手段组织教育教学活动。

此模式是教育系统内部成人高等教育体制改革和借鉴西方发达国家社区学院成功经验相互作用的产物，是一种区域性、多层次、开放式、综合性、大众化的集区域高教、成教、职教等于一体的新型大教育模式。

模式四：以地域为边界进行的自治型社区教育模式

此类模式近期亦有较大发展，由社会各界共同组成的社区教育协调委员会对本社区教育进行总体协调和具体策划。其运作方式为：由驻区各行各业有影响力并且热心社区教育的单位或由某一功能齐全的单位牵头组成专门机构，利用各成员单位在各自行业的影响和资源开展“社区是我家，建设靠大家”式的社区教育活动。

任务三 熟悉社区对 0 ~ 3 岁婴幼儿家庭亲子教育的指导

任务目标

了解社区指导亲子教育的含义，熟悉社区指导婴幼儿家庭开展亲子教育的任务，掌握社区指导婴幼儿家庭开展亲子教育的内容。

案例导入

早教进社区　公益暖人心①

为了更好地将科学早教向 0 ~ 3 岁婴幼儿延伸，让家长更懂孩子，丰富街道辖区内婴幼儿的亲子活动内容，提高家长亲子教育能力，上海市虹口区曲阳路街道妇联积极发挥妇联优势，依托虹口区早教中心资源，以“进楼宇、进园区、进场馆、进社区、进家庭”五进方式，在曲阳路街道文化中心以及上农二居委会开展了家庭教育指导服务项目。教师根据婴幼儿的年龄特点，精心设计了亲子活动内容，通过不同的游戏锻炼孩子的肢体协调能力，增进孩子的专注力和语言能力。同时，在活动中教师指导家长在家中如何完成这些亲子活动，为家长解答育儿困惑，让家长学到更多的科学育儿经验。家庭教育指导服务项目获得了广大婴幼儿家庭的欢迎和好评。

思考：

（1）社区可以通过什么方式指导早教活动？

（2）社区在亲子教育活动中起着什么作用？

亲子教育是教育的起点和基点，亲子教育一般是家庭中父母承担的对婴幼儿的教育。亲子教育不同于家庭教育，一般需要按照婴幼儿的成长规律对婴幼儿进行综合性的培养。而父母的育儿知识有着高低差异，如何提高婴幼儿父母的育儿水平呢？能直接面对年轻父母的社区有着培养和指导的义务。因此，社区指导婴幼儿家庭开展亲子教育有着极其便利的条件。

一、社区指导亲子教育的含义

社区指导亲子教育是指社区根据 0 ~ 3 岁婴幼儿家庭在育儿过程中存在的问题、家长

① 资料来源：http://wm.shhk.gov.cn/hongkou/node3/n7/u1ai6494.html，有改动。

的疑惑和家长认知的需要，向家长和婴幼儿提供学习帮助的活动过程。社区指导婴幼儿家庭进行亲子教育的对象包括家长、婴幼儿，其中主要对象是家长。这里指向的家长不仅包括婴幼儿的父母、与婴幼儿共同生活的祖辈，而且还包括与婴幼儿无血缘关系的监护人及承担辅助教育工作的家政服务员。由于婴幼儿家长是指导的主要对象，所以社区对婴幼儿家庭的亲子教育指导属于成人继续教育的范畴。指导家长如何做好婴幼儿的启蒙老师、如何正确地养育婴幼儿，具有一定的学校教育意义。

我们常说，人具有社会性，其实质上就是人在一个个不同的社区中生活的综合体现。社区在人的学习、工作、生活中发挥着重要的作用，同样也是婴幼儿走向社会过程中的不可或缺的一环。家庭的亲子教育应该面对社区、走进社区，更应该融入社区，与社区互动，从而促进婴幼儿全面、健康成长。

二、社区指导 0 ~ 3 岁婴幼儿家庭开展亲子教育的任务

社区对 0 ~ 3 岁婴幼儿家庭开展亲子教育的指导目的是多方面的，它不仅要遵循国民的教育要求，符合国家的婴幼儿培养发展的方向，而且还要体现我国的社会道德准则。因此，社区的指导任务要遵循科学发展规律、符合我国的婴幼儿培育要求和标准。

（一）优化家庭亲子教育环境

人从出生就受家庭环境的影响，一个良好的家庭环境往往能够影响人的一生。家庭环境有软、硬之分。家庭软环境，即家庭的心理道德环境，是指家庭成员之间相互联系时所形成的一种气氛（如良好的亲子关系、民主平等的家庭氛围、和谐的夫妻关系等）。心理道德环境作为家庭环境的核心，是人类社会化发展的基础，对婴幼儿会产生潜移默化的影响。家庭硬环境是指特定的物质条件（如整洁、宽敞、安静、明亮的房间，安全、有趣的玩具，种类丰富的图书等），即家庭中可以用量化指标来评判和衡量的环境因素，如家庭的成员结构、资源分配、生活方式等。家庭软、硬环境良好有利于婴幼儿的成长，是婴幼儿得以发展的基础条件，反之则会影响婴幼儿的发展。通过社区指导，家长既能为婴幼儿提供良好的家庭硬环境，即为婴幼儿提供基本的生活、游戏和学习条件，也能为婴幼儿创造良好的家庭软环境，形成良好的亲子关系、夫妻关系、婆媳关系等家庭关系和邻里关系，营造民主、平等、和谐的家庭氛围，为婴幼儿的健康成长创造良好的家庭环境。

（二）提高科学养育水平

对于婴幼儿来说，家长不仅具有抚养义务，而且还承担着教育的义务。在抚养婴幼儿的过程中，什么时候开始给婴幼儿添加辅食、每天应该给婴幼儿喝多少水等问题看似简单，很多家长却不能够给出科学的解答。因此，社区指导对提高家长抚养婴幼儿的水平是非常

有效的。社区指导能够丰富家长的科学喂养知识，保证婴幼儿营养均衡，增强婴幼儿体质，提高婴幼儿健康水平。

婴幼儿的教育是一项复杂而又科学的工作，初为父母的家长，存在着相关知识匮乏的问题。社区指导婴幼儿家庭亲子教育的一个重要任务是指导家长提高自身的教育水平，从而提高亲子教育质量。因此，通过亲子教育指导，社区能向家长普及亲子教育知识，使其转变育儿观念，改善育儿方法，增强育儿能力，促进婴幼儿身心的全面发展。

（三）保持与早教机构之间的协同力

社区组织本身不具有婴幼儿家庭教育的功能，必须借助于专业机构才能开展亲子教育活动。早教机构有着教学经验丰富的专业教师，他们有着科学的早教知识、丰富的育儿经验，同时早教机构和家庭都承担着教育婴幼儿的重任，两者合作能形成教育合力，大大提高婴幼儿家庭的教育质量。社区指导可以让家长全面、正确地了解早教机构专业育儿的内容与方法，认真学习、汲取教师的经验和建议，让家长主动与早教机构合作开发婴幼儿的智力，形成社区、早教机构和家长合作的亲子教育环境。

（四）进行法律知识的宣传和学习

维护每一名公民的权利，包括婴幼儿的生存权利，是国家行政管理部门的义务。婴幼儿是一个独立的个体，有着自己的权利。近年来，国家相继出台了多部保护儿童权益的法律，除了《中华人民共和国未成年人保护法》和《中华人民共和国预防未成年人犯罪法》等法律法规外，我国还签署加入了联合国《儿童权利公约》。社区指导能让家长了解和学习这些法律法规，提高法治意识，增强法治观念，推进法治社会建设，从而依法保障婴幼儿的生存权、发展权、受保护权和参与权。

三、社区指导 0 ~ 3 岁婴幼儿家庭开展亲子教育的内容

在 0 ~ 3 岁婴幼儿家庭中开展亲子教育是家庭优生优育的活动形式之一。实现婴幼儿身心健康发展不仅需要家庭的投入，而且还应有全社会的关心和支持，尤其是下沉到基层的社区，应承担起婴幼儿家庭亲子教育的指导和研究工作。

（一）社区指导健康婴幼儿家庭亲子教育的内容

大部分家庭都非常重视 0 ~ 3 岁婴幼儿的心智培育方法，尤其是健康婴幼儿的养育工作。婴幼儿父母的育儿经验因人而异，为了提高年轻父母的整体育儿素养，社区必须建立社区培训指导室，指导和规范婴幼儿家庭的科学育儿方法，使其形成良好的育儿习惯。

1. 掌握科学育儿方法

在婴幼儿的成长过程中，要注重科学育儿方法：社区指导家长注意科学的饮食调配，培养婴幼儿的健康卫生习惯，了解婴幼儿常见疾病及其预防和护理常识，以及常见意外事故的相关知识及急救措施。要注重婴幼儿良好生活习惯的养成：社区应指导家长在了解婴幼儿成长的规律及特点的基础上，为婴幼儿制订日常生活规则，指导婴幼儿的日常生活行为，加强婴幼儿的感知训练；社区应指导家长创造有利于婴幼儿多看、多听、多运动、多抚触的独立活动空间，充分利用日常生活中的真实物品和现象，让婴幼儿在爬行、观察、听闻、触抚等训练过程中获得各种感官活动经验，促进婴幼儿的感官发展。

2. 激发婴幼儿的好奇心和想象力

0 ~ 3 岁婴幼儿具有强烈的好奇心、求知欲，喜欢模仿，喜欢想象。因此，社区应指导家长关注此年龄段婴幼儿的需求，采用各种方式激发他们的好奇心和想象力。例如，指导家长为婴幼儿提供开展抓握、把玩、涂鸦、拆卸等活动的设施、材料和玩具；指导家长以亲子游戏的形式发展婴幼儿双手协调、手眼协调等精细动作能力；指导家长用心欣赏婴幼儿的行为和作品并给予鼓励，分享婴幼儿的快乐；指导家长采用鼓励、表扬等正面强化措施，利用生活场景对婴幼儿的想象力进行适时、适度的引导和强化。一系列的亲子游戏活动既能够丰富适龄婴幼儿的健康生活，又能够为婴幼儿成长提供良好环境。

3. 提高婴幼儿语言表达和情绪调控能力

婴幼儿的语言习得有其特定的环境，社区指导家长为婴幼儿创设宽松愉快的语言环境，为他们的语言学习和模仿提供丰富的物质材料，运用多种方法鼓励他们开口说话。婴幼儿的语言能力是通过模仿习得的，社区应指导家长提高自身的语言素养，为婴幼儿提供良好的示范，促进婴幼儿语言表达能力的发展。同时，社区还应指导家长了解婴幼儿成长阶段的特点和表现，学会倾听、分辨他们的“语言”，安抚他们的情绪。婴幼儿的情绪具有冲动、外显、不稳定、易受感染等特征，社区应指导家长关注、尊重、理解婴幼儿的情绪，学习亲子沟通的技巧，以民主、平等、开放的态度与婴幼儿沟通，学会安抚婴幼儿，给予婴幼儿鼓励和支持，让婴幼儿学会控制自己。

4. 帮助婴幼儿适应幼儿园的生活和学习

大多数婴幼儿在 3 岁会被送入幼儿园，初入园的婴幼儿或多或少都会出现不适应的现象。社区应指导家长采取措施帮助婴幼儿适应幼儿园的生活和学习。入园前，社区应指导家长有意识地培养婴幼儿的自理能力、遵守简单规则的能力，为入园做好准备。入园后，社区应指导家长积极了解婴幼儿对幼儿园的适应情况，分析其入园后不适应的原因。在婴幼儿出现分离焦虑时，家长应通过耐心沟通与疏导来稳定婴幼儿的情绪，使其正确面对分离焦虑。在入园期间，社区应指导家长积极配合园所的保教工作，通过各项游戏活动，安抚婴幼儿情绪，尽快让婴幼儿融入小伙伴的社交圈，使婴幼儿具有良好的社交能力和性格。

（二）社区指导特殊婴幼儿家庭亲子教育的内容

0 ~ 3 岁特殊婴幼儿是指有生理障碍需要特殊抚养和教育的婴幼儿，是指在成长发展过程中需要家长特别照看和培养的特殊个体。因此，针对这一特殊婴幼儿群体的培育应更加耐心、有更好的方法，才能实现更好的目标和取得更好的效果。

1. 及早发现婴幼儿的异常表现

在婴幼儿时期，很多病症不易发现，这就需要家长细心观察。社区应指导家长在日常育儿过程中学习一些婴幼儿病理知识，细心观察婴幼儿的微小变化，及时发现问题。要认识到特殊婴幼儿的病症并不都是不可治愈的，如果早发现、早诊断、早治疗、早教育，也许可以通过药物或手术加以改善；即使无法改善，也能根据婴幼儿的发育状况采取相应的特殊教育策略，为婴幼儿以后的发展打好基础。

2. 积极寻求行业专家的帮助

面对特殊婴幼儿，家长会感到悲伤、难过，甚至有些家长不承认婴幼儿有特殊需要，以至于错过了最佳的干预治疗期。社区应指导家长平复情绪，积极寻求行业专家帮助，以改善婴幼儿的病症。社区还应指导家长积极寻求与专业人士合作，根据婴幼儿的问题制订个性化的医疗康复方案和教育训练计划，持之以恒，以改善婴幼儿的症状，培养婴幼儿适应社会的能力。

3. 主动营造良好的家庭氛围

良好的家庭氛围能很好地平复特殊婴幼儿的焦虑情绪，越有特殊需要的婴幼儿，越需要家长的耐心沟通。社区应指导家长给予特殊婴幼儿足够的关爱，营造和谐、快乐的家庭气氛。对于多子女家庭，家长还应教育他们建立和谐、包容、谦让的手足之情。家长应通过各种方式与婴幼儿沟通，用乐观向上的心态感染婴幼儿，鼓励婴幼儿正视现实、积极面对困难，教育婴幼儿坚定信心，相信只要努力，任何困难都可以克服。

4. 建立特殊婴幼儿家长交流群

0 ~ 3 岁特殊婴幼儿群体的家长在长期的照护过程中，会积累丰富的特殊需要护理经验。社区应指导家长通过网络搜寻相关案例，联系具有相同特殊需要的婴幼儿家长，交流特殊婴幼儿的病症及治疗方法。同时，社区可以帮助区域内特殊婴幼儿的家长建立特殊婴幼儿信息交流群，促进特殊婴幼儿家长的相互交流，提高特殊婴幼儿病症的治愈率，巩固亲子教育素养。

（三）社区指导特殊家庭亲子教育的内容

特殊家庭一般包括离异家庭、重组家庭、服刑人员家庭、流动人口家庭、农村留守婴幼儿家庭等。因此，社区只有针对不同家庭的状况开展相应的指导，才能提高社区指导的效率和效果。

1. 社区对离异、重组家庭的指导

社区应指导家长学会调节和控制自己的情绪，不要在婴幼儿面前流露出对离异配偶的不满，定期让非监护方与婴幼儿相聚，不断强化婴幼儿心目中父（母）亲的形象和情感，使婴幼儿有安全感，促进婴幼儿树立性别意识。社区应指导重组家庭的夫妻关心、帮助和亲近对方的婴幼儿，减轻婴幼儿的心理压力，帮助婴幼儿正视现实，营造和谐、融洽的家庭氛围。

2. 社区对服刑人员家庭的指导

社区应指导监护人多关爱婴幼儿，善于发现婴幼儿的优点，观察婴幼儿的异常，用教育和爱的力量培养婴幼儿的自尊心，引导婴幼儿克服自卑心理；定期带婴幼儿探望父（母）亲，纾解婴幼儿思念父（母）亲之情。社区还应指导家长多与婴幼儿交流沟通，多为婴幼儿创造培养良好习惯的机会，多鼓励婴幼儿参与社会活动，增强其自信心。

3. 社区对流动人口家庭的指导

社区应指导家长勇敢面对陌生环境和生活困难，为婴幼儿创造良好的生活环境，处理好家庭成员之间的关系，为婴幼儿创造宽松的心理环境。社区应指导家长多与婴幼儿交流，了解婴幼儿的思维想法，同时促进家长不断学习，树立全面发展的教育理念，多与早教托育机构和幼儿园联系，共同为婴幼儿的成长创造良好的学习环境。

4. 社区对农村留守婴幼儿家庭的指导

社区应指导家长增强责任意识，认真履行家长的养育义务，承担起监护留守婴幼儿的应尽职责，不能简单粗暴地对待婴幼儿或者无原则地迁就、溺爱婴幼儿。社区应指导家长重视婴幼儿的亲子教育活动，呵护婴幼儿早期的身心健康，多与婴幼儿交流沟通，对婴幼儿的道德发展和精神需求给予充分的关注，促进留守婴幼儿的健康成长。

知识链接

社区如何指导婴幼儿家庭开展亲子教育活动

家庭亲子教育是一门科学，有其内在的规律，不能仅凭家长的成长经历和生活经验。调查显示，有45.5%的家长认为自己“缺乏科学育儿的知识和能力”，家长迫切需要专业的家庭教育指导。因此，帮助家长树立科学的亲子教育观念、打造科学系统的亲子教育指导与服务体系迫在眉睫。

一、帮助家长树立正确的亲子教育理念

家长要学会尊重婴幼儿。婴幼儿是独立的、有意识的、有思想的个体，应该得到家长的尊重与平等对待。婴幼儿的身心发展是自然的、有阶段的、有规律的，父母不能急于用各种所谓的知识培训、能力训练来揠苗助长，而应在尊重婴幼儿兴趣、个性的基础上逐步引导婴幼儿实现德智体美劳全面发展，促进婴幼儿智力开发；根据婴幼儿身心发展规律予以科学的引导，给予婴幼儿充分的尊重与自由，让婴幼儿在自然成长中享受快乐，在日常生活中形成独立的意志品质与健全的人格。

二、指导家长不断提高自身的文化修养

不少家长因为自己的文化知识水平差，就放弃家庭教育的责任，认为只是负责婴幼儿的衣、食、住、行等生活需要就足够了。其实，家长才是婴幼儿的第一任老师，亲子教育在婴幼儿成长中起着至关重要的作用。家长应加强自身的思想、品德、文化修养，学习育儿知识，加强与早教培训教师的沟通与交流，形成家庭与社区早教机构、托育机构的教育结合，使婴幼儿受到全方位、多渠道的熏陶与培养。

三、协助家长不断改进育儿方法和途径

家长在亲子教育的过程中必然会遇到各种各样的问题，要妥善解决这些问题，家长就必须运用科学、合理的教育方法。例如，当婴幼儿提出难以回答的问题时，家长不能乱说一气，更不可用“去去去”“就你事儿多”“烦死了”之类的话语打击婴幼儿提问的积极性。那些爱发问、好活动、喜探索的婴幼儿恰恰是创造性人才的雏苗。著名教育家培根说过，习惯真是一种顽强而巨大的力量，它可以主宰人的一生，因此，人从幼年起就应该通过教育培养一种良好的习惯。因此，注重孩子行为习惯的养成教育，对孩子将来的学习有着至关重要的作用。

四、助力家长营造良好的家庭文化氛围

父母要为婴幼儿树立榜样。婴幼儿来到世界上，首先是从父母那里开始学会认识世界的，父母的一言一行、家庭环境的氛围，每时每刻都会对婴幼儿的情感、气质、行为、道德、个性等多方面产生影响。要想教育好婴幼儿，父母就要严于律己，时时、处处注意自己的言谈举止，在思想、生活、学习、工作、劳动和社会等方面用自己的模范行为去影响、感染婴幼儿，以道德榜样引导婴幼儿，让他们在耳濡目染、潜移默化中形成正确的人生观，养成良好的品德行为。一个充满民主、宽松、体贴、关心的家庭会使婴幼儿陶醉于充满乐趣的创造活动之中，这对婴幼儿独特个性的形成、创新意识的萌发将起到一定的促进作用。

课后巩固与练习

一、单项选择题

1. 下列对社区特征的表述，错误的选项是（　　）。

A. 集合体　　B. 活动的场所

C. 聚落　　D. 静止的

2. 对社区的内涵解释错误的选项是（　　）。

A. 社区都有一个相对稳定、相对独立的地理空间

B. 社区都有一定数量的人口

C. 社区的核心内容是社区中人们的各种社会活动及其互动关系

D. 生活于该地域的人们具有一种经济上的归属感

3. 我国社区教育起步于20世纪（　　）年代初期，它是在国家实行改革开放后，在总结原有学校教育、家庭教育、社会教育相结合经验的基础上，借鉴国外社区教育的经验，从国内不同地域的实际出发，通过试点逐步发展起来的。

A. 60　　B. 70

C. 80　　D. 90

4. 社区教育的特征是地域性、开放性、实用性和（　　）。

A. 平等性　　B. 全程性

C. 单一性　　D. 正义性

5. 社区指导婴幼儿家庭进行亲子教育的对象主要是家长，家长不仅包括婴幼儿的父母，而且还包括（　　）。

A. 老师　　B. 社区工作人员

C. 承担辅助教育工作的家政服务人员　　D. 志愿者

6. 社区指导婴幼儿家庭亲子教育的任务表述错误的是（　　）。

A. 指导家长与家政机构合作

B. 指导家长提高抚养水平

C. 指导家长提高教育水平

D. 指导家长优化家庭环境

7. 应让婴幼儿在爬行、观察、听闻、（　　）等训练过程中获得各种感官活动经验，促进婴幼儿的感官发展。

A. 多看　　B. 多听

C. 运动　　D. 抚触

8. 婴幼儿的语言能力是通过（　　）习得的，社区应指导家长提高自身的语言素养，为婴幼儿提供良好的示范。

A. 观察　　B. 模仿

C. 指导　　D. 触摸

9. 社区指导 0 ~ 3 岁特殊婴幼儿家庭亲子教育的内容表述错误的是（　　）。

A. 放平心态，积极寻求专业人士的帮助

B. 早发现、早诊断、早治疗、早教育

C. 与专业人士合作

D. 积极寻求良好的社会氛围

10. 社区对特殊家庭的指导应根据不同家庭的状况，引导家长不能简单粗暴地对待婴幼儿或者无原则地迁就、溺爱婴幼儿，夫妻双方应（　　），才能促进婴幼儿的健康发展。

A. 应互敬、互爱、互信

B. 处理好家庭成员之间的关系

C. 多与婴幼儿交流沟通

D. 与早教机构积极联系

二、简答题

1. 社区的含义是什么？它具有什么特征？

2. 什么是婴幼儿社区教育？

3. 社区对婴幼儿家庭开展亲子教育进行指导的任务是什么？

4. 社区对 0 ~ 3 岁健康婴幼儿家庭亲子教育进行指导的内容有哪些？

5. 社区应怎样对 0 ~ 3 岁特殊婴幼儿家庭亲子教育进行指导？

三、论述题

论述在高科技时代社区应如何做好对 0 ~ 3 岁婴幼儿家庭亲子教育的指导。

四、实训项目

完善社区对婴幼儿家庭亲子教育的调研和实施计划，填写表 7–1。

表 7–1 婴幼儿家庭亲子教育的调研和实施计划

班　　级		姓　　名	
时　　间		地　　点	
活动目标	（1）深刻理解社区教育功能。 （2）认知婴幼儿家庭亲子活动的深刻意义。 （3）熟悉社区指导婴幼儿家庭亲子教育的多种方式。		
活动内容	全班学生分为若干小组，模拟社区相关组织，采用多种形式指导家庭亲子活动，并撰写调研报告和实施计划。		
活动要求	（1）小组成员要有分工协作，充分调动每名学生参与活动的积极性。 （2）各小组在规定的时间内完成项目的要求，并开展相应的活动。 （3）各小组之间要相互配合，选择不同的模拟社区指导方式，这有助于比较、辨析各项目的优劣。 （4）各小组完成各项目的前期调研报告，制订相应的实施计划，同时完成汇报 PPT 的制作。		
活动考核	（1）各小组完成一份调研报告。 （2）各小组制订一份实施计划书。 （3）各小组派一名代表汇报前期的准备工作，并用汇报 PPT 进行展示。 （4）评价各小组的表现，并进行学生互评。		
活动总结			
评　　语			
成　　绩		指导教师	

项目八 早教机构与亲子教育

思政课堂

人生百年，立于幼学

——启蒙教育应重在“养正”“育德”

我国早期早教思想概括起来主要有《周易·蒙卦》提到的“蒙以养正，圣功也”，即在儿童初期给孩子以正确的培养、教育和启迪，这是圣人功业。《颜氏家训·兄弟篇》中提到的“以豫为先”，即强调教育应先于“人的发展”，认为相对于学校教育和社会教育，家庭教育更为重要；《颜氏家训·教子篇》中提到的“生子咳提，师保固明孝仁礼义”，进一步彰显德育的重要性。以上理念既指明了对道德教育的重视，也点明了教育的早期性。由此可见，我国自古以来都非常重视对道德品质的启迪和培养。

生命早期是一生的基石，婴幼儿期是人生的启蒙期，是塑造健全人格和形成良好道德素质的关键时期。德国著名教育家赫尔巴特认为，儿童生来就有一种盲目冲动的种子。这个时期的儿童具有很强的可塑性，模仿力强，极易受外界的影响，可以说，这一时期儿童发展的方向和水平很大程度上取决于外部环境。父母是孩子的第一任老师，家庭是孩子的第一课堂，早教机构是孩子走向社会的起点。良好的道德习惯是做人做事的根本。成功的德育经验表明，德育必须及早实施，年龄越小越有效，实施早期婴幼儿德育，才能形成健全的人格。故启蒙教育应坚持“育人为本，德育为先”。

家庭亲子教育是婴幼儿德育的根本。婴幼儿的社会生活起步于家庭，因此，父母是孩子最重要的老师，家庭是早教首个也是最重要的场所。早教机构教育是婴幼儿德育的基础。婴幼儿在 2 ~ 3 岁时大脑和神经系统的发育已经基本接近成人，这段时间是婴幼儿道德教育的基础时期，这一时期的德育教育若出现问题，对婴幼儿的成长是极为不利的。因此，家庭、早教机构、社区教育要相互一致，如果早教机构对婴幼儿进行正面教育，而家庭则相反，孩子就会迷失方向，无法树立正确的道德标准。德育教育要全面，就必须加强家庭、早教机构、社区教育三者的联系，同时充分调动社区资源，引导家长、教师为幼儿树立良好的榜样，做好社区调节工作，使幼儿从小建立好的道德修养。

婴幼儿期不仅是健全人格的启蒙期，而且还是一生幸福的奠基期。婴幼儿德育是启蒙教育的基础，只有树立正确的家庭亲子教育观，从小培养良好的品德修养，才能培养出全面发展的新世纪人才。

学习目标

知识目标：

（1）了解早教机构的含义、类型及其与亲子教育之间的关系。

（2）熟悉早教机构环境创设的要求。

（3）掌握早教机构指导家庭亲子教育的方式。

（4）能够借助亲子互动行为的观察与分析，探讨与婴幼儿互动的方式，掌握科学、有效的教养方法。

（5）学会评估早教机构的质量和效果，以便协助家庭选择合适的早教机构。

素养目标：

（1）提升形象思维能力，增强主动服务意识。

（2）认同早教机构在亲子教育中的重要性和实用性。

（3）树立正确的教育观和合作意识，引导家庭与早教机构建立良好合作关系。

（4）具有较强的语言沟通能力，提高参与亲子活动实践中的意识和积极性；具备组织和指导亲子教育活动的能力，以及耐心、爱心和奉献精神。

任务一 了解早教机构

任务目标

了解早教的含义及早教机构的含义、类型，熟悉早教机构环境创设的要求，掌握早教机构与亲子教育之间的关系。

案例导入

害羞的点点

点点20个月了，是个非常可爱的女宝宝，但是比较害羞。当点点第一次来到早教机构的时候，她显得非常胆小、羞怯，一看到陌生人就要妈妈抱抱，但当你跟她热情互动时，她又会瞪着水灵灵的大眼睛开心地笑。点点平时参加早教机构的活动都是由妈妈陪伴，但今天爸爸妈妈都出差了，所以由奶奶带着点点来到早教机构参加亲子活动。点点刚进门时显得有点心不在焉，但很快就被公共休闲区的一个布偶玩具给吸引了，奶奶也顺势坐下来陪着她。老师见状，连忙邀请奶奶带点点到活动区域玩。奶奶催促点点过去，可点点置若罔闻。集中性亲子游戏即将开始，老师提示家长引导宝宝把手头玩具整理好。奶奶也开始催点点，并拉点点前往活动区，可是没想到点点大哭起来。奶奶安抚了下点点，点点停止了哭泣。大家都已在活动毯上坐好，奶奶在老师的建议下试着抱点点过去，结果点点开始号啕大哭，不愿意加入。奶奶尴尬不已，无奈只得任由她在玩具之家玩到游戏结束。

几天后的亲子活动是妈妈陪伴。对于上次发生的情况，妈妈觉得点点奶奶不知道如何引导孩子参加亲子活动，还是得自己来。妈妈看到新游戏“摘水果”马上开始，赶紧抱着点点进入活动场地，并蹲下身来耐心地引导点点：“宝宝，我们把苹果从树上摘下来，放到篮子里好不好？”当点点摘到一个苹果后，妈妈马上做出肯定：“宝宝真棒！”点点非常投入地跟妈妈玩了很久，妈妈全程都蹲在点点旁边。游戏后，老师问点点：“点点，今天玩得开心吗？”“开心。”“还想不想妈妈一起陪宝宝玩呢？”“想。”点点爽快地回答。

新的亲子活动又开始了，点点一听到老师提醒，还是哭了起来。妈妈小声安慰，点点停止了哭声。妈妈抱着点点在旁边观看，并解说老师和小朋友们的游戏节奏，点点渐渐被游戏吸引了，妈妈顺势抱着点点参与了进去。

思考：

（1）这个案例对你有什么启示？

（2）为什么同一个宝宝在不同家长的引领下在早教机构中的表现会不一样？

（3）早教机构与亲子教育具有怎样的关系？

早期教育（简称“早教”）主要是对 0 ~ 6 岁儿童开展有针对性和指导性的教育活动，以促进儿童早期智力的健康发展。早教机构是社会发展的产物，先前是为没有精力和时间教育孩子的家长提供专业服务的机构，现在已逐渐衍变为以提高孩子智能、开发幼儿早期能力、为家长提供专业化教育指导的综合性服务机构。

一、早教和早教机构的含义

（一）早教的含义

早教有广义和狭义之分。从广义的角度来看，早教是指以 0 ~ 6 岁儿童兴趣开发为主的一切启发、引导和教育，其主体涵盖早教机构、幼儿园及家庭。我国《早期教育服务规范》（GB/T 31725—2015）对早期教育服务的定义是“在托儿所、幼儿园保育教育活动之外，面向 0 ~ 6 岁婴幼儿及其家长，由相应组织提供，旨在促进婴幼儿身心发展的一系列教育活动与过程”。在该定义中，早教的主体是托儿所、幼儿园之外的相应组织，早教的对象除了 0 ~ 6 岁的婴幼儿，其家长也是早教的目标对象。在我国，幼儿园接收的主要是 3 ~ 6 岁的儿童，0 ~ 3 岁婴幼儿教育尚未普遍纳入公共服务体系和教育体系中。从狭义的角度来看，早教主要是指面向 0 ~ 3 岁婴幼儿实施的启发式教育。

（二）早教机构的含义

早教机构是指以一定的教育理念为基础，以音乐、运动、艺术等综合性的课程或某一领域的垂直课程为依托，为 0 ~ 6 岁儿童及其父母、家庭提供培训指导和帮助的教育机构。我国早教机构萌芽于 20 世纪 90 年代末，兴起于 21 世纪初。

（三）早教机构和幼儿园的区别

早教机构和幼儿园具有显著的差异。从目标对象上看，幼儿园面向的是 3 ~ 6 岁的儿童；早教机构面向的是 0 ~ 6 岁的儿童，婴幼儿的家长也是其目标对象。从教育内容上看，幼儿园主要是围绕 3 ~ 6 岁儿童在园区的一日生活开展游戏、保育、教育等相关活动；早教机构更注重亲子教育和婴幼儿的潜能开发，强调在亲子活动中家长要与孩子进行情感沟通，建立起良好的亲子关系，促进婴幼儿人格的健全发展。

二、早教机构的类型

我国早教机构一般是私营教育机构。从运营模式来看，早教机构可以分为连锁加盟早教机构、自创品牌早教机构及幼儿园附设早教中心；以经营范围为标准，早教机构可以分为综合型早教中心和特色型早教机构两大类；以课程为标准，早教机构的类型更为丰富，有促进幼儿神经发育的感觉统合教育、有以蒙台梭利理论为基础的蒙氏教育、有奥尔夫音乐教育、有专注幼儿全脑开发教育等早教机构。

三、早教机构的环境创设

0 ~ 3 岁是婴幼儿生理发育、心理发展及大脑发育最快速的时期，婴幼儿这一阶段的成长更多是通过对环境的探索、与环境的互动实现的。因此，环境作为隐形课程在早教机构的亲子教育中具有举足轻重的作用。一个科学化、系统化、专业化、适宜婴幼儿发展的学习环境对于早教机构尤为重要。因此，早教机构在环境创设上要围绕低幼龄儿童进行，使之符合自身的特性，与全日制托育机构、家庭形成差异。良好并富有特色的环境创设有助于早教机构更加科学、合理、有效地开展早教活动，提升亲子教育指导的质量。那么，早教机构应如何创设有利于婴幼儿亲子教育的环境呢？

（一）创设温馨有活力的家庭式环境

0 ~ 3 岁婴幼儿的生活环境主要是家庭，其适应新环境的能力还比较弱，到了一个陌生的环境会容易产生紧张、害怕的情绪。因此，早教机构在环境创设中应尽量减少这种陌生感和疏离感，营造温馨、舒适的家庭式环境。可以营造舒适的类客厅环境，设置软软的小沙发、地毯、靠垫、毛绒玩具，让婴幼儿靠一靠、摸一摸、爬一爬、滚一滚、抱一抱；营造便捷的生活环境，设置专用小马桶、洗手台，低矮的桌子、凳子，色彩温馨的墙纸、桌布等，有充足的光线、清新的空气；营造开放的学习环境，放置有趣的绘本、精致的装饰画、可爱的小物件……让婴幼儿觉得整个环境陌生又熟悉，有距离又充满吸引力，有挑战又有安全感。创设一个温馨有活力的家庭式环境能最大限度地减轻婴幼儿对早教机构环境的紧张和焦虑，实现从家到早教机构的良好过渡，提升婴幼儿的适应能力。

（二）创设丰富可迁移的生活化环境

0 ~ 3 岁婴幼儿的学习多是通过与生活环境互动实现的，生活中的常用物品对其有着巨大吸引力。因此，早教机构的环境创设和教具选择应尽量真实、自然，以更好地提升婴幼儿的感知能力和学习能力。早教机构在教具选择上应多从以下环境中提取素材。一是从日常生活用品，如厨房里的锅、碗、瓢、盆、五谷杂粮、一次性水杯，衣柜里的袜子、帽子、毛线、抽屉、衣物收纳工具等，书房的纸、笔、夹子、卡片，以及纸巾、不同材质的袋子、遥控器等中提取素材，提升婴幼儿的学习兴趣。例如，可以用决明子做沙池，将玩具恐龙蛋或小动物藏于其中，让婴幼儿进行触摸、挖掘、探索，一起玩找“宝藏”或“恐龙蛋”的游戏。在这个游戏中，婴幼儿可以认识决明子、蛋或各种小动物，还可以感受挖掘决明子时发出的“哗啦啦”声音及其光滑坚硬的质感，促进自身听觉、触觉、嗅觉等感知系统的发育，并获取生活经验。二是从大自然，如对风、雨、雪等气候资源，沙、水、石等物体资源，花、草、叶等植物资源，鱼、鸟、昆虫等动物资源中提取素材，促进婴幼儿与大自然的互动。与此同时，源自日常生活和大自然的教具也能帮助家长从生活环境中获取灵感，在家即可用各种废旧生活材料或自然材料制作玩教具，将在早教机构习得的亲子教育知识向日常生活中进行迁移。

（三）创设安全可探索的自由化环境

大多数 0 ~ 3 岁婴幼儿活泼好动且缺乏自我保护的意识，因此早教机构在环境创设上需把好安全关。首先，在装修及教具材质的选择上，要环保、健康、卫生，确保婴幼儿生理健康安全；其次，室内设计要符合婴幼儿人体工程学，电源要设置在安全角落，家具要光滑无锐角等。在确保早教机构环境创设安全的基础上，还需最大限度地为婴幼儿提供可探索的自由化环境。因此，在环境的设计上，教具柜体的设计要科学、合理，不宜超过婴幼儿的身高；玩具要方便婴幼儿取、放、任意选择，以促进婴幼儿对学习环境进行自由探索的兴趣。另外，环境设计要方便教师、家长观察、监督，一旦感觉婴幼儿在自由探索的过程中有危险，应及时制止，或通过语言、眼神对其行为进行调整。

（四）创设动态发展的支持性环境

0～3岁的婴幼儿每个月龄段都会呈现出不同的发展特点，同时每个婴幼儿的生理、心理发展速度也都不是完全一致的，兴趣、爱好、需求也有差异。因此，早教机构在环境的创设上要具有发展性和支持性，适应不同婴幼儿的发展节奏和步调，做到因材施教。一是打造富有组合变化功能的环境。可以根据不同月龄段婴幼儿的发展特点和兴趣需求调整环境。例如，根据不同月龄段婴幼儿的动作水平调试攀爬架、平衡板的难度，激发他们的尝试欲和成就感；在教具选择上多提供适宜和富有层次性的材料，如磁力片、积木、串珠、拼图等；通过调整材料使空间富有变通性和灵活性。二是打造有秩序、有限制的环境。婴幼儿的注意力比较容易分散，因此在环境的创设上要避免婴幼儿身边的物品过多，同时对物品进行合理的分类、归置，为婴幼儿秩序感的培养打下基础。

（五）创设互动可参与的指导式环境

环境的教育意义是通过有针对性的创设形成的。一是对于婴幼儿，环境创设要有潜移默化的引导性和自发的互动性，如在墙面、地板、台阶等婴幼儿经常会接触的地方，设置触碰机关、动物模型、藤蔓等可触摸、可观察的微环境。有目的地创设环境可以引发婴幼儿的自发互动，自然地介入身边环境，获取信息学习。二是对于家长，要将亲子教育指导内容融入环境创设中，如在走廊或楼梯标注家长在亲子活动陪伴中的要点和育儿贴士，在教室及教具旁张贴活动日程表及教具使用指南和活动指导。指导式的环境创设可以于无声中督促家长学习，传播科学的亲子教育理念，提升亲子活动的质量。

（六）创设合作友爱互助的人文环境

早教机构的环境可分为硬环境和软环境。硬环境即以上所指的课堂教室环境，而软环境指的是早教机构的人文环境。人文环境的营造对婴幼儿的发展起着潜移默化的作用。早教机构的人文环境可分为两个方面。一是早教机构自身的人文环境，即企业文化。良好的企业文化有利于为婴幼儿创设一个充满人文关怀的环境。二是早教机构教师和家长之间的关系。在早教活动中，早教机构教师和家长的沟通最为密切，只有两者形成合力，建立伙伴式友爱互助的关系，才能更好地为婴幼儿创造充满爱的环境，并形成良好的社会交往示范。

四、早教机构与亲子教育的关系

（一）亲子教育中家庭和学校的不同角色

苏联教育家苏霍姆林斯基说过，没有家庭教育的学校教育和没有学校教育的家庭教育，都不可能完成培养人这一极其细致而复杂的任务。因此，在早教机构的亲子教育中，家校应当形成深度合作的伙伴式关系。

1. 早教机构的角色定位——组织者、观察者、指导者

在早教机构的亲子教育中，应强调婴幼儿和家长的主体地位，体现早教机构的专业性。早教机构通过对婴幼儿普遍规律的总结、有效环境的创设，积极开展、组织与婴幼儿积极互动的亲子活动；通过对亲子活动中婴幼儿行为及家长与婴幼儿互动模式的观察分析，挖掘婴幼儿的发展潜能，引导家长理解婴幼儿的行为规律，探讨与婴幼儿积极互动的方式，向家长传授更加科学、有效的亲子互动方法。

2. 家长的角色定位——支持者、学习者、参与者

家庭是婴幼儿成长发育的主要场所，早教机构所能提供的亲子活动是有限的，将在早教机构学到的亲子教育知识向日常家庭生活进行迁移才是家长的必修课。因此，在亲子教育中，家长既是被指导者，也是指导者。家长作为婴幼儿的陪伴者、观察者，应与早教机构形成教育合力，建立密切的伙伴式关系，不断丰富完善亲子教育的知识和技能。

（二）亲子活动中家长的陪伴策略

在早教机构亲子活动中，家长的陪伴能给予婴幼儿较大的帮助和支持，同时家长通过投身游戏情境、学习教师活动创设、观察其他家庭及婴幼儿自身的反应，能提升自己的亲子教育能力。因此，在亲子活动陪伴中，家长不能对孩子放任自流，也不可替孩子包办代办，需要遵循一定的陪伴策略。

1. 确保安全，全面观察

由于婴幼儿在身体协调能力、语言能力、社交能力等方面的发展都不健全，因此家长在亲子活动中要做到悉心照护，不要轻易离开，避免发生安全问题，如孩子过于疲劳或没有安全地使用玩具。此外，在亲子活动中，家长不要急于参与到活动中，也不能漫不经心、事不关己，而要通过观察来了解孩子语言、动作、心理、社交等发展状况，捕捉孩子的兴趣点，并适时地帮助孩子解决困难。

2. 适度参与，谨慎干涉

家长在全面观察的基础上，可以寻找切入点适度参与到亲子活动中，帮助孩子延长游戏的时间，提升游戏的趣味性，增加彼此之间的互动性。需要注意的是，不要过度干涉，不要强迫孩子按照教师的游戏规则去做，不要过度引导，剥夺其自主探索的机会，要多让孩子学会自己去独立完成。总之，一切要以孩子的注意力和兴趣为出发点。

3. 耐心倾听，倾情投入

婴幼儿具有直觉行动思维。在亲子活动中，家长耐心地给婴幼儿做良好的示范，带给婴幼儿挑战自我的信心和积极参与活动的安定感。此外，家长如果能充满热情地、倾情地投入游戏，就有创设游戏、延展游戏乐趣的更多可能，为孩子创造更好的专注环境。

4. 不贴标签，善用鼓励

不管婴幼儿智力、心理、动作、社交能力发展水平如何，家长都不要给孩子贴标签，如“你怎么这么不专注”或“你怎么这么胆小”。每个孩子都有自身的发展特点，贴标签容易抹杀婴幼儿的学习积极性。积极的鼓励能够激发孩子的探索欲和成就感，让孩子在活动中有面对困难的勇气。

5. 有所坚持，注意言辞

婴幼儿注意力容易分散，若孩子在亲子活动中被外界声音或事物干扰，家长要做适当的坚持和进行引导，否则长此以往，孩子的注意力将受影响，做事情缺乏耐心。同时，在引导的过程中要注意语言，多使用肯定用语，少使用否定用语。

任务二 熟悉早教机构对 0 ~ 3 岁婴幼儿家庭亲子教育的指导

任务目标

了解早教机构指导家庭亲子教育的作用；熟知亲子教育专题讲座的含义、主题及活动开展形式；掌握家长沙龙活动、亲子小集体活动的含义、设计要点及活动形式；熟悉早教咨询、送教上门等早教机构对家庭亲子教育指导的方式。

案例导入

不要让溺爱毁了孩子

在我国，大部分家庭是双职工家庭，祖辈教育的现象非常普遍。相关调查显示，在我国城镇近50%的家庭中祖辈是孩子的主要带养者。孩子越小，与祖辈一起生活的比例就越高。调查显示，95%以上的祖辈没有学习过教育子女这门学问，大部分祖辈的育儿理念落后于时代发展和孩子成长的需要。

糖糖是一个活泼好动的女宝宝，早上跟爷爷奶奶来到早教机构，老师刚想和糖糖打招呼，糖糖一溜烟就跑了。老师来到糖糖身边跟她打招呼，爷爷让糖糖向老师问好，糖糖不理睬。奶奶过来解释说："她就这样，玩起来就听不到声音了，谁说话她都听不见。"

集体活动的时间到了，老师播放音乐让宝宝们收好玩具，糖糖没有回应，老师温馨地提醒糖糖爷爷："糖糖爷爷，您可引导宝宝把玩具送回'家'，或者陪宝宝一起整理玩具，这样可以帮助宝宝养成整理收拾玩具的好习惯。"爷爷点头表示认可，这时奶奶在一旁笑着说："没有用的，在家里叫她收拾玩具，她从来都不听，每次还会故意把玩具弄得到处都是。她太小了！还没这个概念，叫她的这会儿工夫，还不如我自己动手呢！"

小宝宝们在一起玩堆沙堡的游戏，糖糖也想玩，可是她问也没问就一把抢过一个宝宝手里的铲子。被抢的宝宝哇哇大哭起来，爷爷闻声赶紧把糖糖抱走了。老师建议爷爷让糖糖把手里的玩具还给被抢的宝宝，爷爷让糖糖拿出铲子，糖糖开始哇哇大哭。奶奶赶紧跑来安慰道："没事儿宝贝，不还不还。她还小，现在不懂这些，长大以后自然就好了！"

思考：

（1）爷爷奶奶对糖糖在亲子活动中的引导存在什么问题？

（2）早教机构可以通过哪些方式引导家长提升亲子教育实践能力？

早教机构是0～3岁婴幼儿除家庭之外的主要受教育场所，与家庭、托育机构、社区共同形成了婴幼儿早期的受教育环境。早教机构与婴幼儿家庭的合作共育形成合力，对促进婴幼儿身心健康发展起着重要作用。

一、早教机构指导家庭亲子教育的作用

（一）帮助家长树立科学的育儿观念

婴幼儿家庭教育与其他教育相比，具有天然的早期优势，稳定的家庭教育对婴幼儿良

好习惯和行为的形成具有重要意义。家长普遍重视婴幼儿的早期教育，但很多家长并不真正了解什么是早期教育，教养意识和教养观念也各有不同。早教机构发挥着专业引领作用，通过有计划、有针对性地开展适宜的宣传教育活动，举办专题讲座、亲子活动、家长沙龙等不同类型、不同形式的指导活动，使家长形成科学的育儿观念，为婴幼儿的发展创设良好的家庭教育环境。

（二）提升家长的科学育儿能力

在早教亲子活动中，家长作为施教主体，以参与者、引导者的身份与婴幼儿进行互动。教师是否有针对性、有目的、有计划地引导家长科学育儿关乎家长科学育儿能力的提升与否。早教机构通过向家长讲解婴幼儿教育的目标，帮助家长确立正确的培养目标；通过向家长说明家庭教育的作用，加强家长教养婴幼儿的责任感；通过向家长介绍婴幼儿身心发展的知识与培养方式，端正家长的教养态度，提升家长的育儿动力；通过集体指导与个别指导相结合，增强指导的针对性和实效性；通过语言指导、示范指导多种形式增强互动，切实提高家长的育儿能力。

（三）协助家长改变不合理的育儿行为

早教机构通过在早教活动中的观察及与婴幼儿家长的沟通可以发现家长家庭教育中存在的不合理的育儿行为和问题并提出建议，协助家长解决问题。科学的育儿知识只有转化为家长良好的育儿行为才能产生实际的成效。每个婴幼儿家庭的背景、环境不同，出现的不合理育儿行为也不相同，需要具体问题具体分析，但广大婴幼儿家庭也存在很多具有共性的不合理育儿行为，如轻易满足婴幼儿的不合理要求、过分关注婴幼儿智力的培养等。早教机构应根据共性的问题及不同婴幼儿的性格特点，提出个性化的指导方案，改变婴幼儿家庭不合理的育儿行为，为婴幼儿的成长营造良好的环境。

二、早教机构指导家庭亲子教育的方式

家长对孩子的个性发展有着极大的影响。早教机构可以通过亲子教育专题讲座、家长沙龙、亲子小集体活动、早教咨询、送教上门等方式传播现代家庭教育的科学知识，提升家长的亲子教育实践能力。

（一）亲子教育专题讲座

1. 亲子教育专题讲座的含义

亲子教育专题讲座是指针对家长在亲子教育中的困惑、需求，早教机构邀请育儿专家或机构教师定期为家长开展的科学育儿类型讲座。其目的是通过专业解读，帮助家长树立科学育儿理念，掌握亲子互动策略和行为。亲子教育专题讲座主题如表 8–1 所示。

表 8-1　亲子教育专题讲座主题

相关领域	具体主题
理念行为	0～3 岁婴幼儿不同月龄段发展特点和典型行为解读
	0～3 岁婴幼儿亲子教育必须关注的问题
	0～3 岁婴幼儿家庭亲子教育现状及解决对策
	亲子教育活动中家长的有效陪伴
健康养护	如何培养婴幼儿良好的情绪，促进其健康发育
	如何平衡婴幼儿饮食营养与健康
	婴幼儿常见疾病的预防和护理
游戏发展	如何为婴幼儿选择玩具，创设良好的发展环境
	如何应对婴幼儿以自我为中心的现象
	0～3 岁婴幼儿绘本的选择及亲子阅读陪伴技巧
	0～3 岁婴幼儿语言发展和教育
	和孩子一起做好入园准备

2. 亲子教育专题讲座实例

如何保护婴幼儿的专注力

一、指导目标

让家长了解婴幼儿专注力培养的重要性及培养方法，提升亲子教育的科学性。

二、指导对象

0～3 岁婴幼儿的带养者。

三、指导内容

如何加强亲子沟通，引导家长保护和培养婴幼儿的专注力。

四、指导形式

集体指导。

五、指导人员

亲子教育专家。

我们经常会听到有的家长抱怨，“为什么别人家的孩子能一坐就坐半小时，我家的孩子坐两分钟都难呢？”“为什么有的宝宝可以专注地读半小时的绘本，我家宝宝一页还没听完就会跑掉呢？”今天要跟大家探讨的就是婴幼儿专注力的保护和培养。

专注力又被称为“注意力”，是人进行活动时的一种心理状态，即对活动中的人或物表现出特别的专心，是一种持续自控的状态，也是与学习关联特别紧密的能力。

专家认为智力结构是由观察力、记忆力、想象力、思维力及操作力构成的，而这五者的形成都离不开专注力，专注力是深入思考的前提。研究表明，专注力强的孩子更容易坐得住、学得进、听得懂、记得清。因此，专注力的培养将成为孩子受用一生的无价之宝。具体内容有以下几个方面。

1. 0 ~ 3 岁婴幼儿专注力培养的重要性

研究表明，0 ~ 3 岁婴幼儿专注力的时间保持在 5 ~ 10 分钟，且随着孩子年龄的增加专注力时间也会变长。0 ~ 3 岁婴幼儿专注力时间虽然短，但却是“专注力”养成的黄金期，家长把握住这个机会就可以起到事半功倍的作用。那么，家长如何培养婴幼儿，尤其是小月龄宝宝的专注力呢？

2. 影响婴幼儿专注力的四大因素

（1）目标具有可完成性。目标的可完成性对于婴幼儿专注力的形成是重要的，即婴幼儿在做的事情是通过努力可以完成的。目标太难，婴幼儿容易产生畏难情绪；目标太简单，婴幼儿一样容易失去兴趣。所以我们在评价婴幼儿是否专注时，先要衡量这个事情的目标对于婴幼儿当前发展阶段而言是不是合理的。

（2）方法具有易模仿性。婴幼儿具有天生的学习能力，其中最显著的就是模仿能力。故婴幼儿受到充分的引导有助于形成专注力，即在做某件事前，家长应提供操作方法演示，且该方法便于该阶段的婴幼儿模仿学习。

（3）环境具有恒稳定性。稳定的环境是婴幼儿专注力形成的基础。环境包括内在环境和外部环境。内在环境是婴幼儿当前的内在情绪。婴幼儿只有在内在情绪稳定时，才能专注地去完成某件事。同时，安静的外部环境同样重要，安静不是指周围的环境没有一点声音，而是家长不要在孩子专注某件事时去突然打断。

（4）结果具有正反馈性。专注力不是一个结果，而是一个过程，而这个过程的持续性离不开及时的正向反馈。正向反馈包括自我的正向反馈，如婴幼儿边玩边赞同“太有趣了”“我太棒了”，也包括家长适时的鼓励和肯定，包括在宝宝在游戏受挫时提出建议。

3. 关于专注力的几个误区

（1）孩子的专注力是培养出来的吗？科学研究表明，专注力最强的孩子来自“孩子能够主导游戏，父母只提供条件和正向反馈”的家庭，而专注力最低的是家长放任孩子探索、不给予任何反馈的家庭。研究还表明，当父母强行引导孩子专注时，孩子并不听从指导，而是将注意力转移到别处。因此，与其说孩子的专注力是培养出来的，不如说是保护出来的。家长在孩子玩耍的过程中，不要以“喝口水”“快来看”等任何方式去轻易打断他，除非受到孩子的主动邀请，更不要大小事包办代替，或过于唠叨。

（2）专注事情的时间越久专注力越强吗？婴幼儿专注力持续时间的长短与其发展阶段有关。通常来说，1 ～ 3 岁幼儿因大脑发育速度不同，呈现出的专注力也会有差异。

4. 有助于提升婴幼儿专注力的游戏推荐

（1）“拼一拼”游戏。拼图是适用于 1 岁以上幼儿专注力提升训练的游戏，拼图是培养幼儿专注力最常用的游戏。拼图的难易度要根据幼儿月龄的大小来进行调整。对于月龄偏小的婴幼儿，可提供 2 ～ 3 块拼图练习，拼图的内容要选择幼儿熟悉且喜爱的形象，如动物、蔬菜、水果、小汽车等。需要注意的是，在拼图过程中家长只需要给予方法的指导和玩法的示范，剩下的就是让幼儿自己探索尝试，不要轻易去干涉或给予帮助，只有在幼儿求助时或表现出不耐烦时才可以适度引导。

（2）“找一找”游戏。对于 1 岁以上的幼儿，家长还可以经常陪同他玩“找一找”游戏。家长可以把一些常见的生活物品，如纸巾、遥控器藏起来，引导幼儿探索、寻找；随着幼儿不断长大，家长可以更换这些常见物品的存放地；日常生活中，眼镜、手机的拿取，可以让其参与进来，幼儿一定会乐在其中，并在听从指令和反复筛辨物品中使专注力得到培养。

（3）“唱一唱”游戏。对于 1 岁半以上的幼儿，家长可以找一些节奏感强的儿歌，配合奥尔夫乐器，引领幼儿一边唱一边拍手或拍打乐器，掌握简单的打击规律。幼儿在唱、拍、学的过程中，能更好地沉浸在歌曲中，体会音乐的美妙，提升专注力。

（4）“走一走”游戏。家长先在废旧的鞋盒盖上面画上脚印，然后把鞋盒盖铺成一条小路，让幼儿踩着鞋盒里的脚印往前走，看看幼儿可以坚持多久。在这个过程中，幼儿一直专注脚下运动及肢体的平衡，可以较好地锻炼观察力和专注力，同时促进运动能力的提升。

（5）“比一比”游戏。家长可以组织家庭成员或社区小朋友，面对面开展竞技性的活动。例如，反调游戏，即家长发出指令，幼儿要做出与指令相反的动作（如家长发指令“向后一步”，孩子要向前跨出一步），以此来锻炼幼儿的专注力和反应速度。该类型游戏适合 2 岁半至 3 岁的幼儿，同时在指令词语的使用上，注意不要使用过于复杂的概念。小朋友们比一比能增强活动的游戏性，提高他们的判断力和专注力。

（二）家长沙龙

1. 家长沙龙活动的含义

家长沙龙活动是一种氛围轻松，旨在分享经验的亲子教育指导活动。其组织者既可以是早教机构的教师，也可以是家长。通常，教师是家长沙龙活动的主要组织者，如果早教机构的部分孩子家长在亲子教育活动中取得较好的活动收获，早教机构可以邀请这部分孩子家长和其他家庭一起分享他们的好经验和好做法。在活动内容的安排上，不限于理论的分享，应强调家庭式的立体化参与和多元化的活动形式，突出家长的地位。在活动的基调上，需要营造轻松愉快、可对话的氛围，即教师与家长、家长与家长之间不仅是简单的指导者和被指导者，还是朋友、支持者。在活动时间上，可以每月开展 1 ~ 2 次形成可持续性的活动。开展家长沙龙活动，可以形成亲子教育互助群，让家长更好地提高自己参与亲子教育活动的实践能力。

2. 家长沙龙活动的设计要点

（1）活动主题要切合痛点。家长沙龙活动主题的选择在某种程度上决定了沙龙活动的成功与否，选取家长感兴趣的沙龙活动主题是成功的关键。早教机构可以通过在家长群里提前征集话题的形式来了解家长在亲子教育中遇到的困难、困惑，选择普遍存在的问题作为沙龙主题。可以随着婴幼儿月龄的增加不定期进行，并可让家长提前就话题进行准备。只有把握住了家长在亲子教育中的痛点和需求，沙龙活动才能产生巨大吸引力。

（2）活动氛围要轻松活泼。沙龙活动的核心在于轻松、自由，要让家长在沙龙活动中有话说、愿意说并且有强烈的分享欲。因此，一群相对陌生的家庭聚在一起，如何破冰是关键。在活动开展之初，可以通过一些家庭互动游戏、参与者家庭趣事分享、扫码签到、流动照片墙、原创短视频播放等来打破僵局，营造轻松、愉快的家庭活动氛围。

（3）活动形式要立体多元。对于沙龙活动的组织而言，活动主题是灵魂，活动氛围是基础，活动形式是根本。过于单一的活动形式容易让家长疲惫，难以形成持续效应。因此，家长沙龙活动要在形式上多进行创新，如情境小剧场式、网络直播式、家庭辩论式、访谈问答式、金牌调解式、游戏参与式等，让活动形式更立体多元，让家长可以在活动参与及观察中主动领会亲子教育的要领和技能。

3. 沙龙活动案例实例

我不是“饭渣宝宝”

一、活动背景

（1）由于祖辈家长对于孙辈过于宠爱或父母工作忙没有时间而对孩子采取追喂、哄喂等进食方式，容易导致婴幼儿吃饭习惯差，厌食挑食，缺乏自主进食能力。

（2）家长有培养孩子自主进食的意识，但缺乏方法和耐心。

二、活动主题

我不是“饭渣宝宝”。

三、出席对象

幼儿家长。

四、活动目标

（1）让家长了解婴幼儿对食物的需求和心理。

（2）让家长弄清在亲子教育中的角色。

（3）提高家长培养婴幼儿自主进食能力的实践能力。

五、活动形式

（一）破冰暖场——微信照片墙

家长提前准备并通过扫码上传宝宝用餐时的萌照或短视频进行签到。富有生活气息的宝宝用餐照片可以营造轻松、自然的家庭氛围，拉近家长之间的距离，有利于家长观察不同婴幼儿的用餐习惯，引发共鸣或思考。

（二）小品表演——“饼干大王养成记”

皮皮1岁了，爸爸妈妈想锻炼皮皮自主吃饭。第一次，妈妈让皮皮用手抓饭，皮皮吃得不亦乐乎。这时奶奶出现了，发现皮皮弄得头上、脸上、身上、地上都是食物，非常生气，一边急着给皮皮擦干净，一边忙着拖地。以后每次皮皮练习自主吃饭，奶奶都在旁边忙着给皮皮擦嘴、擦手，皮皮变得非常烦躁。太奶奶看到了，抱怨这么小的孩子自己怎么可能吃饱饭，每次都忍不住动手喂皮皮，甚至在皮皮每次表现出不想吃的样子时，还要再加喂最后一口。皮皮开始变得在每次吃饭时都拒绝吃饭，看见食物就反感。为了让皮皮在餐桌上坐得住，奶奶开始拿各种玩具吸引皮皮的注意力，以便能成功地喂完饭。渐渐地，皮皮养成了边吃边玩的习惯。可是皮皮越来越不爱吃饭。太奶奶发现皮皮很喜欢吃饼干，于是告诉皮皮吃完饭就奖励饼干给他吃，慢慢地，这个“奖励机制”被皮皮控制了，只要不给饼干，皮皮就坚决不张嘴，一口饭也不吃。最后，皮皮的下饭菜变成了饼干。

意图说明：通过观看典型的小品，对镜自省，引发家长对自己日常亲子教育行为的反思。

六、活动点评

1. 角色互换

情景演绎：

（1）吃饭的时候，身边有人不停地给你擦嘴、擦手、拖地。

（2）已经吃得非常饱了，总有“最后一口”逼你咽下去。

（3）吃饭的时候，全家人都在围观，七嘴八舌，“快点，跟爷爷比赛吃饭”“不吃饭就长不高了”“再不吃，爸爸就要全抢走吃掉了”。

……

让家长扮演一次“宝宝”，以婴幼儿视角体会在家庭亲子喂养中家长行为带来的感受。

加深家长对自己不科学做法的认知。

2. 互动讨论

（1）请家长分享在培养宝宝自主进食中的经验和困惑。

（2）在培养宝宝自主进食中祖辈与父母辈有什么分歧？

3. 常见问题答疑

（1）何时培养孩子自主进食最合适？

（2）宝宝自主进食能吃饱吗？

（3）宝宝进食不规律，有时候吃得多，有时候吃得少正常吗？

……

4. 培养宝宝自主进食的几点建议

（1）提供良好的自主进餐环境，如适合宝宝的餐椅、餐具，坚持在餐桌上吃饭，建立仪式感，不哄喂，不追喂。

（2）给宝宝相对自由的自主进食探索权。不管是把自己弄得很邋遢还是偶尔玩食物、扔食物，家长不要怕脏，不要打扰宝宝，更不要因此否定宝宝自主用餐的能力。

（3）根据宝宝的能力来提供食物，不贴标签。例如，在宝宝刚学会自主进食时，多提供软烂、黏稠、易挖取的食物，随着宝宝能力的增强，逐步提升不易挖取或易掉落的食物。此外，宝宝如果偏爱某种食物，要限量提供，避免形成挑食的问题，同时不要给宝宝贴标签，如“他一点都不喜欢吃肉”等。宝宝虽小，但能感知家长释放出来的信息，不贴标签有利均衡饮食的引导。

（三）亲子小集体活动

1. 亲子小集体活动的含义

亲子小集体活动是指早教机构的教师根据幼儿不同月龄段的特点，组织月龄相仿的6～10组家庭，通过特定游戏活动的创设参与，观察分享该月龄段的婴幼儿存在的共性发展特征，分享亲子教育的经验、方法。教师通过现场示范、讲解提升家长的亲子互动技巧。婴幼儿通过集体游戏关注到同伴，增进群体意识，获取社会交往技能。

2. 亲子小集体活动的组织与指导

亲子小集体活动的设置要具有指导性，同时兼具可操作性。其目标的设置要适合某月龄段婴幼儿的发展水平，不能过于超前，也不能滞后于当前发展水平。此外，还要兼顾不同婴幼儿发展的差异性。要注意控制好活动的时长、节奏，避免婴幼儿过度疲劳。活动的设计要凸显交互性，能够积极调动现场成员的参与热情，引导教师和家长之间、家长和婴幼儿之间、家长和家长之间的互动。要鼓励家长分享交流，并提出问题。在游戏的可操作性方面，要考虑便于家长迁移，给家长带来启发，以便家长在家也能够利用熟悉的环境举一反三。

3. 亲子小集体活动方案实例

躲　猫　猫

一、活动目标

在游戏的过程中教宝宝理解方位概念，体会游戏的乐趣，同时启发家长躲猫猫游戏的更多种玩法。

二、活动对象

25 ~ 36 月龄幼儿的家庭。

三、活动准备

绘本《小波去哪了》、毛绒玩具、桌子、椅子、板凳。

四、活动过程

1. 活动引导

教师："大家是否有陪宝宝躲猫猫的经验？宝宝是如何表现的？"要鼓励宝宝主动回应，并记录大家与宝宝游戏中的问题和可取经验。开展躲猫猫游戏的重点在于有人躲、有人找。

2. 绘本共读

教师指导家长给宝宝读绘本《小波去哪了》（翻翻书）：家长边读边引导宝宝找小波，并学习方位词"地毯下面""窗帘后面""篮子里面"等；针对绘本每页的画面，家长要给予宝宝观察的时间，引导宝宝仔细寻找、大胆表达，注意不要代替宝宝说出答案。教师和家长观察宝宝是否会认真观察画面并用语言表达。

3. 玩"躲猫猫"的游戏

教师讲解游戏规则，桌子、椅子、板凳分别代表假山、树、花丛。教师闭上眼睛数"1、2、3、4、5"，宝宝各自选择地方躲好，教师开始寻找，宝宝不发出声音就算赢了，并可以获得毛绒玩具的奖励。在游戏过程中，教师要指导家长在游戏中融入语言方位的学习并有意识地引导宝宝建立规则意识。教师和家长一起观察宝宝是否能记住桌子、椅子、板凳对应的游戏方位以及是否能理解游戏规则。

4. 玩“动物们去哪了”的游戏

给每个宝宝一个小动物毛绒玩具，家长引导宝宝藏好，老师从“1”数到“5”，其他人开始一起寻找。教师提示家长利用各种空间方位词或身体部位引导宝宝藏好毛绒玩具不被发现。在寻找玩具的过程中，鼓励宝宝用语言说出“我藏在……”。教师和家长观察宝宝会把玩具藏在哪儿，能否用语言表达，是否理解了游戏规则、探索出新的游戏玩法。

5. 活动迁移

随着宝宝月龄的增加，家长可以不断提升“躲猫猫”游戏的难度，把规则意识、记忆力、方位词等融入进去，提升游戏的思维性。家长可以利用家里及社区户外环境，充分调动家庭成员和社区伙伴的参与性，对游戏进行创新。注意一定要确保游戏过程的安全性，宝宝躲藏的地方应在可视范围内。

（四）早教咨询

早教咨询是早教机构针对家长在亲子教育中存在的困惑，以问答形式为家长提供指导的服务方式。早教咨询可分为网络咨询和一对一现场咨询。网络咨询是指早教机构以微信公众号或短视频平台等为媒介，以典型问题、案例为切入点，传播科学育儿理念，推荐亲子游戏。例如，针对家长的困惑“宝宝玩玩具不肯整理怎么办”，早教机构可向家长推荐“送玩具回家”“我们一起来整理”等亲子游戏，并进行游戏活动流程的线上指导。一对一现场咨询是指早教机构通过与家长建立良好的咨询关系，以专业亲子教育知识为基础，运用心理学方法和技术，帮助定期来早教机构的家长、咨询者发现问题，发掘孩子潜能，并提出建设性的亲子教育方案。

（五）送教上门

送教上门又被称为“早教到家”，是早教机构推出的一种特色服务模式，即让早教机构教师上门为有需求的家庭服务，避免孩子对陌生环境的不适应。送教上门的亲子教育指导具有如下特色：一是早教的时间可以由家长和宝宝决定，避免了去早教机构的路途奔波，让家长和宝宝在熟悉的环境就可以接受亲子教育指导；二是课程具有“一对一”量身定制性，早教机构可以深入幼儿的成长环境，根据幼儿的发育状况、家长育儿水平提供更具针对性的指导，同时能够更好地提升双职工家庭亲子教育的能力；三是针对残障儿童或留守儿童开展的公益亲子教育指导活动，遵循“家庭自愿、定期上门、免费服务”的原则，推广 0 ~ 3 岁婴幼儿早教游戏，更新家长的亲子育儿理念，使婴幼儿家长树立科学育儿理念。

知识链接

早教教师职业道德要求[①]

1. 热爱婴幼儿，尊重婴幼儿

热爱婴幼儿，尊重婴幼儿，即“以爱动其心，以严导其行”。要用爱的教育打动婴幼儿的心，用严格的要求指导婴幼儿的行为，使“爱”和“严”紧密结合、相辅相成。要热爱婴幼儿，善于发现他们的优点，并且尊重他们。要信任他们，帮助他们树立信心，只有立足这一点，才能产生较合理的教育方法，取得良好的教育效果。

2. 富有责任感

富有责任感是指对现实的本职工作应具有责任感，对早教事业的发展应具有使命感。一个具有强烈责任感的早教教师，一定能自觉地做到尽职尽责，并以此来教育每个婴幼儿。早教教师应当对自己的事业具有使命感，因为今天教育效果的好坏，将在未来得到验证。

3. 具备“五心”

“五心”即爱心、信心、恒心、专心、虚心。爱心是指早教教师应把对事业的爱、对婴幼儿的爱投入工作中，没有爱的教育，不能称其为教育。信心是指早教教师对自己所从事的早教事业有必定成功的信念。恒心是指早教教师对所从事的事业有持久的追求。专心是指早教教师应努力排除外部与内部的一切干扰，化消极因素为积极因素，专心做好本职工作。虚心是指早教教师应不断丰富自己的学识，开阔视野，不断探求教育的技巧与途径。

4. 具备“六力”

“六力”是指沟通能力、亲和力、应变能力、感染力、人格魅力和执行力。

（1）沟通能力。沟通能力是指早教教师在教学过程中能有效地与婴幼儿及其家长进行沟通，从而达到教学目的的能力。早教教师要学会理解每名婴幼儿独特的交流方式（哭、语言、活动、手势、表情、身体姿势等），不要低估婴幼儿的交流能力，尽管他们尚不具备语言能力或语言能力还很弱。

（2）亲和力。亲和力是指使人亲近、愿意接触的能力。有亲和力的人让人想亲近，随和、不爱生气、性格好。早教教师每天都要与婴幼儿打交道，而婴幼儿通常愿意亲近有亲和力的人。早教教师有亲和力，开展早教工作时往往效果会更好。

（3）应变能力。应变能力是指人在外界事物发生改变时做出反应的能力，这种反应

① 资料来源：https://mp.weixin.qq.com/s/jCBBeChr5F_2eN-s1wd6Ng，有改动。

可能是本能的，也可能是经过大量思考后所作出的决策。应变能力表现在以下几个方面：能在变化中产生应对的创意和策略；能审时度势，随机应变；能在变化中辨明方向，并持之以恒。应变能力是早教教师应当具有的基本能力之一。因为在早教工作中，每名婴幼儿的情况都有所不同，实施早教的环境也可能发生变化，早教教师应能根据这些变化采取不同的策略或方法。

（4）感染力。感染力也可以说是影响力。一个人的行动能给别人带去多大的影响，就说明感染力有多强。只有具备感染力的早教教师能在活动中将婴幼儿带动起来，使之积极参与；去影响家长，使家长改变一些不利于婴幼儿早教的习惯和想法，从而配合自己的工作。

（5）人格魅力。人格魅力是指人在日常生活和工作中，在性格、气质、能力、道德品质等方面所表现出来的能够吸引人的一种力量。早教教师只有具备健康的人格思维，才能正确地引导婴幼儿，获得家长的认可。一个健康的人格不是天生就具有的，需要一点一点地积累。要想成为一名优秀的早教教师，就必须使自己有正确的思想观念、良好的心态、乐观的生活态度，塑造自己的人格魅力。

（6）执行力。执行力就是把想法变成行动、把行动变成结果的一种能力。早教教师开展早教活动，往往是开展个性化教学，在制订个性化教学计划的时候，可能会有许多美好的想法，而要真正地完成计划，则需要切实执行计划。所以，执行力是早教工作成败的关键。

课后巩固与练习

一、单项选择题

1.（　　）是表达对婴幼儿尊重、关心和保护的主要方式。

A. 语言交流和非语言交流

B. 做了伤害别人的事也不批评

C. 微笑、抚摸、搂抱、蹲下来与婴幼儿交流

D. 倾听和谈话

2.（　　）是婴幼儿教育的主要方面。

A. 语言、认知能力、动作技能、社会行为、情感培养、人格发展和艺术感受

B. 德育、体育、智育、美育、劳动技术

C. 饮食和自理能力

D. 粗大动作、精细动作、前庭平衡

3.（ ）方法能提高婴幼儿大脑感觉统合功能。

A. 多种感觉逐一相加的训练

B. 知觉、动手操作和手眼协调方面的训练

C. 多种感官按视觉、听觉、触觉的顺序逐一参与的训练

D. 视觉、听觉、触觉和前庭平衡方面的训练

4.（ ）是婴幼儿的主动性游戏。

A. 语言游戏、数学游戏

B. 操作性游戏 、建筑造型游戏、创造性游戏

C. 数学游戏、建筑造型游戏、思考性游戏

D. 数学游戏、抽象性游戏

5. 触摸抓握、（ ）是婴儿手部的根本训练。

A. 局部按摩、感觉统合

B. 敲击练习、感觉统合

C. 敲击练习、球类游戏

D. 局部按摩、敲击练习

二、简答题

1. 简述在亲子活动陪伴中家长需要遵循的陪伴策略。

2. 简述早教机构指导家庭亲子教育的方式。

3. 简述早教机构亲子小集体活动的含义。

三、论述题

1. 论述早教机构与亲子教育的关系以及早教机构指导家庭亲子教育的作用。

2. 论述早教机构应创设怎样的环境才能更有利于婴幼儿亲子教育。

3. 论述早教机构指导家庭亲子教育的方式中家长沙龙活动的设计要点。

四、实训项目

开展早教机构对家庭亲子教育指导活动，填写表 8–2 和表 8–3。

表 8–2　早教机构对家庭亲子教育指导活动实践

<table>
<tr><td>班　　级</td><td></td><td>姓　　名</td><td></td></tr>
<tr><td>时　　间</td><td></td><td>地　　点</td><td></td></tr>
<tr><td>活动目标</td><td colspan="3">（1）掌握亲子教育专题讲座、家长沙龙、亲子小集体活动、早教咨询、送教上门等活动的含义。
（2）掌握各类亲子教育指导活动的设计要点及活动形式。
（3）能够将各类亲子教育指导活动具体化。
（4）能够借助对亲子互动行为的观察与分析，引导家长理解孩子的行为，探讨与孩子互动的方式，使家长掌握科学、有效的教养方法。</td></tr>
<tr><td>活动内容</td><td colspan="3">学生分组去不同的早教机构或本校专业实习基地，跟随早教机构的教师学习，并至少参与以下一个活动：亲子教育专题讲座、家长沙龙、亲子小集体活动、早教咨询、送教上门等活动。</td></tr>
<tr><td>活动要求</td><td colspan="3">（1）选择活动类型，设计活动主题。
（2）撰写活动方案，准备活动教具。
（3）明确指导目标，参与活动实施。
（4）记录下实训过程中发生的有趣或有学习价值的案例。
（5）每个小组内要有分工协作，充分调动每名学生参与活动的积极性。
（6）完成亲子教育指导活动方案及实施计划书，填写实训成果表，同时完成汇报 PPT 的制作。</td></tr>
<tr><td>活动考核</td><td colspan="3">（1）各小组完成一份亲子教育指导活动方案。
（2）各小组制订一份亲子教育指导活动实施计划书。
（3）各小组完成一份实训成果表。
（4）各小组派一名代表汇报亲子教育指导活动实施方案、实施过程、实施成果，并用汇报 PPT 展示复盘。
（5）评价各小组的表现，并进行学生互评。</td></tr>
<tr><td>活动总结</td><td colspan="3"></td></tr>
</table>

表 8–3　早教机构亲子教育指导活动实训成果

<table>
<tr><td colspan="2">活动概述及原理</td></tr>
<tr><td colspan="2"></td></tr>
<tr><td>活动类型</td><td></td></tr>
<tr><td>活动主题</td><td></td></tr>
<tr><td>指导目标</td><td></td></tr>
<tr><td>教具准备</td><td></td></tr>
<tr><td colspan="2">活动过程</td></tr>
<tr><td colspan="2"></td></tr>
<tr><td colspan="2">注意事项</td></tr>
<tr><td colspan="2"></td></tr>
<tr><td colspan="2">自我评价</td></tr>
<tr><td colspan="2"></td></tr>
<tr><td colspan="2">案例记录：</td></tr>
</table>

项目九　托育机构与亲子教育

思政课堂

儿童早期教养需要“幸福教育”[①]

马克思主义关于人的全面发展学说提到，人的全面发展是与人的片面发展相对而言的，全面发展的人是精神和身体、个体性和社会性都得到普遍、充分而自由发展的人。随着社会的发展，0 ~ 3 岁婴幼儿早期教养的意义和作用被广泛认知。但很多家长早期教养的重心仍然放在“如何让我的孩子更聪明”上。父母似乎更多地关注孩子的智力发育、智力训练，很少有父母会关心孩子的品格是如何形成的、婴幼儿内心的幸福感如何以及家长的教养行为会对孩子的人格形成产生什么影响，这种现状令人担忧。

幸福是人类社会的共同追求和最终追求。幸福社会的基础在民生，关键靠教育，起步在早期教养。随着时代进步，越来越多的学者主张幸福对生命早期来说比以后任何年龄段都重要，因为幸福在各种环境下都是早期阶段儿童学习能力发展的基础和动力。当婴幼儿体验到发自内心的幸福时，他们能够完成各种复杂的目标。同时，幸福能为孩子提供心理和情绪的稳定性，引导孩子在早教活动中集中注意力，积极参与。将幸福作为主线贯穿早期教养方案和实践，不仅能使孩子成为积极主动的学习者，而且还能促使孩子成长为具有担当意识的社会公民。0 ~ 3 岁不仅是健康人格的启蒙期，而且还是人一生幸福的奠基期。生命早期的心理成分能否形成幸福倾向或特点，可以预测或影响一生的幸福，这一点已经成为共识。

幸福是早期教养的最大质量，幸福教育需要教师、家长或养育者根据婴幼儿发展的身心规律和特点，为每个孩子提供适合的教育，与孩子一起健康快乐成长。因为只有适合的才是最好的。“幸福教育”训练的是人本质中最深层的动机，使人的品德、知识、意志都围绕着崇高稳定的目标发展，使人的情感、欲望都建立在美好心灵和健全人格的基础上。爱的训练与体察，是幸福成长的营养液。因此，父母、教师都要以身作则、言传身教。婴幼儿身体健康、人格的培养和道德的训练，共筑了早期教养“幸福教育”的完整内容。

婴幼儿的发展与国家、民族的未来唇齿相依，休戚与共。《中国儿童发展纲要（2021—2030 年）》明确强调，促进儿童健康成长，能够为国家可持续发展提供宝贵资源和不竭动力，是建设社会主义现代化强国、实现中华民族伟大复兴中国梦的必然要求。该纲要展望，到 2035 年，广大儿童将成长为建设社会主义现代化强国、担当民族复兴大任的时代新人。因此，回归儿童本身，基于儿童身心发展规律，在儿童早期教养中植入幸福教育观尤为关键。

① 资料来源：官群，孟万金 . 幸福早教计划：开启和奠基孩子的终身幸福 [J]. 学前教育研究，2016（12）：3-14. 有改动。

学习目标

知识目标：

（1）了解托育机构的含义、托育机构的环境创设要求。

（2）掌握托育机构与亲子教育之间的关系。

（3）掌握指导0～3岁婴幼儿家庭亲子教育的要点。

（4）能根据婴幼儿年龄和发展阶段因材施教，面向家庭制订个性化的家庭亲子教育指导方案。

素养目标：

（1）树立对托育机构与家长之间“家园共育”的认同感和责任心。

（2）具有设计托育机构亲子教育活动的创新精神和实践能力，树立正确的婴幼儿发展观。

任务一 了解托育机构

任务目标

了解托育机构的含义，熟悉托育机构的环境创设要求，掌握托育机构学习环境创设的内容，掌握托育机构与亲子教育之间的关系。

案例导入

家园共育：宝宝吃饭不愁人

君君一岁两个月了，非常活泼好动，也很喜欢与家人及托育机构教师互动。但是在饮食方面，却让家人非常发愁。君君对食物兴趣不大，每次吃饭都略有抗拒，托育机构在与家长沟通多次后也没找到原因。

托育机构教师按照君君的发展进程推进辅食计划，但效果似乎不太理想，君君仍是不爱吃饭。托育机构教师不断尝试有助君君进食的方法，就君君平时吃饭状态和家长交流，逐渐用柔软的米饭代替粥和米糊，并协助君君自主进食，如用勺子挖起软烂的米饭递给君君，再让君君自己递到嘴里。离园的时候，托育机构教师告诉君君妈妈：“君君很厉害，已经可以自己嚼东西吃了。”君君妈妈很高兴，表示回家后也会这样尝试。

托育机构教师和营养师商议，改变了一些食物形态，增加了一些手指食物，君君对吃饭的兴趣越来越强，会主动去拿食物，放嘴里使劲咀嚼。一段时间过后，君君甚至可以自己握住杯子喝水了，大小便也越来越正常。

在家里，君君会积极地接过妈妈挖起来的米饭，有时还会尝试使用餐具挖食物，并享受咀嚼的乐趣，甚至连盛饭的时间都不想等。君君每天都迫不及待地要吃饭。托育机构教师和君君的家人都感到十分开心，再也不用担心君君吃饭的问题了。

思考：

（1）君君是如何爱上吃饭的？这对你有何启示？

（2）托育机构与亲子教育之间存在怎样的关系？

随着社会经济的发展、生育政策的转变、双职工家庭的增多，越来越多的家庭迫切需要科学、便利的专业托育服务机构来缓解家庭育儿的压力，0 ~ 3 岁婴幼儿的照护需求不断增加，托育行业蓬勃发展，托育机构的数量迅速增长。托育机构是婴幼儿走出家的“第一步”，也是他们走向幼儿园的过渡，是婴幼儿的第二个“家”，是实现高质量“幼有所育”的重要载体。

一、托育机构的含义

托育机构又被称为“婴幼儿托育中心”，是指经相关部门登记及卫生健康部门备案，针对 0 ~ 3 岁的婴幼儿，以小团体机构式的集体科学养育为模式，为家长提供代养托育宝宝服务的第三方专业机构。按托育时长，托育机构可分为全日托、半日托、计时托、临时托等托育服务机构。按经营主体，托育机构可分为企事业单位配套托育机构、幼儿园托幼一体托育机构、社区统筹托育机构、营利性的托育机构和提供普惠服务的托育机构。

二、托育机构和早教机构的区别

托育机构与早教机构有着显著的区别。从服务对象上来说，通常意义上，早教机构面向的是 0 ~ 6 岁的儿童，托育机构面向的是 0 ~ 3 岁的婴幼儿，1 岁以内为托婴服务，1 ~ 3 岁为托育服务。从服务内容上来说，早教多以亲子早教的方式来呈现，以课时预约制进行上课，根据园所特色开发课程，如蒙氏教学、感统运动、双语启蒙等；托育主要包括照护、养育、习惯养成以及潜能激发和早期启蒙教育，为婴幼儿提供个性化成长方案。从教养模式上来说，早教机构通过课程设计和活动设计，更多地是给父母提供一些方法和策略，让父母与婴幼儿互动，通过互动游戏帮助婴幼儿发展；托育机构是为婴幼儿提供全日制托育服务，解决职场爸妈育儿难、孩子无人带的问题，满足托管和教育的刚需。

三、托育机构环境创设的要求

（一）有利于婴幼儿的健康成长

婴幼儿健康成长是每个家长最大的愿望，而环境是婴幼儿获取滋养的主要来源，因此托育机构环境的创设必须围绕婴幼儿的健康成长需求来设计。托育机构要从婴幼儿的视角来监督所有环境及设施设备的安全性，如婴儿床是否具有安全隐患，托育环境的采光、通风是否符合要求，等等。要注重软环境的设计，由于长时间待在家庭以外的环境容易让婴幼儿疲惫，所以托育机构环境设计要多融入家庭式的氛围。

（二）适应婴幼儿的发展天性

托育机构的环境设计要符合婴幼儿的年龄阶段的特点，空间设计要既有分隔性又有一定的融合性，如可针对不同年龄的婴幼儿分别设计婴儿之家、幼儿乐园和普通教室。提供的设施和玩具既要丰富，又不能过于烦琐，给婴幼儿带来负荷感。室内室外空间环境应足够宽敞，让婴幼儿可以探索，满足婴幼儿的身心发展需求。

（三）兼具稳定性和变通性

婴幼儿对陌生环境的接受能力比较弱，托育机构在环境创设要具有一定的稳定性，给婴幼儿足够的安全感，注意托育机构环境的设计不能过于固化。婴幼儿的发展是阶段性的，喜好也在不断变换，故托育机构提供的玩具材料既要具有一定的开放性和组合弹性，又要具有创意，为婴幼儿的创造性活动提供条件。

四、托育机构学习环境的内容创设

（一）空间管理

空间管理包括空间要素和空间结构、空间利用。室内空间要素包括空间大小、温度条件、通风条件、采光条件、声音控制、卫生清洁条件、装修维护以及特殊儿童适用设施。空间结构是指空间内各部分之间形成的相互关系与联系。空间设计要统筹考虑婴幼儿的发展需要，根据班级、活动室条件进行设计，不仅要满足个别婴幼儿的需要，而且还要满足集体活动需要和小组活动的需要。空间利用是人与空间各部分及内部材料之间的相互关系与联系。在面积既定的情况下，要充分利用班级、活动室的空间结构和条件，进行空间安排与划分，使班级、活动室学习环境的创设得更加科学、合理，保障婴幼儿各项活动的顺利开展。

（二）设施设备

按功能不同，设施设备可分为日常照料的设施设备、游戏活动的设施设备、休闲及舒适的设施设备、安全设备以及班级、活动室摆放的儿童陈列品。设施设备的配置要满足婴幼儿生活、学习与发展的需要，同时符合安全性、丰富性、适宜性的原则。

（三）教师队伍

教师是托育机构的学习环境对婴幼儿产生影响的重要中介因素。教师队伍的稳定性影响着婴幼儿在托育机构的学习环境中安全感、归属感的形成，影响着婴幼儿身心健康发展所需要的支持性师幼关系的形成。

（四）课程设计

结合婴幼儿早期发展的特点，适合婴幼儿的课程应该是一种学习与发展计划，包括类型丰富的游戏活动，而且课程应着重于托育机构中成人与婴幼儿的互动。在婴幼儿课程实施的过程中，成人担任多种角色，包括保护者、照料者、伙伴、发展支持者和环境的设计者。托育机构的课程旨在帮助婴幼儿通过与物质环境和人员的互动，获得有益的学习经验，促进身心全面和谐发展。因此，课程主要包括托育机构对一日活动的安排计划与游戏活动管理，具体分为游戏与学习的管理、日常程序、自由游戏、集体游戏活动、纪律等方面。

五、托育机构与亲子教育的关系

与托育机构相比，早教机构重在早期教育的“教”。托育机构不仅包含“教”，而且还包含“托”和“育”，即承接托付，担负着照护和养育的主要职责。托育机构以个性化教养为中心，全面关注婴幼儿各阶段养护、教育要点，在照护、教养过程中通过对每名婴幼儿日常行为的观察、记录、分析，为家庭亲子教育提供个性化的指导方案。

任务二　熟悉托育机构对 0 ~ 3 岁婴幼儿家庭亲子教育的指导

任务目标

掌握托育机构指导 0 ~ 3 岁婴幼儿家庭亲子教育的要点，学会制订 0 ~ 1 岁婴儿家庭亲子教育指导方案，学会制订 1 ~ 2 岁幼儿家庭亲子教育指导方案，学会制订 2 ~ 3 岁幼儿家庭亲子教育指导方案。

案例导入

你会回应孩子吗

在托育机构的家庭活动指导中，有一个叫“嘎嘎，藏起来”的游戏，这个活动的功能是问答和呼应，需要两名家庭成员配合，活动的关键词是“倾听”和“模仿”。一是宝宝倾听家长问答，用视觉和听觉被动接收信息；二是宝宝在接收信息的基础上，利用“体觉和思维”进行模仿。

在游戏场景中，三组家长在家进行游戏活动，并分享活动视频。教师提前对活动流程进行指导，即当同一家庭里的家长A问到小鸭子怎么叫、叫什么名字和藏在哪里时，家长B要依次回答。具体情景如下。

互动情景一

家长A（爸爸）：鸭子怎么叫？（引起婴幼儿的注意）

家长B（妈妈）：嘎——嘎——嘎——嘎——（每个字之间停顿4拍）

互动情景二

家长A（爸爸）：这个小动物（鸭子）叫什么名字？（激发婴幼儿的参与欲望，促进其理解力发展）

家长B（妈妈）：鸭——子——（每个字之间停顿4拍）

互动情景三

家长A（爸爸）：怎么向小动物（鸭子）问好？（激发婴幼儿的参与欲望，促进婴幼儿的理解力发展）

家长B（妈妈）：你——好——鸭——子——（每个字之间停顿4拍）

家长将上面的场景重复三、四次后，一组家庭出现了即时性的“教学效果”，宝宝开始就三个场景和家长A进行互动并用语言表达；一组家庭的宝宝只是静静地看着；剩余一组家庭的宝宝出现了不耐烦和紧张情绪，开始呈现依恋父母的状态。

思考：

（1）你在这个活动中观察到了什么？三组家庭的宝宝在同一个亲子活动中为何呈现出不同的反应？

（2）多数家长觉得宝宝参与性不佳是不熟悉场景或胆小造成的，你觉得呢？

我国的家庭教育指导源于家校合作。托育机构对家庭亲子教育的指导是指托育机构根据0～3岁婴幼儿家庭教养过程中存在的问题、家长的困惑和需要以及孩子独特的个性，向家长提供帮助的过程。托育机构对0～3岁婴幼儿家庭进行指导有着特殊的意义，它不仅是解决家庭日常亲子教育问题的有效途径，而且还影响着国民素质和家庭生活水平的提高，是实现“幼有善育”的有效途径。

一、托育机构指导 0 ~ 3 岁婴幼儿家庭亲子教育的意义

（一）为家长注入育儿新理念

育儿理念包括家长对婴幼儿发展规律的认识及对各项育儿活动所持有的看法，会对家长的各种育儿行为产生深刻的影响作用。托育机构对家庭亲子教育的指导能够帮助家长树立科学的儿童观，使家长对婴幼儿教育形成科学、全面的认识。一方面，可以通过交流促使家长意识到 0 ~ 3 岁婴幼儿家庭教育的重要地位，盲目或纵容的家庭教育都可能贻误孩子的一生；另一方面，可以引导家长形成自己的育儿哲学，包括想要培养什么样的孩子、希望如何培养孩子等，树立正确的育儿理念。

（二）引导家长积累科学的育儿知识

育儿知识是指有关婴幼儿身心发展规律的知识和家庭教育相关理论。丰富的育儿知识是婴幼儿家庭实施教育的基础。0 ~ 3 岁婴幼儿的生长发育水平日新月异，身心发展具有不平衡性与阶段性。托育机构通过指导家长了解婴幼儿的身心发展规律，可以把握不同年龄阶段婴幼儿的身心发展水平，让家长知道如何更好地创设适宜条件，促进婴幼儿健康发展；可以帮助家长了解影响婴幼儿身心发展的各方面因素，协助家长寻找适当的教育方法，营造适宜的育儿环境；还可以向家长宣传婴幼儿教育的方法论。托育机构通过向家长传递家庭教育理论，帮助家长理解家庭教育的原理，了解促进婴幼儿语言发展、动作发展、社会发展等的相关方法，明确各环节家庭教育的内容、任务、策略等。

（三）促进婴幼儿健康成长

婴幼儿的早期教育是一项系统工程，这项系统工程既包括托育机构教育，又包括家庭教育。托育机构对家庭亲子教育进行指导，能够加强家长配合托育机构的自觉性，有助于家庭与托育机构合作共育模式的形成，能够更好地丰富婴幼儿的活动经验。婴幼儿家庭与托育机构的合作共育、同步同态，有利于形成教育合力，充分发挥婴幼儿教育的整体性作用，推动婴幼儿教育的一致性、连续性及互补性。一方面，通过托育机构对家庭亲子教育的科学指导，婴幼儿在托育机构获得的教育可以在家庭中得到巩固和发展；另一方面，婴幼儿在家庭获得的教育也可以通过托育机构的指导过程得到反馈，并在托育机构得以扩展提升。

（四）有利于托育机构职能的完善

首先，家庭教育和学校教育是相互支持、相互补充的。托育机构教养职能的实现离不开家庭的支持与配合。托育机构有效的家庭教育指导，能够指导家长树立科学的学习观，帮助家长正确地认识家庭教育与托育机构教育之间的关系，激发家长的学习动机，从而在

实践中更加积极地配合托育机构，贯彻落实托育机构的指导与建议，实施更优质的家庭教育。其次，家长是托育机构重要的信息源之一，家长和教师进行真诚的沟通，能够针对婴幼儿特有的问题提出解决对策。只有家长提供真实的信息并且愿意配合实施，教师才能真正完成有效的家庭教育指导，有针对性地实现托育机构的职能。

二、托育机构指导 0 ~ 3 岁婴幼儿家庭亲子教育的要点

（一）以婴幼儿独一无二的个性为出发点

通常，婴幼儿的运动发展规律是“抬头—翻身—坐—爬—扶物行走”。每名婴幼儿的发展方向和顺序大致是相同的，但是发展的速度和程度却是有差异的。特别是在语言发展方面，个体的差异非常大。在性格、感受方面，每名婴幼儿都是不一样的，有着自身的个性。托育机构在为 0 ~ 3 岁婴幼儿制订亲子教育家庭指导方案时，一定要重视并理解每名婴幼儿的个性，根据婴幼儿不同的特点制订亲子教育家庭指导方案。

（二）以家园协作共促发展为立足点

对于不满 3 岁的婴幼儿来说，还不能用语言充分表达自己的意愿。只有保持托育机构和家庭亲子教育、教养中的连贯性，才能让婴幼儿过上真正舒适的生活。为此，托育机构只有与家长形成良好的协作关系，共享信息，才能最大限度地理解孩子。同时，托育机构要理解家长的困惑和烦恼，在和家长分享孩子成长的快乐时，帮助家长提高教养能力，针对性地制订个性化“家园共育”亲子指导方案。只有托育机构和家长共同努力，才能促进婴幼儿身心更好地发展。

（三）以培养婴幼儿信赖感为基本点

0 ~ 3 岁是培养人的信赖感的关键时期，也是开展亲子教育的关键时期。建立托育机构和婴幼儿之间、家长和孩子之间的亲密关系很重要。如果婴幼儿与主要养育者的关系比较亲密，那么这名婴幼儿就能在这个未知的世界里获得足够的安全感，敢于和陌生人接触，信任他人，有信心和勇气去探索未知世界。

（四）以让婴幼儿获得自我认同感为核心点

0 ~ 3 岁婴幼儿自我认同感的形成离不开家长及托育机构细致入微的养护、教育。婴幼儿在充满爱的环境中会反复确认自己是被关心、爱护着的，通过生活体验到生命的宝贵，产生自主性、认同感，认可存在于社会上的自己，体会到自己存在的价值与意义。2 岁以上的幼儿已经具备一定的自我认知能力和理解能力，家长需要通过一些描述性的语言和评价，帮助幼儿扩展他们的自我概念，逐步形成一种持久的自我认同感。

三、0 ~ 3 岁婴幼儿家庭亲子教育指导方案

（一）0 ~ 1 岁婴儿家庭亲子教育指导方案

1. 指导目标

（1）帮助家长了解 0 ~ 1 岁婴儿的发展特征，和孩子形成信赖关系，使孩子感受与人相处的快乐，能够自发游戏，发挥孩子的主观能动性。

（2）指导家长创设让孩子安心的家庭环境，引导孩子通过听、看、抚摸等体验萌发对世界的兴趣和好奇心。

（3）指导家长观察孩子成长的差异性，帮助孩子断奶、走路，促进孩子健康成长。

2. 方法要点

（1）观察了解孩子身心的发育情况，设计符合孩子发育节奏的亲子活动。

（2）注意孩子疫苗接种和卫生保健情况，结合室温给孩子补充水分。

（3）在亲子教育中尽量将表达简单化，方便孩子理解，减少孩子的不安。

（4）根据孩子的兴趣和发展情况，帮助孩子发展探索能力。

（5）在环境安全的前提下，尽量让孩子感受视觉、听觉、触觉、嗅觉带来的快感。

3. 环境创设

（1）提供可以看、听或触摸的玩具，供孩子尽情玩耍。

（2）在洗完澡或换尿不湿的时候给婴儿一些抚触、被动操。

（3）适时播放舒缓有节奏的音乐，营造温馨舒适的环境。

（4）为孩子提供一个适于锻炼爬、扶站、行走等动作的安全环境。

（5）开展适当的户外互动，如社区散步。

4. 家园共育

（1）保育师和家长都要时刻注意和孩子建立基本信赖关系。

（2）保育师和家长都要掌握孩子的健康状况，正确应对孩子的异常情况。

（3）保育师和家长要经常检查玩具是否卫生、环境是否安全，时刻注意孩子安全，防患未然。

（4）保育师要将托育机构的玩具和所学的儿歌告诉家长，并且告知家长在家与孩子游戏的方法。

5. 评价维度

（1）孩子与家长关系是否密切，是否建立了基本的信任感。

（2）孩子是否能玩适合自己发展情况、感兴趣的玩具。

（3）孩子是否能在家庭、托育机构安心、健康成长。

（二）1 ~ 2 岁幼儿家庭亲子教育指导方案

1. 指导目标

（1）帮助家长了解 1 ~ 2 岁幼儿的发展特征，指导家长引导孩子扩大对身边的人及各种事物的兴趣，培养孩子的好奇心。

（2）指导家长带孩子共同完成同一件事，通过游戏来活动身体并体验快乐。

（3）在家长的保护下，孩子可以探索与体验和他人游戏的快乐。

2. 方法要点

（1）家长要成为孩子的小伙伴，让孩子体验到与朋友交往的乐趣。

（2）理解并接受孩子的想法，并且引导孩子表达出自己的想法。

（3）带孩子走出房间，让孩子接触大自然，通过听觉、视觉、嗅觉、触觉感受自然，通过做跑跳游戏活动身体。

（4）在孩子游戏过程中充分分享孩子的发现，表达关切、喜悦的心情，用丰富的语言与孩子进行交流。

（5）当孩子表现出过激行为时，需要温柔劝导，及时制止。

（6）需要注意环境调节，把握孩子的健康状况，做好孩子的健康管理。

3. 环境创设

（1）为孩子创造可以跑跳、攀爬、踢东西的环境，包括垫子、滑梯以及操场、公园等户外活动空间，满足孩子的活动需要，增强孩子的体力，锻炼孩子身体的协调性。

（2）准备适合孩子个体的运动游戏场所和玩具，如让孩子能够体验触摸、敲打、开合等精细动作的有趣玩具。

（3）创造让孩子进行手指游戏、触觉游戏、运动游戏、思维游戏的环境。要充分借助生活素材，如拧瓶盖、打开糖果包装纸、用杯子喝水等。

（4）增加家庭环境的语言刺激，提供趣味性的语言游戏。

（5）营造家庭成员与孩子共同用餐的环境，为孩子提供可以自主用餐的环境。

（6）参加社区集体活动等，为孩子创设与小伙伴互动的游戏环境。

（7）增加公园、郊野散步等户外活动。

4. 家园共育

（1）家长要和托育机构交换孩子的信息情况，互相理解。托育机构要根据孩子的情况制订一整套关于孩子和家长的教养方案。

（2）托育机构根据孩子在托育机构的情况，帮助家长做好家庭教育环境和托育机构教育环境的衔接，让孩子养成良好的睡眠、饮食、口腔卫生、如厕等生活习惯。

（3）托育机构要告知家长孩子在托育机构喜欢玩的游戏，指导家长和孩子进行一对一的互动游戏，如家长与孩子一起读喜欢的绘本，玩逗、唱游戏，将肢体亲密接触融入其中。

5. 评价维度

（1）家长能否在信赖关系的基础上，引导孩子开展唱儿歌、读绘本、搭积木、骑平衡车等多种互动游戏形式。

（2）能否结合天气情况和孩子的身体状况开展户外游戏。

（3）是否能够帮助孩子建立良好的生活习惯。

（三）2 ~ 3 岁幼儿家庭亲子教育指导方案

1. 指导目标

（1）帮助家长了解 2 ~ 3 岁幼儿发展特征，指导家长引导孩子参与一些更有组织性的游戏和运动。

（2）指导家长帮助孩子一起积累词汇量，提高孩子的语言能力。

（3）帮助孩子建立自律能力，让孩子将积累的新技能运用起来，使其有自信和感到自豪。

2. 方法要点

（1）家长可多提供有计划、有目标的游戏，除非收到邀请加入游戏，否则家长不要轻易打断游戏中的孩子，以保护孩子的专注力。

（2）确保环境安全，给予孩子一定的自由，让其按自己的步调做游戏；不给孩子制订过高的目标。

（3）认真对待孩子提出的每个问题，并及时用简单的语言作答，如果无法回答，可邀请孩子一起研究，扩展孩子的认知和思考力。

（4）不要用恐吓的方式来逗孩子，孩子还不会分辨玩笑，否则可能给孩子带来持久的心理恐慌。

（5）允许并支持孩子的幻想游戏。在日常生活中多给孩子一些选择权。

3. 环境创设

（1）提供一些相对安静的游戏以提高孩子的动手能力，如搭积木、玩拼图、串珠子、涂色、垒沙堡等。

（2）提供黏土、颜料、蜡笔等各种各样的工具供孩子尝试，还可以在合理的监护下让孩子尝试使用螺丝刀、锤子等成人工具，提升孩子创造力。

（3）家长积极与孩子对话，用丰富的语言描述日常生活中的事物，鼓励孩子表达自己的想法。

（4）提供孩子可进行角色扮演的集体性游戏环境，促进孩子社交能力的发展。

（5）在生活中各方面保持相对严格的控制，同时给孩子一些自由，培养孩子的独立性。

4. 家园共育

（1）培养孩子健康的饮食习惯。

（2）给孩子使用儿童专用坐便器，训练孩子上厕所的良好习惯。

（3）让孩子懂得规则，教会孩子哪些行为是允许的，哪些行为是不允许的。

5. 评价维度

（1）是否给予孩子足够丰富的工具锻炼动手能力、发挥创造性。

（2）是否给予孩子一定的自主选择权，并与孩子进行充分的语言沟通。

（3）是否以小伙伴的角色陪孩子游戏，或给孩子创造伙伴式的游戏环境。

（4）是否能建立规则，并有意识地锻炼孩子的自理能力。

知识链接

保育师国家职业技能标准

（2021年版）

1. 职业概况

1.1　职业名称

保育师

1.2　职业编码

4-10-01-03

1.3　职业定义

在托育机构及其他保育场所中，从事婴幼儿生活照料、安全看护、营养喂养和早期发展工作的人员。

1.4　职业技能等级

本职业共设五个等级，分别为：五级 / 初级工、四级 / 中级工、三级 / 高级工、二级 / 技师、一级 / 高级技师。

1.5　职业环境条件

室内、外，常温。

1.6　职业能力特征

身心健康，人格健全；热爱婴幼儿，认真负责；亲切和蔼，善于沟通；观察敏锐，身体灵活。

1.7　普通受教育程度

高中毕业（或同等学力）。

1.8　培训参考学时[①]

五级/初级工不少于160标准学时，四级/中级工不少于120标准学时，三级/高级工不少于80标准学时，二级/技师不少于80标准学时，一级/高级技师不少于60标准学时。

1.9　职业技能鉴定要求

1.9.1　申报条件

具备以下条件之一者，可申报五级/初级工：

（1）累计从事本职业或相关职业[②]工作1年（含）以上。

（2）本职业或相关职业学徒期满。

具备以下条件之一者，可申报四级/中级工：

（1）取得本职业或相关职业五级/初级工职业资格证书（技能等级证书）后，累计从事本职业或相关职业工作4年（含）以上。

（2）累计从事本职业或相关职业工作6年（含）以上。

（3）取得技工学校本专业或相关专业毕业证书（含尚未取得毕业证书的在校应届毕业生）；或取得经评估论证、以中级技能为培养目标的中等及以上职业学校本专业或相关专业毕业证书（含尚未取得毕业证书的在校应届毕业生）。[③]

具备以下条件之一者，可申报三级/高级工：

（1）取得本职业或相关职业四级/中级工职业资格证书（技能等级证书）后，累计从事本职业或相关职业工作5年（含）以上。

（2）取得本职业或相关职业四级/中级工职业资格证书（技能等级证书），并具有高级技工学校、技师学院毕业证书（含尚未取得毕业证书的在校应届毕业生）；或取得本职业或相关职业四级/中级工职业资格证书（技能等级证书），并具有经评估论证、以高级技能为培养目标的高等职业学校本专业或相关专业毕业证书（含尚未取得毕业证

---

① 参考学时：完成本职业等级基本要求和工作要求所需的培训学时数。学时数仅作为培训参考，培训单位可据实调整，不与晋级条件挂钩。

② 相关职业：育婴员、婴幼儿发展引导员、母婴保健技术服务人员、母婴护理员、健康管理师、公共营养师、幼儿教育教师、助产士、儿科护士、儿科医师等，下同。

③ 技工学校本专业为婴幼托育，相关专业包括护理、幼儿教育、健康服务与管理、健康与社会照护、公共营养保健、家政服务等。职业学校本专业包括中等职业教育的婴幼儿托育、高等职业教育专科的婴幼儿托育服务与管理、高等职业教育本科的婴幼儿发展与健康管理等。职业学校相关专业包括中等职业教育的幼儿保育、母婴照护、护理、中医护理、营养与保健、现代家政服务与管理等；高等职业教育专科的早期教育、学前教育、护理、食品营养与健康、健康管理、医学营养、预防医学、助产、特殊教育、心理健康教育、现代家政服务与管理、心理咨询等；高等职业教育本科的护理、儿童康复治疗、健康管理、学前教育、现代家政管理等，以及普通高等学校本科的教育学类、护理学类、心理学类、公共卫生与预防医学类、儿科学、健康服务与管理、公共事业管理、家政学等。下同。

书的在校应届毕业生）。

（3）具有大专本专业或相关专业毕业证书，并取得本职业或相关职业四级/中级工职业资格证书（技能等级证书）后，累计从事本职业或相关职业工作2年（含）以上。

（4）具有本科及以上本专业或相关专业毕业证书，累计从事本职业或相关职业工作2年（含）以上。

具备以下条件之一者，可申报二级/技师：

（1）取得本职业或相关职业三级/高级工职业资格证书（技能等级证书）后，累计从事本职业或相关职业工作4年（含）以上。

（2）取得本职业或相关职业三级/高级工职业资格证书（技能等级证书）的高级技工学校、技师学院毕业生，累计从事本职业或相关职业工作3年（含）以上；或取得本职业或相关职业预备技师证书的技师学院毕业生，累计从事本职业或相关职业工作2年（含）以上。

具备以下条件者，可申报一级/高级技师：

取得本职业或相关职业二级/技师职业资格证书（技能等级证书）后，累计从事本职业或相关职业工作4年（含）以上。

1.9.2 鉴定方式

分为理论知识考试、技能考核以及综合评审。理论知识考试以笔试、机考等方式为主，主要考核从业人员从事本职业应掌握的基本要求和相关知识要求；技能考核主要采用模拟操作等方式进行，主要考核从业人员从事本职业应具备的技能水平；综合评审主要针对技师和高级技师，通常采取审阅申报材料、答辩等方式进行全面评议和审查。

理论知识考试、技能考核和综合评审均实行百分制，成绩皆达60分（含）以上者为合格。

1.9.3 监考人员、考评人员与考生配比

理论知识考试中的监考人员与考生配比不低于1∶15，且每个考场不少于2名监考人员；技能考核中的考评人员与考生配比1∶5，且考评人员为3人（含）以上单数；综合评审委员为3人（含）以上单数。

1.9.4 鉴定时间

理论知识考试时间不少于90 min，技能考核时间不少于30 min。综合评审时间不少于30 min。

1.9.5 鉴定场所设备

理论知识考试在标准教室或在计算机机房进行；技能考核应配备实操考核所需的场地、玩具以及现场全方位监控和即时录像设备，室内卫生通风良好、光线充足、设施设备齐全；综合评审在小型会议室进行，备有实操模型、全方位监控和即时录像设备、音

视频播放设备、投影仪等。

2. 基本要求

2.1　职业道德

2.1.1　职业道德基本知识

2.1.2　职业守则

（1）品德高尚，富有爱心。

（2）敬业奉献，素质优良。

（3）尊重差异，积极回应。

（4）安全健康，科学规范。

2.2　基础知识

2.2.1　婴幼儿生理和心理知识

（1）婴幼儿生理学知识。

（2）婴幼儿心理学知识。

2.2.2　婴幼儿营养、喂养知识

（1）婴幼儿营养知识。

（2）婴幼儿喂养知识。

2.2.3　婴幼儿安全照护知识

（1）婴幼儿伤害预防知识。

（2）婴幼儿急救常识。

2.2.4　婴幼儿常见病和传染病知识

（1）婴幼儿常见病及保健知识。

（2）婴幼儿传染病及预防知识。

2.2.5　相关环境知识

（1）婴幼儿生活环境创设知识。

（2）婴幼儿支持性环境创设知识。

（3）合作共育基本知识。

2.2.6　相关法律、法规知识

（1）《中华人民共和国母婴保健法》相关知识。

（2）《中华人民共和国未成年人保护法》相关知识。

（3）《中华人民共和国食品安全法》相关知识。

（4）《中华人民共和国劳动法》相关知识。

（5）《托儿所、幼儿园卫生保健管理办法》相关知识。

（6）《托育机构设置标准（试行）》相关知识。

（7）《托育机构管理规范（试行）》相关知识。

（8）《托育机构保育指导大纲（试行）》相关知识。

课后巩固与练习

一、单项选择题

1. 引导婴儿发音的主要方法是（　　）。

A. 让婴儿大哭　　B. 让婴儿大笑

C. 让婴儿模仿成人的口型练习发音　　D. 让婴儿多进行精细动作的训练

2.（　　）是按照婴儿的年龄特点选择玩具的正确做法。

A. 1 ~ 2 岁可增加拖拉玩具、推行玩具

B. 1 岁可以选择跳绳玩具

C. 2 ~ 3 岁可增加柔软的毛绒玩具、可悬挂的视觉玩具

D. 1 岁之前可选择拼图类、剪贴类的玩具

3. 为 0 ~ 3 岁婴幼儿创造相对安全的环境，成人要（　　）。

A. 减少婴幼儿活动的范围

B. 提高婴幼儿的自我防范意识

C. 减少婴幼儿出门的时机

D. 加强安全意识和消除环境中一切不安全的因素

4.（　　）是与婴幼儿进行沟通的两个不同方面。

A. 语言沟通与非语言沟通　　B. 倾听与交流

C. 懂话和说话　　D. 面部表情与手的动作

5.（　　）为正竖托抱的适宜训练时间。

A. 时间越长越好　　B. 15 min 左右

C. 1 min 左右　　D. 10 min 左右

6. 以下哪项不属于 0 ~ 1 岁婴儿家庭亲子教育指导方案中环境创设的要求？（　　）

A. 为孩子提供一个适于锻炼爬、扶站、行走等动作的安全环境

B. 提供可以看、听或触摸的玩具，供孩子充分玩耍

C. 在生活中各方面保持相对严格的控制，同时给孩子一些自由，培养孩子的独立性

D. 在洗完澡或换尿不湿的时候给婴儿一些抚触、被动操

二、简答题

1. 简述托育机构与早教机构的区别。

2. 简述托育机构学习环境创设的内容。
3. 简述托育机构与亲子教育的关系。

三、论述题

1. 论述早教机构指导家庭亲子教育的作用。
2. 论述早教机构指导家庭亲子教育方式中家长沙龙活动的设计要点。

四、实训项目

开展托育机构指导家庭亲子教育活动，填写表 9–1、表 9–2 和表 9–3。

表 9–1 托育机构指导家庭亲子教育活动的实践

<table>
<tr><td>班　　级</td><td></td><td>姓　　名</td><td></td></tr>
<tr><td>时　　间</td><td></td><td>地　　点</td><td></td></tr>
<tr><td>活动目标</td><td colspan="3">（1）掌握 0 ~ 3 岁婴幼儿家庭亲子教育指导方案制订的要点。
（2）掌握婴幼儿家庭亲子活动环境创设的要求。
（3）能够根据婴幼儿不同月龄段的个性特点制订家庭指导方案。
（4）能够根据制订的家庭亲子教育活动指导方案把活动具体化。</td></tr>
<tr><td>活动内容</td><td colspan="3">学生分组去不同的托育机构或本校专业实习基地，跟随托育教师学习，结合实习内容，选择 0 ~ 3 岁某个月龄段的婴幼儿为家长制订亲子教育的指导方案和家庭活动指导互动单。</td></tr>
<tr><td>活动要求</td><td colspan="3">（1）选择某个月龄段的宝宝，根据婴幼儿身心发展的特点设置家庭亲子教育指导目标。
（2）围绕指导目标，确定家庭亲子活动的方法要点和注意事项。
（3）引导家长创设适合本月龄段婴幼儿发展的环境。
（4）明确本月龄段婴幼儿家园共育的活动内容和方式。
（5）协助家长进行家庭亲子活动记录，并根据评价维度对家庭亲子活动的实效进行评价。
（6）根据本月龄段婴幼儿的亲子教育指导方案为家长制作家庭活动指导互动单，填写实训成果表，同时完成汇报 PPT 的制作。</td></tr>
<tr><td>活动考核</td><td colspan="3">（1）根据本月龄段婴幼儿身心发展的特点，为婴幼儿家庭制订亲子教育指导方案。
（2）为家长制作一份家庭活动指导互动单。
（3）各小组完成一份实训成果表的填写。
（4）各小组派一名代表汇报家庭亲子教育指导方案、家庭活动指导互动单、实施成果，并用汇报 PPT 进行复盘。
（5）评价各小组的表现，引入企业导师评价、家长评价，并进行学生自评。</td></tr>
<tr><td>活动总结</td><td colspan="3"></td></tr>
</table>

表 9–2　家庭活动指导互动单

<table>
<tr><td>活动名称</td><td>“亲子绘本阅读”家庭活动指导方案</td></tr>
<tr><td>宝宝昵称</td><td>小葡萄</td></tr>
<tr><td>性　　别</td><td>女</td></tr>
<tr><td>月　　龄</td><td>15 个月</td></tr>
<tr><td colspan="2">“亲子阅读”家庭活动目标（对家长说的话）</td></tr>
<tr><td colspan="2">这个月龄的宝宝可以看卡片或者 2 ~ 3 页的图书，爸爸妈妈可以试着和宝宝一起阅读。在亲子阅读的过程中，可以尝试让宝宝知道书的概念，学会如何翻书，在锻炼手部精细动作的同时，培养宝宝对绘本的兴趣。在阅读的过程中，家长可以引导宝宝指指、认认、说说图片上的故事，和宝宝一起享受阅读的快乐。</td></tr>
<tr><td colspan="2">“亲子阅读”家庭活动方法（在家里家长可以这么做）</td></tr>
<tr><td colspan="2">（1）可以为宝宝配置一套儿童书桌，为宝宝营造一个安静、舒适的阅读环境。
（2）给宝宝讲故事时，爸爸妈妈的表情一定要丰富，声音要夸张，这样才能更好地吸引宝宝的注意。
（3）对宝宝感兴趣的内容，可以联系生活多讲；对宝宝不感兴趣的内容，不要强迫宝宝听。
（4）这个月龄的宝宝喜欢听重复的故事，爸爸妈妈可以重复给宝宝讲同样的故事。</td></tr>
<tr><td colspan="2">家庭记录（宝宝活动表现等）</td></tr>
<tr><td colspan="2">（1）宝宝是否对绘本表示出一定的兴趣，摆弄或翻阅？（　　）
A. 愿意　　B. 偶尔愿意　　C. 毫无兴趣
（2）宝宝是否能关注到绘本里的故事画面？（　　）
A. 能　　B. 不能
（3）您每周是否有固定的时间陪宝宝一起阅读绘本？（　　）
A. 每天坚持　　B. 一周 3 ~ 4 次　　C. 不固定，想看就看　　D. 从来没有</td></tr>
<tr><td colspan="2">反馈建议</td></tr>
<tr><td colspan="2"></td></tr>
</table>

表 9–3　托育机构指导亲子教育活动的实训成果

<table>
<tr><td>活动名称</td><td colspan="2">____________家庭活动指导方案</td></tr>
<tr><td>宝宝姓名</td><td colspan="2"></td></tr>
<tr><td>性　　别</td><td colspan="2"></td></tr>
<tr><td>月　　龄</td><td colspan="2"></td></tr>
<tr><td colspan="3">指导目标</td></tr>
<tr><td colspan="3"></td></tr>
<tr><td colspan="3">方法要点及注意事项</td></tr>
<tr><td colspan="3"></td></tr>
<tr><td colspan="3">环境创设</td></tr>
<tr><td colspan="3"></td></tr>
<tr><td colspan="3">家庭记录（宝宝活动表现）</td></tr>
<tr><td colspan="3"></td></tr>
<tr><td colspan="3">活动评价</td></tr>
<tr><td>企业导师评价</td><td>家长评价</td><td>自我评价</td></tr>
<tr><td></td><td></td><td></td></tr>
<tr><td colspan="3">案例记录：</td></tr>
</table>

参考文献
References

[1] 赵君. 0 ~ 3 岁婴幼儿语言发展与教育 [M]. 2 版. 上海：同济大学出版社，2022.

[2] 孟亭含. 婴幼儿卫生与保健 [M]. 2 版. 上海：同济大学出版社，2022.

[3] 李营，张丹. 0 ~ 3 岁婴幼儿家庭教育与亲子活动游戏指导 [M]. 北京：人民邮电出版社，2021.

[4] 李旭，蔡敏，唐桂英. 0 ~ 3 岁婴幼儿亲子活动设计与指导 [M]. 北京：首都师范大学出版社，2021.

[5] 徐千惠. 0 ~ 3 岁婴幼儿照护与保育 [M]. 上海：复旦大学出版社，2020.

[6] 王红. 0 ~ 3 岁婴幼儿家庭教育与指导 [M]. 上海：华东师范大学出版社，2020.

[7] 卢越，赵崴. 0 ~ 3 岁婴幼儿抚育与教育 [M]. 2 版. 长春：东北师范大学出版社，2019.

[8] 戴耀华，王书荃，王小萍，等. 玩出大能力：0 ~ 3 岁婴幼儿早期运动发展指南 [M]. 北京：中国妇女出版社，2019.

[9] 邹玲. 家庭中的 0 ~ 3 岁儿童亲子游戏设计 [M]. 上海：上海交通大学出版社，2019.

[10] 牛建林，齐亚强. 家庭教育期望的代际偏差、互动及影响 [J]. 社会发展研究，2022，9（3）：162-183.

[11] 邓萍. 1 ~ 3 岁亲子教育中提升幼儿入园适应力的实践研究 [J]. 开封文化艺术职业学院学报，2022，42（4）：94-96.

[12] 陈越，吴江，杨智. 基于农村留守儿童亲子教育的父母教育角色回归路径探究 [J]. 贵州师范学院学报，2021，37（2）：79-84.

[13] 刘揖建，陈松. 学前教育中幼儿食品安全问题的探索：评《0 ~ 3 岁婴幼儿食品安全指南》[J]. 中国酿造，2021，40（1）：220.

[14] 孟育群 . 亲子关系：家庭教育研究的逻辑起点 [J]. 中国德育，2007（2）：40-43.